동학의 땅 경북을 걷다

동학사상의 원형을 찾아서

신정일 지음

들어가는 말

경주에서 창시한 동학이 온 세상을 물들이다

1974년에야 동학(東學)을 알았다. 김지하 시인의 시집 『황토』에서 '녹두꽃'을 읽으며 1894년에 조선이라는 나라에서 일어난 커다란 사건 '동학란'이란 그 아픈 역사를 처음으로 알았다. 군대를 제대하고 제주도에서 신제주 건설의 역군(육체노동)으로 일하고 돌아와 큰 아픔(간첩 혐의를 받아 안기부에 끌려갔다가 고문을 받고 풀려났다)을 겪었던 그 후유증을 견디기 위해 이곳저곳을 걷고 또 걷다가 1980년대 중반 포장이 되기 전이라 먼지만 풀풀 날리는 동학의 현장 답사를 하였다. 그때 동학이 "난(亂)"이 아니라 혁명이라는 것을 어렴풋이 깨달을 수 있었다.

그런 연유로 겁도 없이 1985년에 문화단체를 발족한 뒤 그 이름을 〈황토현문화연구소〉라고 지었다. 1980년대 중반에 그런 문화운동을 펼치는 것이 얼마나 위험한 일이었던가는 훗날에야 알았다. 그때까지만 해도 동학농민군이 관군 및 보부상 부대와 전투를 벌여 크게 이긴 고개, '황토현'이라는 이름을 쓰는 것조차 금기시되던 시대였다.

그런데 1989년 황토현에서 "갑오농민의 혼이여, 타올라라, 동학의 불길로"라는 주제를 가지고 3박 4일 여름문화마당을 개최한 것이다. 그때 안기부 직원 세 사람이 같이 텐트를 치고 여름 행사를 함께하였다. 얼마나 기이했던지.

　그리고 몇 년 뒤 1994년은 동학농민혁명이 일어난 지 100주년이었다. 동학농민혁명 100주년 기념행사 분과 간사로 그 행사를 준비하기 시작하며 동학의 현장을 무던히도 답사했다. 고창에서 고부로, 고부에서 백산으로, 백산에서 만석보로, 만석보에서 황토현으로, 황토현에서 전주로 그리고 전봉준이 관군에게 체포된 순창의 피노리와 공주의 우금치까지, 동학의 발자취를 찾으며 돌아다녔다.

　그때 만났던 사람들이 동학의 세 지도자였던 전봉준, 김개남, 손화중 그리고 김덕명, 최경선 등의 이름 없이 스러져 간 수많은 이 땅의 민중들이 있었는데 유독 내 마음을 사로잡았던 사람이 김개남이었다. 또한 미완의 혁명이라고 부르는 동학농민혁명이 무슨 까닭으로 전라도를 비롯한 충청도 일원에서 요원의 불길처럼 일어났던가 하는 의문을 가지고 그 근원을 찾다 보니 경상도 경주 사람 최제우 선생이 내 가슴속으로 비집고 들어왔다.

　본격적으로 동학을 공부해 보려고 수운 최제우 선생이 동학을 창시한 경주의 용담정을 답사하고 돌아오던 그때였다. 작가가 되고자 하는 마음을 가지고 살았지만 오리무중같이 보이지 않았던 글에 실마리가 보였다. 동학을 주제로『그 산들을 가다』라는 책을 내며 작가의 길로 들어섰는데, 그런 의미에서 동학은 나의 글의 원천이라고 말할 수 있다.

　'추로지향(鄒魯之鄕)'이라고 일컫는 경주에서 동학을 창시한 최제우 선생은, 경주에서 모진 질시와 탄압을 받았다. 그때 남긴 수운의 글을 보자.

"안타까워라. 지금 세상 사람들은 시운(時運)의 흐름을 알지 못하고, 내가 하는 말을 듣고 집에 돌아가면 그르게 여기고, 거리에 나오면 나를 헐뜯으며 도덕을 따르지 않으니 심히 두렵구나. 현명하다는 이들도 내 말을 듣고 그중 어떤 사람은 그렇게 여기지 않으니 나는 개탄해 마지않는다."

시대를 앞선 사상은 동시대 사람들에게 이해되지 않고 오히려 멸시를 받거나 탄압을 받는다.

수운으로부터 법통을 이어받은 해월은 말했다.

"사람은 한울님을 모시고 태어났으므로 모든 사람은 한울님처럼 존엄하다. 그러므로 '인내천(人內天)' 즉 사람 섬기기를 한울님처럼 해야 한다."

해월은 그 뒤 '사인여천(事人如天)'이라는 설법을 통해 인간에게 귀천(貴賤)의 구별이 있을 수 없으므로 잘못된 신분제도를 타파해야 한다고 설파했다. 그런데 그 당시 봉건 군주정치하에서 빈부귀천의 차이가 없는 세상이 가능하기나 한가?

경상도 땅 경주에서 수운 최제우 선생이 창시한 동학은 해월 최시형에게로 이어졌고, 그 동학은 수운의 죽음 이후 오랜 세월이 지나 전라도와 충청도 일대에서 근현대사의 출발점이라고 할 수 있는 동학농민혁명으로 활짝 꽃을 피웠다.

수십만 명의 사람들이 희생된 동학농민혁명이 끝나고 백몇십 년의 세월이 흘렀다. 그사이 동학농민혁명이 국가로부터 인정을 받아 기념일까지 지정되었다. 하지만 지금까지도 동학은 1892년부터 1894년까지의 동학농민혁명만 사람들에게 알려져 있고, 정작 동학의 연원인 수운과 해월의 동학사상은 사람들에게 낯설기만 하다. 열에 아홉은 조상은 모르고 자기 자신만 아는 격이다. 그래서 그런지 여기저기 세상이 소란하다. 아니 세계의 곳곳만이 아니고, 우리나라 도처에서 싸우는 소리 요란하다.

'그때도 갑오년이고, 지금도 갑오년이다'라는 말, 고금(古今)도 그러했고 지금(只今)도 그러하다. 세상은 언제나 전쟁터였고, 그러한 사실을 뼈저리게 실감했던 해월은 『개벽운수』에서 다음과 같은 글을 남겼다.

"이 세상의 운수는 개벽의 운수라 천지도 편안치 못하고, 산천초목도 편안치 못하고, 강물의 고기도 편안치 못하고, 나는 새 기는 짐승도 다 편안치 못하리니 유독 사람만이 따스하게 입고 배부르게 먹으며 편안하게 도를 구하겠는가. 선천과 후천의 운이 서로 엇갈리어 이치와 기운이 서로 싸우는지라 만물이 다 싸우니 어찌 사람의 싸움이 없겠는가?"

해월 선생의 말처럼 사람과 사람이 싸우고, 만물이 만물과 싸우는 이 시대. 언제쯤이나 그 싸움이 끝나고 모든 사람들이 한 장막 안에서 화목하게 맛있는 음식을 나누어 먹으며 담소를 나누는 대동(大同)의 시대가 올 것인가?

"겨우 한 가닥 길을 찾아 걷고 걸어서 험한 물을 건넜다. 산 밖에 다시 산이 나타나고 물 밖에 또 물을 건넜다. 다행히 물 밖의 물을 건너고 간신히 산 밖의 산을 넘어서 바야흐로 넓은 들에 이르자 비로소 큰 길이 있음을 깨달았네."

최제우(崔濟愚) 선생이 쓴 이 시(詩)는 자기 자신의 파란만장했던 생애를 노래한 글이기도 하다. 건너도 건너도 다시 나타나는 강물을 건너고, 산을 넘고 넘어서 가야 하는 인생의 길을 걷고 또 걷다가 보면 수운이 기다린 꽃 피는 봄이 오지 않을까?

"봄소식을 고대하나 끝내 봄빛은 오지 않았네. 춘광호(春光好, 당(唐)의 곡조(曲調))가 없지 않으나 봄이 오지 아니하니 때가 아닌가 보다. 이제 절기가 다다르니 기다리지 않아도 스스로 오는구나. 간밤에 봄바람이 불어 온갖 나무가 일시에 깨쳐 하루에 한 송이가 피고 이틀에 두 송이가 피어 삼백예순날에 삼백예순 송이가 피니 온몸이 온통 꽃이요 온 집안이 온통 봄이다."

자, 마음의 문을 열고 수운이 갈망한 그 찬란한 봄을 손꼽으며 꽃잎 떨어져 내리는 그 속에서 환하게 웃을 그날을 기다리자. 절망하지 말고!

2020년 12월 초하루
온전한 땅 전주에서 신정일 모심

차례

1장

동학이 창시된 경상도 경주에 가다

깨달음은 어떻게 오는 것일까? 한 '소식(깨달음)' 한다는 것은 어느 날 문득 오기도 하지만 오랫동안의 수도 생활, 즉 '일생을 건 용맹정진'을 통해서 이루어지는 것이리라. 그러나 마음의 문이 열리고 눈이 뜨이는 시간은 어느 날 길을 가다가 문득 손을 내미는 거지와의 만남처럼 또는 아무도 모르는 거리에서 느닷없이 어깨를 두드리는 그리운 사람처럼, 그렇게 오는 것은 아닐까?

　수운 최제우 선생이 깨달음을 얻은 경주 구미산(龜尾山) 용담정과 수운 선생이 도를 폈던 경주 일대를 다시 한 번 돌아보고자 마음먹고 길을 떠났다.

　경상북도 경주시 현곡면 가정리에 있는 구미산의 용담정에서 수운 최제우에 의해 비롯되어 조선 역사에서 버림받고 천대받았던 개땅쇠의 땅, 전라도와 충청도에서 활짝 피어나고 잦아들었던 끝없이 펼쳐진 동학의 지평선을 보고자 함이었다.

"구미용담 찾아오니 흐르나니 물소리요
높으나니 산이로세. 좌우산천 둘러보니
산수는 의구하고 초목은 함정하니
불효한 이내마음 그 아니 슬플소냐
오작은 날아들어 조롱을 하는 듯고
송백은 울울하여 청절을 지켜내니
불효한 이내마음 비감회심 절로난다"

　경주시 현곡면 가정리 포덕문 입구에 도착했다. 태양은 마침 구미산 정상에서 눈부시게 솟아오르고 있었다. 조용히 혹은 장엄하게 산그늘 거둬가던 햇살의 위용 앞에 서 있는 모든 나무들과 움터 오르는 모든 새싹들이 경이로움에 떨었다. 마음속 깊은 곳도 낱낱의 풍경들에 미세하게 흔들렸다. 무어라고 형언할 수 없는 애틋한 그리움이 이 구미산을 감싸고 있었으며, 나무에서 나무로 날아다니는 청설모 한 마리가 멈춰 서서 나를 지켜보았다.

　구미산은 첫 번째 올 적 다르고, 두 번째 올 적 다르고, 세 번째 올 적 다르다. 동학의 최대 성지이자 신령한 터인 용담정(龍潭停)은 올 때마다 사람은 없고 적막강산만이 우리들을 반길 뿐이다. 그래도 사람들이 오고 가는 천도교 중앙총본부나 또 다른 사람들의 물결이 인산인해를 이루는 곳에서 느끼는 감정과는 다른 기쁨이 있는 곳이지만, 가슴 한 귀퉁이가 텅 빈 듯한 그 마음을 무어라고 설명할까?

경주 구미산 용담정

최제우가 깨달음을 얻은 경주의 용담정

포덕문을 지나 수도원 성화문에 들어섰다. 오솔길을 따라서 한참을 올라가 작은 다리를 건너면 용담정이다. 저 쓸쓸하게 서 있는 용담정의 옛터에서, 수운 최제우(崔濟愚) 선생이 후천개벽의 큰 깨달음을 얻었다.

수운 최제우(1824~1864) 아버지는 산림공 최옥(崔玉)이다. 영조 38년인 1762년 3월 23일에 태어난 최옥의 자는 자성(子成)이고 호는 근암(謹庵)이었다.

"성격이 온화하고 우아하고도 학식이 넓고 고상한 군자라 일컬을 만한 사람이었다." 「근암집」에 실려 있는 최옥을 두고 수운은 「수덕문」에서 다음과 같이 평했다.

"부친의 이름을 영남 일대에 선비들 중 모르는 사람이 없었다." 이런 기록들로 보아서 영남 일대에서는 사람들에게 널리 알려진 선비였음을 알 수 있다. 어려서부터 총명함을 알아챈 부친은 학문에 전념하도록 뒷바라지를 아끼지 않았고, 글공부에 전념하던 최옥은 스무 살부터 과장에 나가기 시작했다.

"스무 살쯤에 이미 뛰어난 명성을 많이 얻었다. 과거를 보는 곳으로 갔다고 하면 높은 성적으로 붙었다. 전체적으로 지방 향시에는 여덟 번을 나가서 다 합격했고, 굉사시에서도 한 번 합격했다. 그러나 언제나 복시에서는 매번 뜻을 이루지 못했다."

그의 스승에게 보낸 편지에 보면 최옥의 나이 스물아홉 살인 1790년에는 인정전 앞뜰에서 과거를 보았지만 합격하지 못했다.

"마침내 공은 과거라는 것이 탱자나무와 같아서 봉란 같은 어진 사람이 앉을 자리가 아님을 잘 알게 되었다. 이때에 공은 귀미산 아래의 와룡담 위의 냇가에 집을 지었다. 그곳에서 날마다 책을 읽고 시가를 읊조렸다. 그러면서 허욕 없이 깨끗하게 지냈다. 이때부터 유가를 비롯하여 여러 학파의 여러 학자들의 학설에 더욱더 힘을 많이 기울였다. (…)

이러한 연유로 널리 읽지 않은 책이 없고, 두루 종합하지 않은 것이 없었다. 그리고 주자와 퇴계의 책들을 읽고 연구하는 데 가장 큰 공을 들였다. 그중 가장 중요한 부분을 추려내서 늙어서도 변함없이 외웠다. (…)

사물을 대함에는 모나지 않고 평탄하였다. 설령 모가 나도 남에게 상처를 입히지 않는 것 같았으니, 시비를 가리는 때에는 의지가 굳세어서 조금도 소신을 굽히는 법이 없었다."

그러나 조선 후기에는 아무리 뛰어난 재주가 있어도 세도가에 줄을 대어 재물을 바치지 않으면 과거에 합격하기가 무척 어려웠다. 하물며 서울 사대문 안에 살지도 않고 권문세가의 자식도 아닌 경주 사람 최옥이 그 비좁은 틈을 뚫고 들어간다는 것은 가능한 일이 아니었다.

"이 나라의 모든 관직은 (뇌물을 통해) 구해야 하며, 귀족의 손에 달려 있다. 가장 보잘것없는 관직만이 귀족 계급이 아닌 자들에게 주어진다. 그것도 일종의 세습 귀족인 양반의 일원일 때만 가능하다. 따라서 상인들은 부(富)를 획득하고자 할 만한 동기가 전혀 없다. 왜냐하면 이들은 이 부를 가지고 관직을 사서 귀족층의 반열에 오를 수 없기 때문이다."〈1894년 영국 사절단이 런던의 외무부에 보낸 보고서〉. 위에 실린 내용같이 귀족층에 오르기는 하늘의 별을 따기나 다름없었다.

1791년에 아버지가 돌아가시고 1808년에는 어머니마저 돌아가시면서 집안이 기울어지고 두 아내까지 병사하였다.

전해오는 이야기에 의하면 퇴계의 영남학파에 속했던 최옥이 남긴 글이 많았다. 하지만 집에 여러 번 불이 나서 남아 있는 것이 그다지 많지 않은데, 그중의 한 편이 「근암집」에 실린 용담정의 유래와 와룡암에 대한 글이다.

"지난 무술년(1718)간에 복령이란 산승이 이곳 북쪽 벼랑 위에 처음으로 암자를 세우고 원적암이라 하였다. 그러나 얼마 지나지 않아 중은 흩어지고 폐사가 되었다. 선군(수운의 할아버지)이 이 암자와 밭 수백 평을 사들였다. 내 스승인 기와공(이상원)은 이 집을 와룡암이라 이름 지었다. 경주부윤 김공 상집에게 와룡암기를 청하였더니 김공은 '와룡암 석 자는 천 년 동안 사람의 눈에 뜨이게 할 곳'이라고 하였다.

당시에는 출입을 막았지만 30년이 지난 지금은 산골 백성의 농장이 되어버렸다. 조그만 집이라도 지어 아버님과 스승님의 유지를 이루려는 굳은 일념을 마음속에 간직한 지 30년이 흘렀다. 과장에 드나드느라 기점을 벗지 못하였으며, 또한 이루어낼 힘도 없었다. 몇 해 전에 두 동생과 의논하고 나서 나와 더불어 벗하던 한두 사람과 힘을 합쳐 기획하여 먼저 연못 위에 집을 지으니 모두 다섯 칸이다. 두세 분의 중을 불로 보살피게 하였고, 그 뒤쪽을 개척하여 서사를 지으니 네 칸이었으며 주인 늙은이가 거처하였다. 매우 좁게 지었지만 무릎을 움직일 수 있으니 넓어야만 적합한 것이 아니다. 편액의 이름은 본시대로 와룡암이라 하려 했으나 최익지(崔翊之)가 천룡산에 암자를 짓고 와룡암이라 하였으니 겹치게 할 수 없어 용담서사라 이름하였다."

그의 나이 53세에 「자경사(自儆辭)」를, 54세에 「근암기」와 「가훈」을 남겼고, 그 외에도 퇴계의 「사칠변(四七辨)」과 율곡 이이의 「사칠이기변(四七理氣辨)」 등을 남겼다. 여러 저술들을 통해 그의 깊고도 높은 학문 세계를 엿볼 수 있다. 그중에 특이한 것이 「가훈(家訓)」 11조에 실린 다음의 글이다.

"요즘 좌도에 '무속'에 심취되는 사람이 많다. 집안 부인들이 귀신을 섬기어 무당의 말에 따르니, 이 어찌 선비와 군자의 집안 법도라고 하겠는가 (…) 부형의 병세가 심하면 (…) 정성을 다해 성신과 산천의 영에 비는 것은 무방하다."

최옥은 사람이 제명을 살지 못하고 요절하는 것이나 오래 사는 것은 하늘의 명에 있는 것이요, 무속의 힘으로 좌우되는 것이 아니라고 믿었으면서도 옛날에 무왕이 병으로 눕자 주공이 단을 쌓아 축원하였고, 공자가 병들었을 때 자로(子路)가 기도한 것에 비추어 아버지가 병에 들어 누워 있을 때 산천에 기도하는 것은 무방한 일이라고 본 것이다.

노환으로 병석에 누웠던 최옥의 나이 79세인 1840년 2월 20일에 생애를 마감했다.

"애석하게도 어느 날 부친이 세상을 뜨시니 외로이 남은 한 목숨은 나이 이팔(二八)이라 무엇을 알리오, 어린아이와 다름이 없었더라." 훗날에 지은「수덕문」에 실린 글이다.

아버지 최옥의 묘소는 경주군 서면 도리에 있는 관산으로 정했는데, 그 지형이 관처럼 생겨서 지은 이름이었다.

어린 시절 최제우에게 정신적으로 큰 영향을 미친 사람이 7대 조인 정무공(貞武公) 잠와(潛窩) 최진립(崔震立, 1568~1636)이었다. 임진왜란 때는 의병을 일으켜 왜군과 싸웠고, 병자호란 때는 69세의 나이에도 불구하고 용인 수지면의 머우내라고 불리는 험천(險川)에서 청나라 기병대에 맞서 싸우다가 전사하였다.

여러 공을 인정받아 1699년에 경주 내남면 이조리 천룡산 아래에 용산서원을 지어 배향하였으니, 얼마나 자랑스러웠겠는가. 하지만 6대조부터는 벼슬길에 오르지 못한 몰락 양반 출신인 최옥의 아들이 최제우였다.

최제우의 본관은 경주(慶州). 초명은 복술(福述) 또는 제선(濟宣)이고 자는 성묵(性默), 호는 수운(水雲)·수운재(水雲齋)였으며, 아버지는 옥(鋈)이며, 어머니는 한씨(韓氏)이다. 수운의 아명인 '복술'이는 어머니 한씨 부인이 지었다고 한다. 이 지방에서 무병장수를 기원하는 뜻에서 '복술'이라 이름을 짓는 습속이 전해지고 있었다. 김기전은『천도교회월보』에서 "복술이라 함은 삽살개의 별명인데, 이 지방에서는 하인을 부를 때 대개 복술이라고 부르며, 또는 집안의 귀동자를 지을 때 역시 복술이라고 부른다. 한자로 대개 복술(福述)이라고 쓰는데, 수운 선생 역시 그 예의 하나로 최복술이란 이름을 얻게 되었다"고 하였다.

경주 수운 최제우 동상

복술이는 삽살개의 별명

그가 태어날 때 하늘이 아주 맑았으며 해와 달이 밝은 빛을 발했다고 한다. 상서로운 기운이 집 주위를 둘러싸고, 구미산 봉우리가 기이한 소리를 내며 사흘을 울었다고 한다. 어렸을 때부터 총명했고 인물이 훤칠해서 주위의 신망을 한 몸에 받았다고 알려져 있다. 하지만 어린 시절을 어떻게 지냈는지에 대한 확실한 기록은 없다.

수운을 체포해 간 정운구(鄭雲龜)의 '장계'와 경상감사 서헌순의 '장계'에도 최복술로 기록되어 있다. 본명인 최제우라고 하지 않고 아명인 복술이라고 기록한 것은 수운을 이단의 죄인으로 취급했기 때문이다. 『경주최씨대동보(慶州崔氏大同譜)』에도 '선생의 본명은 제선이요, 자는 도언(道彦)이요, 호는 무엇이었는지 모른다'라고 실려 있다. 1859년 10월에 최제우가 울산에서 경주로 돌아와서 구도의 결심을 다진다. 그때 본 이름과 자와 호를 다시 지어 부르게 하였다. 이름은 제우로, 자는 성묵(性黙)으로, 호는 수운(水雲)으로 고쳤다.

즉 제우(濟愚)란 어리석은 세상을 건진다는 뜻이고, 성묵은 도의 극치에 이른다는 인격자를 뜻하는 말이다. 또한 수운은 물과 구름은 천지생명의 근원을 상징한 것이다.

"4~5세에 이르자 용모가 기이하고 총명이 사광이라고 하였고, 8세부터 글공부를 시작하자 많은 시서를 무불통지하여 냈다."「몽중노소문답가」에 실린 글이다.

『천도교회월보』 1924년 8월호 「전라행」에는 다음과 같이 최제우의 용모가 실려 있다.

"안청(眼睛)에 광채가 있어 눈을 뜨면 형광(熒光)이 사람을 엄습하므로, 어렸을 때 동무들이 부모의 외우는 말을 듣고 대신사를 희롱하되 '네 눈은 역적의 눈이다'라고 놀려댔다"고 한다.

수운의 용모에 대한 글을 남긴 사람이 있으니, 수운이 전라도 남원으로 가서 8개월간 피신하던 시절에 양형숙(梁亨淑)이라는 사람이 그 모습을 보고 "눈동자는 노르스름하고 눈에서 금불이 나왔다" 회고하고 있다.

수운을 가장 가까이서 보았던 수양딸 주씨(朱氏)도 자신의 양아버지를 다음과 같이 평했다.

"얼굴이 그야말로 잘생겼었다. 콧마루가 끔찍이 부명(浮明)하고 높고 눈이 어글어글하고 키는 중키나 되었는데, 어찌 그런지 누구나 오랫동안 쳐다보지 못하였다. 쳐다보면 자꾸 무서워지니까"라고 회고하며 눈이 무서워 바로 보지 못했다는 것을 보면 호랑이의 눈을 닮았던 것으로 보인다.

그의 나이 열 살이 되던 1833년 해에 어머니 한씨 부인이 병으로 누웠고, 몇 달 뒤에 돌아가셨다. 하지만 기록마다 어머니가 돌아가신 해가 약간씩 다르다. 『천도교창건사』에는 '6세 때 모친상을 당했다'라고 실려 있고, 강필도(康弼道)가 지은 『동학도종역사(東學道宗繹史)』에는 '주 팔 세 모 한씨 부인 별세'라고 했고, 오상준의 『본교역사』에는 '십 세에 정교상'이라고 실려 있다.

수운의 아버지는 정씨 부인과 서씨 부인의 제문은 남겼지만 마흔 살을 살다 간 한씨 부인의 제문은 남기지 않았다. 훗날 사람들이 수운의 아버지 근암공의 행장을 정리하면서 '한씨 부인의 소생으로 남매가 있다'라고 기록했을 뿐이다.

수운의 아버지 근암공의 가훈 제11조를 보면 자녀교육에 대한 조항이 있다.

"지금 사람들은 자식을 가르침에 입학 후에도 마소를 먹이

경주 수운 최제우 생가

게 하거나, 들에 물 대기를 시키는 등 글공부에 힘쓰게 하지 못하게 하니, 이래서야 어찌 훌륭하게 되기를 바라겠는가. 여덟 살부터 열다섯 살 때까지 공부시켜 보면 재간이 있는지 없는지, 성공할지 못 할지를 알게 된다. 머리가 둔하여 잘될 가망이 없으면 그때(15세) 가서 농사일을 배우게 해도 늦지 않다."

이 기록을 보면 수운의 아버지는 수운에게 제대로 된 교육을 시켰음이 분명하다. 수운은 어린 나이에 어머니를 여의었고, 17세에 아버지마저 사별하였다. 하지만 아버지 최옥은 청렴강직한 삶을 살았기 때문에 남겨 놓은 유산이 거의 없었다. 그때 수운이 그 자신의 슬픔을 노래한 글이 「수덕문」에 실려 있다.

"세월이 흘러감을 막을 길이 없어 하루아침에 신선 되는 슬픔을 당하니 외로운 나의 한 목숨이 나이 겨우 열여섯에 무엇을 알았으리. 어린아이나 다름이 없었다. 아버지의 평생 사업은 불 속에서 자취마저 없어지고, 자손의 불초한 여한은 세상에서 낙심만 하게 되었다. 어찌 슬프지 아니하고, 어찌 애석하지 않으랴.

마음으로는 가정을 돌볼 생각이 있지마는 어찌 심고 거두는 일을 알며, 글공부를 독실히 하지 못하였으니, 벼슬할 생각이 없어졌다. 살림이 점점 어려워지니 나중에 어떻게 될는지 알 수 없고, 나이 차차 많아져 가니 신세가 장차 궁졸해질 것이 걱정이 된다."

그렇다면 최제우는 언제 결혼을 했을까? 여러 설이 있지만, 아버지의 삼년상을 치르고 난 1843년 19세쯤으로 보고 있다. 아내는 울산 출신의 밀양 박씨라고만 알려져 있고, 누구의 딸이며 몇 살이라는 것조차 알 길이 없다. 1854년 울산에 초가삼간을 지을 때 유곡동 야산 바윗골을 택했던 것으로 보아 그 근처가 아니었을까?

결혼 첫해에는 형님인 최제환의 집에서 같이 살다가 그다음 해 집에 불이 나면서 가정리 지동마을로 내려가 형님 가족 5명과 수운 내외 7명이 비좁은 방에서 농사를 지으며 지냈다. 달포쯤 지나서 수운 내외는 아버지가 쓰던 용담의 낡은 집으로 분가해 나갔다.

수운, 보부상을 하면서 세상을 편력하다

수운은 형의 집에서 분가는 했지만 살아갈 방도가 막막하기만 했다. 농사는 지을 줄 모르고 그렇다고 과거를 보자니 급제한다는 보장도 없고, 참으로 막막한 시절이었다.

"삼년상을 마치니 가산은 점점 쇠퇴하고 글공부도 이루지 못하였다. 다시 무예 공부로 돌아간 지 2년 만에 활을 거두고 장삿길로 나섰다." 『본교역사』에 실린 글이다.

열아홉 살 때부터 무예공부를 했지만 활로가 트이지 않자 2

년 만인 21세에 활을 거두고 장삿길에 나섰는데, 그는 어떤 물품을 사고팔았을까?

훗날 선전관 정운구의 '장계'에 의하면 '백목(白木) 장사를 했다'고 기록되어 있는 것으로 보아 가벼운 백목이나 약재 등 주로 값이 나가는 물품을 취급했던 것으로 여겨지는데, 그때 수운이 따라다녔던 이가 바로 보부상이었다.

현대화의 물결 속에 사라진 풍속도가 너무나 많다. 그 가운데 국가의 중추적인 기능인 상업에 지대한 공을 끼쳤던 보부상(褓負商)이 어느 순간 사라진 것이다. 보부상은 전국 각 지역을 돌아다니면서 장사를 하던 사람들이었다. 그들은 도(道)라고 부르는 길이나 저잣거리가 본향(本鄕)이었고, 그 길이 삶을 꾸리는 터전이었다.

보부상들은 전통사회에서 시장을 중심으로 행상하면서 물건을 생산하는 생산자와 물건을 소비하는 소비자 사이에 교환경제를 매개하였던 전문적 상인(商人)이었다. 상인들 중에서도 보부상(褓負商)에서 보상(褓商)과 부상(負商)은 물건을 판매하는 방식과 취급하는 물품 등의 차이에 의해 구분되었다. 상품을 보자기나 질빵에 싸들고 다니면서 지방 각 장시(場市)와 포구(浦口)를 돌아다니며 물건을 파는 상인을 보상이라고 하였으며, 다른 말로는 '봇짐장사' 또는 '항어장사'라 하였다.

일반적으로는 보부상을 행상(行商), 항상(夯商), 담부상(擔負商) 또는 등에 잡화를 지고 다니며 파는 무리라고 불렀다. 멀지 않은 지역을 매개로 돌아다니며 물건을 파는 행상의 정의가 다음과 같이 풀이되기도 한다.

"행상은 물건을 등에 또는 어깨에 지고 각 집을 돌면서 판매하는 사람을 가리키는 개념으로 그들은 지방인들에게 빠질 수 없는 필수품을 매개 수단으로 하는 특징을 가진다."

행상은 한곳에 머물러 있지 않고 여러 장터를 돌아다니는 소상인을 지칭하는 말이기도 하지만, 혼자서 또는 몇 사람이 하는 장사뿐만이 아니라 집단적으로 조직하여 장사를 하는 사람들까지 모두 포괄하는 것이다.

한편 상품을 지게에 얹어 등에 지고 다니면서 판매하는 사람을 부상이라고 하였는데, 다른 말로는 '등짐장사'라고도 하였으며 가격이 비교적 싼 물건들을 판매하였다. 그 당시 사람들은 이들을 천하게 여겨서 '장돌뱅이' '장돌림' '도부꾼' 또는 '선길꾼' '선질꾼' 등으로 불렀는데, 선질꾼은 해산물이 귀한 영서 지역에서 특히 불리던 이름이었다. 영서 지역의 부상들이 그곳에서 수확되는 참깨나 고추, 콩 등을 짊어지고 해산물이 풍부한 동해안으로 가서 물물교환을 한 뒤에 고향으로 돌아와 장사를 하였다.

장터에 나온 보상이 취급하는 종류를 보면 황화상(荒貨商), 해진 옷 장사, 바디(베틀에 딸린 날을 고르는 제구) 장사, 빗자루 장사, 체(가루를 치는 기구) 장사, 생강 장사 등이었고, 부상이 취급하는 물품은 대부분이 생필품으로 어물, 소금, 콩, 무쇠, 토기와 질그릇, 목제 수공품류, 남초(南草), 누룩(국자, 麴子), 죽물, 갈대 돗자리, 청밀(淸蜜), 삼베, 선재물(船載物), 기름, 과일 등이었다.

1844년 최제우의 나이 21세가 되던 해였다. 그때로부터 10년간 최제우는 전국의 장터를 돌아다니며 장사를 했다. 한 번 장삿길에 나서면 대개 10여 일 정도가 걸렸다. 한 달에 두 행보를 하면 20여 일쯤 길에서 여정을 보내는 길손의 삶이 그 당시 최제우의 삶이었다.

"수년을 두고 가산을 돌보지 않았으므로 부모로부터 물려받은 유산은 적패(赤敗)하여 영락하기 짝이 없고 부인 박씨는 생계를 이어갈 길이 없어, 울산에 있는 친정에 기거하고 있었다."

『천도교창건사』에 실린 기록을 보면 그 당시 수운의 궁핍한 처지를 알 수가 있다. 장삿길에 나가 물건을 다 팔면 집으로 돌아와 가족과 집안일을 돌보았고, 장사에 가지고 나갈 물건을 새로 구입하느라 부산했다. 집안 살림에 지친 아내가 불평을 해도 그냥 무심히 듣고 조금도 나무라는 일이 없었다.

『동경대전』에는 그때 수운이 전국의 방방곡곡을 다 돌아다닌 것으로 실려 있다. 하지만 삼각산과 금강산이 언급된 부분을 보면 경기도와 강원도 아래 그리고 전라도 남원 일대로만 다녔음을 알 수 있다.

그러나 보부상들은 이리 뺏기고 저리 뺏겨서 남는 것이 별로 없었다. 다산 정약용이 지은 『경세유표』 제10권에 실린 적나라한 내용을 보자.

"백성은 본전(本錢)이라 하고, 관에서는 이여(利餘)라 하니 그 누가 바로잡겠는가? 장사꾼들의 수레 안에는 본전과 이문을 함께 실었는데 거기에다 10분의 1을 부과하면 이것은 10분의 1이 아니고 바로 그 반을 빼앗는 것이다. 또 겨우 한 진(津)을 지나자 또 한 진을 만나고, 겨우 한 진을 지나자 또 한 관을 만나는데, 만약 진마다 모두 요구하고 관마다 용서하지 않으면 1천리를 가는 동안에 남는 물화(物貨)가 얼마나 되겠는가?"

정약용이 말했듯이 보부상들은 그 당시 탐관오리들의 표적이 되어 아무리 발버둥 쳐도 남는 것이 별로 없었다. 그래서 생긴 말이 '일전(一錢)을 보고 오리(五里)를 뛴다'는 말이 생겨나기도 했다.

조선 후기에 접어들면서 이러한 상황을 잘 알면서도 몰락한 양반이거나 수공업자거나 천한 출신이거나를 막론하고 상업이나 공업에 뛰어들었다. 여러 계층의 사람들이 보부상이 되었는데, 그중에 몇 사람이 남강 이승훈(李昇薰)과 경상도 상주의 가축도살을 전업했던 천한 백정 출신으로 한성부판윤을 비롯한 여러 벼슬을 지낸 길영수(吉永洙)였다. 그리고 서북 지방의 천민 출신으로 여러 벼슬을 지낸 뒤 보성학원을 설립했던 이용익이 보부상 중의 대표적인 인물이었다.

그때 최제우가 보부상으로 장사만을 했던 것은 아니다. 장사하는 틈틈이 이 나라 산천을 답사한 것이다. 수많은 사람들이 인생 전체를 걸고 길을 떠난 것과 같이 수운 최제우도 난세에 이 사회를 어떻게 개조할 것인가를 두고 고뇌하면서 선택했던 구도의 길이 보부상이었다.

하지만 그토록 갈망하고 떠났던 장사를 겸한 산천 유람길에서 어느 한 사람에게서도 속이 확 뚫리는 신통한 대답을 들을 수가 없었다. 그들은 공맹(孔孟)의 도나 불도의 이상을 논하기 일쑤였고, 『정감록』에 나오는 진인(眞人)이 나타나 신통력을 발휘해야 이처럼 병든 세상을 구할 수 있을 것이라는 말만 들을 수 있을 뿐이었다.

최제우가 보부상으로 나서서 장사를 하고 여러 곳을 답사하면서 다녔던 10여 년간, 조선 사회는 극도의 불안에 처한 시기로 조선왕조가 해체기에 접어든 시기였다. 권력을 움켜쥔 고관대작들은 지방 수령들과 짜고서 온갖 수탈 방법을 다 동원하여 고혈을 쥐어짜낸 뒤 나누어 먹었다.

"평생에 하는 근심 효박한 이 세상에 군불군신불신(君不君臣不臣)과 부불부자부자(父不父子不子)를 주소 간 탄식하니 울울한 그 회포는 흉중에 가득하되 아는 사람 전혀 없어 처자 산업다 버리고 팔도강산 다 밟아서 인심 풍속 살펴보고 (…) 삼각산 한양도읍 사백 년 지난 후에 하원갑(下元甲) 이 세상에 남녀 간 자식 없어 (…) 매관매작 세도자도 일심은 궁궁(弓弓)이오 전곡 쌓인 부첨지도 일심은 궁궁이오 유리걸식 패가자도 일심은 궁궁이라 풍편에 뜨인 자도 혹은 궁궁촌 찾아가고 혹은 서학에 입도해서 각자위심 하는 말이 내 옳고 네 그르지 (…) 아서라 이 세상은 요순지치라도 부족시(不足施)요 공맹지덕이라도 부족언(不足言)이라." 「몽중노소문답가」에서 수운이 그 당시의 상황을 토로한 글이다.

그렇다면 우리나라에 결정적인 영향을 미치는 중국의 그 당시 상황은 어떠했는가? 1840년 청나라는 아편 밀무역 문제로 영국과 아편전쟁(阿片戰爭)을 벌였다. 2년간에 걸쳐 계속된 전쟁 당시 청군은 보잘것없는 화포를 사용했고, 영국군은 최신식 3단 화포를 발사하는 증기선을 보유했었다. 부조리의 철학자인 알베르 카뮈는 '부조리'를 두고 '한 사람의 칼을 든 사내가 기관총 부대를 습격하는 행위'라고 했는데, 백전백패할 수밖에 없는 그 전쟁에 참패한 뒤 청나라와 영국은 굴욕적인 남경조약을 맺었다.

영국의 정치가인 글래드스턴(William Ewart Gladstone)이 '영국 역사상 가장 불명예스런 전쟁'이라고 평한 그 전쟁이 끝난 뒤 영국은 남경조약으로 다섯 개의 중국 항구를 개항시켰다. 하지만 영국이 기대했던 만큼 교역량이 늘지 않았으며 항구 내 제한된 무역만 할 수 있어 불만을 느끼고 있었다. 1856년 중국 청정부의 관헌들이 영국기를 달고 있던 상선 애로호(Arrow)에서 선원들을 체포하고 영국기를 내린 사건이 발생하자 영국은 그 사건을 문제 삼아 프랑스와 연합하여 제2차 아편전쟁을 일으켰고, 미국과 러시아가 연합군을 지원했다. 결국 청나라 조정은 연합군에 머리를 숙이고 영국·프랑스·미국·러시아와 천진조약을 맺었다. 그 결과 '북경에 대사관을 열고, 영국에 4백만 냥·프랑스에 2백만 냥을 배상하고, 기독교를 공인하며, 아편무역을 합법화한다' 등의 내용이 담긴 천진조약이 맺어진 것이다.

조선 전기 문신이었던 신숙주가 함경도 온성에서 벼슬살이 할 때 다음과 같은 시를 지었다.

'국경의 달 오랑캐의 피리 소리는 오랜 나그네를 근심하게 하고, 산의 꽃 계곡의 버들은 갠 날씨에 아름답구나.'

고향을 떠난 신숙주가 그리움을 반추하며 들었던 그 피리 소리로 인해 국군과 미군이 중공군의 인해전술에 말려들었던 상황은 박세길이 지은 『다시 쓰는 한국현대사』에 자세하게 실려 있다.

"10월 25일 오전 11시 한국군 제2연대 제3대대가 평안북도 온정 서북쪽 약 13킬로미터의 우수동 부근 험한 길에 들어서고 있을 때였다. 제2연대가 퇴각 후 집결해 있었던 온정 일대에는 이상한 불안과 공포가 감돌았다. 25일 늦은 밤, 온정을 에워싼 어둠 속으로부터 갑자기 이상스러운 피리 소리가 울리고, 징을 두드리는 듯한 금속성도 들려왔다. 피리 소리는 중국 악기인 차르멜라에서 울려 나오는 것이었다. 구슬프게 어두운 밤을 뒤흔드는 차르멜라 소리는 평상시의 길거리에서도 구슬프게 마련인데, 싸움터에서 갑작스럽게 울려 나오니 이상한 불안감을 느끼지 않을 수 없었다. (…) 제2연대 병력은 무언가에 홀린 듯, 악령에 쫓기는 듯 완전히 전의를 상실하고 그대로 뿔뿔이 흩어져 청천강 기슭까지 후퇴하고 말았다. (…) 함성이 산 전체를 울리며 메아리치자 미군은 적의 병력이 무한한 것처럼 느꼈다. 이른바 인해전술의 마술에 걸려든 것이다. (…) 북한군과 중국군의 총 반격은 미군과 한국군의 전투 능력을 순식간에 마비시키고 말았다. 달리 말하자면 미군과 한국군의 혼을 빼앗아버린 것이다."

그 당시 피리 소리는 두고 떠나온 먼 고향에 대한 향수를 자아냈다. 그런데, 5백여 년의 세월을 넘어 그 피리 소리가 가공할 무기로 변해서 막강한 병력과 무기를 제압한 것을 무어라고 설명할까?

살다가 보면 별것도 아닌 하찮은 것이 세상을 한순간에 바꾸는 경우가 있는데, 피리 소리 같은 역할을 한 것이 어느 시대나 존재하고 그중의 하나가 아편이었다.

마르크스는 『헤겔 법철학 비판』에서 '종교는 인민의 아편이다'라고 말한 적이 있다. 오늘날 지구촌 곳곳에서 종교 전쟁으로 잠잠할 날이 없을 것을 예감한 말이라고 볼 수 있다. 하지만 그 당시는 아편이 굳건한 나라를 무너뜨릴 만큼 강력한 힘을 지닌 가공할 무기였다.

우리나라에 결정적인 영향을 미치는 중국의 그 당시 상황은 어떠했는가? 1840년 청나라는 아편 밀무역 문제로 영국과의 1차, 2차 아편전쟁(阿片戰爭)에서 참패하여 전전긍긍하고 있을 때였다.

우리나라 사람들이 배 아플 때 담방약으로 썼던 아편을 통해 영국이라는 나라가 '동양의 잠자는 사자' '침묵의 강자' 등의 신비로운 이미지를 갖고 기세등등했던 청나라를 종이호랑이로 전락하게 만든 것이다.

아편전쟁의 여파로 청나라가 곤경에 빠져 있던 그 당시의 상황이 『조선왕조실록』, 1861년 『철종실록』 13권, 철종 12년 3월 27일 을묘 조 '돌아온 세 사신을 소견하여 중국의 비적과 인심에 대해 묻다'에 다음과 같이 실려 있다.

청나라에 사신으로 갔다가 돌아온 세 사신(使臣)을 소견(召見)하고, 임금이 물었다.

"중국(中國)의 비적(匪賊)은 어떠하며, 인심(人心)은 어떠한지를 듣고 본 대로 상세히 진달함이 옳겠다."

임금의 말에 신석우(申錫愚)가 답했다.

"양이(洋夷)와 억지로 화친(和親)하였지만 외구(外寇)가 점점 치성하여 황가(皇駕)가 북수(北狩)하기에 이르렀으니, 천하(天下)가 어지럽지 않다고 이를 수는 없다고 봅니다. 그러나 성궐(城闕)·궁부(宮府)·시창(市廠)·여리(閭里)는 편안하기가 옛과 같고, 장병이 교루(郊壘)에 주둔해 있는데 기색(氣色)은 정돈되어 태연하며, 적(賊)이 근성(近省)에 숨어 있는데 방어함이 침착하고 여유가 있으니, 이는 민심(民心)이 일에 앞서 소란스럽게 하지 않고 조정의 계략도 기한을 주어 군색하게 하지 않기 때문입니다."

지구가 멸망해도 무너질 것 같지 않던 강대국 청나라가 아편전쟁으로 인해 영국과 서구 열강에 허무하게 무너져 갔다는 소식을 접한 조선의 뜻있는 지식인과 관료 들은 나라 걱정에 한숨만 쉴 따름이었다. 최제우 역시 안갯속같이 알 수 없는 세상사에 대하여 근심과 절망만 밀려올 뿐이었다.

수운 드디어 깨달음의 길에 나서다

그 당시 조선과 중국의 상황을 소문을 통해 잘 알고 있던 최제우는 「포덕문」에서 다음과 같이 밝히고 있다.

"그러므로 우리나라는 몹쓸 병이 가득하여 백성들은 연중 평안할 때가 없다. 이 또한 상해(傷害)의 운이로다. 서양인은 싸워서 이기고 쳐서 빼앗으니 이루지 못하는 일이 없다. 온 세상(천하, 중국)이 다 망해버리면 우리나라도 순망지환(脣亡之患, 입술이 없으면 이가 시리다)이 없지 않으리라. 장차 보국안민(輔國安民)할 계책이 어디서 나올 것이냐."

또한 「권학가」에서는 세상이 무참히 무너져 가는 것을 안타까워하기도 하였다. "하원갑 경신년에 전해오는 세상 말이 요망한 서양적(西洋賊)이 중국을 침범해서 천주당 높이 세워 거 소위 하는 도를 천하에 편만하니 가소절창 아닐런가."

온 세상이 병들었다는 것은 기존의 삶의 틀이 해체기에 들어선 것이며 동시에 기존의 삶의 틀이 대전환기에 접어들었다는 것을 의미했다.

수운이 가족의 생계를 위하여 보부상으로 나서서 세상을 떠돈 지 10년 만인 1853년 그때부터 삶의 무의미함을 느꼈다. 그것을 극복하기 위한 하나의 방법으로 그의 나이 31세가 되던 1854년에 이르러 고심 끝에 참다운 진리를 찾아 자신 속으로 들어섰다.

'팔도 구경 다 던지고 고향에나 돌아가서 백가시서 외워보세.' 그런 생각을 한 뒤 고향인 용담에 있는 집으로 와서 구도의 사색을 시작했다. 그는 불교와 유교 그리고 바다를 건너온 천주교까지 섭렵하여 보았다. 하지만 그것들로부터는 어느 것

하나 세상을 건질 수 없음을 다시금 절감했다.

1854년(甲寅年) 그의 나이 서른한 살이 되던 해였다. '팔도 구경 다 던지고 고향에나 돌아가서 백가시서 외워보세'라고 생각한 후 10년간 다니던 장사일을 그만두고 구미산 아래에 있는 용담 집으로 들어가 깨달음의 길에 정진하고자 작정한 것이다. 하지만 수운의 마음대로 그 깨달음은 오지 않고 오히려 마을 사람들로부터 이상한 소문만 듣게 되었다. 엉뚱한 도를 닦으면서 아버지의 얼굴에 먹칠을 하고 있다는 것이었다.

그럴 때 사람들은 두 부류로 갈린다. 남들의 평가에 전혀 신경을 쓰지 않고 자신의 길을 찾아 매진하는 소수의 사람이 있는 반면, 대부분의 사람들은 자신의 길을 포기하고 만다. 수운 역시 그때까지는 그러한 단계에 이르지 못해서 그랬는지 그들의 말에 신경을 쓰게 되면서 그가 생각한 사색의 시간은 요원하기만 했다.

'때가 사람을 따르지 않으니, 사람이 때를 따를 리 없다' '사람이 때를 따르지 않으니, 때가 사람을 따를 리 없다' 정현종 시인의 시 구절과 같이 사람이 때를 만나는 것은 그리 쉬운 일이 아니다.

'아직은 때가 이르지 않았는가 보다. 이사를 가자' 생각한 수운은 가족들을 데리고 처가가 있는 울산 유곡동의 여시바윗골로 이사를 갔다. 한글학회에서 펴낸 『한국지명총람』에 '예수방웃골, 길촌 남쪽에 있는 바위 밑에 여우가 살던 굴이 있었음'이라고 실린 그 마을 지명이 어쩌다가 보니 우리말 이름으로 서학을 창시한 '예수'라는 이름이 붙었는데 얼마나 신기한 일인가?

그 마을을 소개해 준 사람이 훗날 『천도교창건사』를 지은 이돈화(李敦化)와 신용구(申鏞九)였다. 마을이 마음에 들자 수운은 초가 세 칸을 짓고, 집 앞에 있는 여섯 두락의 논을 산 뒤 농사를 지으며 사색을 즐기면서 그 마을에서 살았다.

"집 자리에서 내려다보면 주먹만 한 작은 산이 있었다. (…) 살던 집은 재작년(1926)까지 남아 있었으나 어떤 부자가 그곳에 묘를 쓰면 부귀공명이 자손만대에 이어질 것이라 여겨 그 집을 사서 헐었지만 집 자리에는 감히 묘를 쓰지 못하고 옆에다가 묘를 썼다. 비석에는 처사 문모지묘라고 하였다. 집터는 가고(可考)할 것이 없었다." 1928년 1월 울산 종리원에 순회를 갔던 이돈화 선생이 『신인간』(1928년 3월호)에 실은 글이다.

그다음 해인 1856년 봄에 초당에 앉아 세상의 이치를 생각하다가 처음 보는 도인으로부터 『을묘천서』라는 책 한 권을 받았다.

그때의 상황이 동학의 초기 기록인 『최선생문집도원기서』에 다음과 같이 실려 있다.

'때는 을묘년(1855) 봄 3월, 선생은 봄철의 노곤함으로 낮잠을 주무시던 차 꿈결에 어떤 신사(神師)가 밖에 이르러 주인을 찾았다. 선생이 문을 열고 보니 어디서 온 노선사인지 용모가 청아하고 차림새와 풍채가 정중하여 선생이 나아가 맞았다.

"스님은 어찌하여 나를 찾아왔소?"

하고 수운이 물었다. 중이 말했다.

"주인께서 경주의 최 생원이십니까?"

선생은 그러하다고 대답하였다.

"(…) 소승은 금강산 유점사에 있습니다. (…) 영험이 없기 때문에 백일기도를 드리면 신효(神效)가 있을까 하여 지성으로 감축하였습니다. 기도가 끝나는 날, 탑 아래에서 잠깐 잠들었다가 깨어 보니 탑 위에 책 한 권이 있어서 거두어 읽어 보니 세상에 희귀한 책이었습니다. 소승은 즉시 산을 나와 사방을 두루 돌아다녔습니다. 박식한 사람이 있었으나 어디에서도 아는 사람을 만나지 못했습니다. 그러던 중 생원께서 박식하다는 소식을 듣고 책을 품고 왔는데 생원께서 혹시 아실지 모르겠습니다."

선생께서 책상에 놓으라 하시니 노승은 예를 차려 바쳤다. 선생이 펼쳐 읽었으니 유도 불도의 책으로는 문리에 들어맞지 않아 풀기 어려웠다.

노승이 말했다.

"그러면 3일 동안 머물다가 다시 올 것인즉 그동안에 자세히 살펴 알아보는 것이 어떻겠습니까?"

그리고 물러갔다. 사흘 뒤 그 노승이 와서 물었다.

"혹시 깨달은 바 있습니까?"

그 말을 들은 수운이 말했다.

"내가 이미 알아냈소."

노승이 백배사례하며 기뻐서 어쩔 줄 몰라 말했다.

"이 책은 진정 하늘이 생원께 내려주신 책입니다. 소승은 단지 이 책을 전할 뿐입니다. 바라건대 이 책의 뜻을 세상에 행하옵소서."

그리고 계단을 내려가 몇 발자국 안 되어 홀연히 보이지 않았다. (…) 선생께서는 (…) 그 뒤에 깊이 이치를 살펴보니 책 속에는 기도에 관한 가르침이 들어 있었다.'

그 책에 어떤 내용이 실려 있었는지 정확하게 알려진 바는 없다. 다만 전해오기로 유도나 불도의 문리는 맞지 않는 것이니 기도를 다르게 하라는 내용이 실려 있었다는 것이다. 수운은 지금까지의 기도 방법을 버리고 한울님에게 기도를 하게 되었다. 그 책이 바로 을묘년에 하늘로부터 받은 책이라고 하여 『을묘천서(乙卯天書)』라고 부른다. 이 책을 받은 수운은 책에 실린 가르침에 따라 이듬해인 1856년 봄에 입산기도를 하고자 하였다. 그때 마침 스님 한 분이 찾아와 양산의 천성산에 있는 내원암이 기도하기에 적합한 곳이라고 소개를 해주었다.

그해 4월 그 스님의 안내를 받아 내원암으로 들어갔다. 내원암(內院庵)은 울산 12경 가운데 하나인 대운산(大雲山) 기슭에 자리 잡고 있는 신라시대의 고찰이다.

석남사(石南寺)·문수사(文殊寺)·신흥사(新興寺)와 함께 울산 지역의 4대 고찰 가운데 한 곳이다. 신라시대 고봉선사(高峰禪師)가 창건하였다는 대원사(大源寺)의 암자였는데, 현재 대원사는 내원암 입구에 터로 남아 있으니, 시간의 흐름 속에서 옛것은 가고 새로운 것은 오는 것이 세상의 이치이기 때문이다.

수운은 내원암에 3층 제단을 쌓고서 폐백을 드리고 향을 피우며 광제창생의 뜻을 발원하는 것으로 일과를 삼았다. 하지만 그 방법이 구체적으로 어떤 것이었는지는 전해오지 않는다. 수운은 49일간을 기도하려고 하였는데, 47일째 문제가 생겨서 이틀을 채우지 못하고 기도를 중단했다. 그 이유는 수운의 숙부인 최섭이 세상을 떠난다는 것을 미리 예감했기 때문이었다.

충효가 강조되던 시기라서 수운이 고향에 돌아오고 숙부가 돌아가시자 사람들은 그때부터 그를 일컬어 이인(異人)이라고 불렀고 도에 통한 사람이라고 부르게 되었다. 1년간 상복을 입고 난 후 수운은 그다음 해인 정사년인 1857년 7월에 천성산 내원암에 들어가서 다시 49일간의 기도에 들어갔다.

수운이 기도한 곳은 천성산의 능선 부근에 있는 자연 동굴로 적멸굴(寂滅窟)이라고 부른다. 1909년에 내원암으로 수운의 발

자취를 찾아갔던 사람이 동학의 3대 교주 의암 손병희(孫秉熙)였다. 동학농민혁명이 실패로 돌아간 뒤, 일본이 조선을 침탈하기 위해 혈안이 되어 있던 시기에 네 명의 젊은이를 데리고 그곳을 찾았다. 당시 70세였던 내원암 주지스님인 손석암의 안내로 수운 선생이 수도했던 곳을 찾았다. 그다음 해인 1910년 1월 어느 날 손석암은 의암에게 수운이 도를 닦았던 동굴 이야기를 하였고, 조기간(趙基栞)은 그 당시의 상황을 『신인간』지에 다음과 같이 기록하였다.

"손석암이라는 근 70 된 노승이 (…) 우연히 성사에게 (…) 저 산봉우리 바로 밑에 큰 굴이 있는데 적멸굴이다. 10여 살 때 저의 스님께서 경주 최복술이 굴에 와서 도통하여 수리가 되어 날아갔다는 말씀이 들었다고 하였다. (…) 성사께서 다음 날 점심 후 오늘은 멀리 운동 가보자 하면서 젊은 중의 인도를 받아 적멸굴로 갔다. 날씨는 찼지만 모두 땀으로 목욕을 했다. (…) 앞서 올라간 성사께서는 '옛날에도 이곳을 와 보았는데 오늘 다시 와서 보는구나'라는 시 한 수를 읊었다. (…) 수운 선생께서 양산군 천성산 내원암 적멸굴에서 공부한 것은 알았으나 직접 찾았으니 얼마나 인연 깊은 일인가."

수운이 도를 닦았던 적멸굴은 4미터 정도 되고 안쪽 높이는 약 1미터쯤 되는데, 앞으로는 원효봉이 보인다. 지금도 이 지역에는 경주의 최 선생이 이 적멸굴에서 도를 닦다 깨달음을 얻어 독수리가 되어 동쪽으로 날아갔다는 설화가 남아 있다. 하지만 두 번에 걸쳐 49일간의 구도를 하였지만 수운에게 깨달음의 길은 멀고도 멀었다. 성과 없이 긴 기도를 마친 후에 수운에게 닥쳐온 것은 집안의 생계 대책이었다. 세상의 모든 것이 먹고사는 것에서 자유스러운 것이 하나도 없고 그중에 먹는 것이야말로 가장 우선적으로 필요불가결한 것이다.

중국에는 '밥통만 채워진다면 만사가 안성맞춤'이라는 말도 있고, '마음으로 통하는 으뜸가는 길은 밥통이다'라는 속담도 있지 않은가. 훗날 동학(東學)에서도 밥이 '생명'이고 밥이 '한울'이라 했지 않은가.

그 당시 자신의 모습을 수운은 「권학가」에 다음과 같이 남겼다.

"팔자를 헤아려 보니 춥고 굶주릴 염려가 있고, 나이 사십이 된 것을 생각하니 어찌 아무런 일도 해 놓은 것이 없음을 탄식하지 않으랴. 몸담을 곳을 정하지 못하였으니 누가 천지가 넓고 크다고 하겠으며, 하는 일마다 서로 어긋나니 스스로 한 몸 간직하기가 어려움을 가엾게 여겼노라."

그때 수운의 친구가 '금(金)과 은(銀) 그리고 동(銅) 등 철제품을 생산해서 파는 철점(鐵店)을 해보는 게 어떻겠는가?' 하고 권유를 했고, 그때부터 철광업에 뛰어들었다. 철점에도 채광업(採鑛業)과 용광업(鎔鑛業) 그리고 용선업(鎔銑業) 등 몇 가지가 있는데, 채광업은 토철과 사철(沙鐵)을 채취하여 판매하는 업이다.

조선 후기에 치술령(쇠수리고개) 주변 지역에 용광업이 번성했던 적이 있었다. 그러나 산림이 고갈되면서 용광업은 금세 자취를 감추었다. 그 당시 전주(錢主)들이 토철과 목탄을 미리 구매하여 작업장에다 산더미처럼 쌓아 놓고 사업을 벌였지만 타산이 맞지 않아 조선 후기에 제철 작업을 경영하다가 망한 사람들이 한둘이 아니었다.

수운은 그중 투기성이 가장 강한 용광업을 경영했다. 하지만 경험도 없는 사람에게 광산업이 잘될 리가 만무했다. 간신히 유지하다가 안 되니까 다시 빚을 얻어 운영하다 결국 3년 만에 용광업을 접었다. 사업을 접는 것으로 시련이 끝나지 않고 후폭풍이 거세게 몰아쳤다. 빚쟁이들이 날이면 날마다 집으로 찾아와 빚 독촉을 한 것이다.

"논 6두락을 7인에게 척매(斥賣)하여 밖으로 철점을 경영하고 (…) 무오년에 이르러 가산은 탕진하고 빚은 산처럼 쌓였다. 여러 사람에게 논을 척매(斥賣)한 사실이 드러나 논을 산 사람 7인으로부터 날마다 독촉을 받으니 궁색함을 견딜 수 없었다. (…) 7인을 불러 소장(訴狀)을 써주고 같은 날 같이 소송하라 말하며 좋게 돌려보냈다. 정한 날짜가 되어 7인이 같이 고소하자 관은 출두하라 불렀다. 진술하기를 잘잘못은 나에게 있지만 처결은 관에서 하는 것이니 영감의 처분에 달렸다고 하였다. 판결은 먼저 구매한 사람이 차지하도록 하였다." 『대선생주문집』에 실린 그때의 상황이다.

수운은 하는 일마다 어긋나기만 했고, 뜻한 바는 하나도 이루어지지 않았다. 빚이 산더미처럼 쌓여 있는데 마을 주민 중에 할머니 한 사람이 매일 찾아와 욕설과 행패를 부렸다. 어느 날 그 할머니와 실랑이를 벌이던 중 수운이 휘저은 손길에 할머니가 맞아 기절을 했다.

『최선생문집도원기서』에 실린 그 당시를 살펴보자.

"마을에 한 할머니가 있었다. 돌연 방으로 들어와 마구 작패를 부렸다. 선생은 분을 참지 못해 혼을 휘둘러 내던졌다. 그만 할머니가 갑자기 기절해 쓰러졌다. 그 아들 셋과 사위 두 사람은 욕설을 하며 부여잡고 말하기를 우리 어머니가 죽었다.

살인자의 (처리 방법은) 법에 있으나 복수하는 것은 아들에게 있다. 만일 죽은 어머니가 다시 살아나지 않는다면 당장 관에 고발할 것이라고 하였다. 선생께서 사세(事勢)를 생각해 보니 거론하면 큰일이므로 친히 그 집에 가자 문득 살려낼 도리가 떠올랐다.

큰 소리로 말하기를 너희 어머니를 살려내면 너희들은 다시 어떤 말을 하겠는가? 아들은 죽음에서 다시 살려내면 다시는 아무 말 하지 않겠다며 지극히 공손하게 간청하였다. 선생은 좌우를 물리치고 친히 시신이 있는 방에 들어가 맥을 짚어보고 시신을 만져 보니 이미 죽은 지 오래였다. 이에 한 자짜리 닭 꼬리를 목구멍에 넣었다.

잠시 사이에 목에서 문득 숨소리가 나더니 한 덩어리의 피를 토해냈다. 어깨가 움직이고 몸이 돌아갈 때 선생은 아들을 불러 물을 입에 붓게 하니 조금 지나자 완전히 살아나 몸을 젖히고 일어나 앉았다."

2천 년 전에 먼 나라 서역에서 예수가 죽은 자를 살려냈듯이 조선이라는 나라 경주에서 수운이 죽은 사람을 살려낸 것이다. 2천 년 전에 먼 나라 예루살렘에서 일어난 예수의 일은 수많은 사람이 믿는다. 그렇다면 2천 년이 지난 경주 땅에서 수운에게서 일어난 이 일을 우리는 어떻게 보아야 하는가.

사업이 실패로 돌아가자. 수운에게 남은 것은 아무것도 없었다. 집도 채권자들에게 빼앗겼을 뿐만 아니라 밥을 지을 양식도 떨어졌다.

"아직 몸 둘 곳이 없으니 누가 천지를 넓고도 크다고 말했는가? 하는 일마다 뒤틀리니 이 한 몸을 간직하기 어렵게 되었구나."「수덕문」에 그 당시를 표현한 글이다.

사람들은 길에서 길을 잃고 길을 찾다가 다시 길을 잃고 길위에서 비바람 눈보라 맞으며 오랜 나날을 방황하면서 세상의 모든 것을 잃어버리고 나서야, 자신도 몰랐던 자기 자신의 실체를 발견하게 되는 것이다. 수운의 상황도 마찬가지였다. 모든 일이 수포로 돌아갔다. 그렇다. 전체를 잃어야 전체를 얻는다.

"그래, 돌아가자, 고향에 가면 내가 기다리던 그 순간이 올 것이다."

수운의 마음이었을 것이다. 수운은 고향 용담정에 돌아와 세상과의 인연을 끊고 유유자적하기로 결심했다. 고향에는 퇴락하기는 했어도 집이 한 채가 있었고, 조카들도 세 명이 있었다. 1859년 10월 초순 수운은 가족들과 함께 울산에서 이삿짐을 싸들고 용담으로 향했다. 금의환향이 아닌 실패한 채 고향으로 돌아가는 마음이 얼마나 쓰라리고 애석했을까.

구미산 아래 용담에 돌아온 시간은 해가 지고 어둑어둑해지는 초저녁이었다.

"구미용담 찾아오니 흐르나니 물소리요, 높으나니 산이로세. 좌우산천 둘러보니 산수는 의구하고, 초목은 함정(含情)하니 불효한 이 내 마음 그 아니 슬플소냐. 오작은 날아들어 조롱을 하는 듯고, 송백은 울울하여 청절을 지켜내니 불효한 이 내 마음 비감회심 절로 난다. 가련한 이내 부친 여경인들 없을소냐."

『용담유사』에 실려 있는 그때 그 시간의 수운의 마음이었다.

울산에서 경주까지 70리 길을 왔으므로 온 가족이 다 지쳤으나 박씨 부인은 밥을 지으러 나갔고, 수운과 두 아들은 방에 누워버렸다. 그러나 양사위와 딸은 박씨 부인을 거들었다. 이사 온 날은 그렇게 지나갔다.

고향을 떠났다가 6년 만에 돌아온 수운은 며칠이 지난 뒤 다시 구도의 길에 전념했다

"구미용담 찾아들어 중한 맹세 다시 하고 (…) 자호 이름 다

시 지어 불출산외 맹세하니 기의(其意)심장 아닐런가."「교훈가」에 실린 것처럼 수운은 그때 자와 이름 그리고 호를 바꿨다. 도언이라고 불렸던 자를 성묵(性黙)으로, 제선(濟宣)이라는 이름을 '어리석은 백성을 구한다'는 뜻의 제우(濟愚)로 고쳤다. 특히 호를 수운(水雲)으로 고쳤는데, 그것은 용담의 맑은 물과 구미산의 성스러운 구름을 따서 지은 것이다.

1859년이 그렇게 가고 새해가 밝았다. 1월 13일(양력으로 2월 4일) 입춘날 수운은 붓을 들어 다음과 같은 글을 썼다. "도의 기운을 길이 보존하면 사특한 기운이 침입하지 못한다. 도를 얻을 때까지 세상 사람들에게 돌아가 어울리지 않으리라(도기장존사불입[道氣長存邪不入], 세간중인부동귀[世間衆人不同歸])." 이 시는 자신이 깨달음을 얻지 못하면 한 발자국도 문밖을 나가지 않겠다는 신념을 피력한 시였다.

수운의 양녀 주씨(朱氏)가 1927년(당시 81세)에 김기전을 만나 부친의 구도 생활에 대해 증언한 이야기를 들어보자. "언제 보아도 책을 펴고 있었다. 자다가 일어나 이제는 주무시는가 하면 오히려 책을 보고 계셨고, 아침에 일어나 아직 주무시겠지 하고 그 앞을 지나면 벌써 책을 보고 계셨다. (…) 밤에는 나가서 한울님께 절을 하시되 수없이 많이 하시더라. 새로 지으신 보선이 하룻밤을 지내고 나면 보선 앞코가 이지러지고 상하도록 되었다"고 하였다.

2장

수운 최제우 동학의 도를 깨치다

수운이 서른일곱 살이 되던 경신년 즉 1860년 4월 5일(양력 5월 25일)이었다. 수운은 장조카 최맹윤(崔孟胤)의 생일에 참석했다가 한기가 몹시 나서 집에 돌아왔다. 그 당시의 상황이 『대선생주문집』에 다음과 같이 실려 있다.

　　"1860년(경신년) 4월 5일은 큰조카 맹윤(孟胤)의 생일이었다. 의관을 보내어 오라고 청하므로 선생은 그 정의를 거절할 수 없어 억지로 잔치에 참석하였다. 얼마 안 있자 몸이 섬뜩해지고 떨리는 기운이 있어 마음을 안정시킬 수가 없었다. 바로 일어나 집으로 돌아왔다. 정신이 휘둘러지며 마치 미친 듯 취한 듯이 엎어지며 자빠지며 마루에 오르자 기운이 솟구쳤다. 무슨 병인지 집증(執症)이 어려운데 공중에서 또렷한 목소리가 귀에 들려왔다."

　　그날, 수운 최제우는 상제의 음성을 듣고 상제로부터 세상의 병을 고치는 영부(靈符)와 세상을 다스릴 수 있는 조화(造化)를 얻었다. 『동경대전』의 「포덕문」에 실린 글을 보자.

"병이라 해도 무슨 병인지 알 수도 없고 말로 표현하기도 어려울 즈음이었다. 어떤 신비스러운 말씀이 갑자기 귀에 들렸다. 깜짝 놀라 일어나서 소리 들리는 쪽으로 향하여 물으니 대답하시었다. '두려워 말고 두려워 말라. 세상 사람이 나를 한울님이라 이르거늘 너는 한울님을 알지 못하느냐?' 내가 그 까닭을 물으니 대답하셨다. '나 또한 공이 없으므로 너를 세상에 내어 사람들에게 이 법을 가르치게 하려 한다. 의심하지 말고 의심하지 말라!' 묻기를, '그러면서 도로써 사람을 가르치리이까?' 대답하셨다.

'그렇지 않다. 나에게 영부(靈符, 신비한 글)가 있으니 그 이름은 선약(仙藥, 신묘한 약)이요, 그 형상은 태극(太極, 우주의 근원)이요, 또 형상은 궁궁(弓弓, 태극 모양)이다. 이 영부를 받아 사람들을 질병에서 건지고 나의 주문을 받아 사람을 가르쳐서 나를 위하게 하면 너도 또한 길이 살아서 덕을 천하에 펴리라' 하셨다.

나도 그 말씀에 감동하여 그 영부를 받아 그려서 먹었더니 몸이 불어나고 병에 차도가 있어 비로소 선약임을 알았다. 이래서 병든 사람들에게 써 보니 혹은 낫기도 하고 낫지 않기도 하여 그 까닭을 알지 못하였다. 그 연유를 살펴보니 성실하고 또 성실하게 한울님을 지극히 위하는 사람은 매양 나았지만 도덕에 순종치 않는 사람은 모두 효험이 없었다. 이는 영부를 받는 사람의 정성과 도덕에 달린 것이 아니겠는가? 세상의 흐름이 이러하므로 우리나라에도 악질이 가득 차서 백성들은 연중 편안할 날이 없게 되니 이 또한 상해(傷害)를 입은 운수라 하였다. 서양은 싸우면 이기고 공격하면 빼앗으니 이루지 못하는 일이 없었다. 온 천하가 멸망하면 (우리나라도) 입술이 떨어지면

이가 시리게 되는 처지가 될 것이다. 나라를 바로잡고 백성을 편안하게 할 계책을 어떻게 마련해야 할 것인가?

안타까워라. 지금 세상 사람들은 시운의 흐름을 알지 못하는구나. 내가 하는 이 말을 듣고 집에 들어가면 그르게 여기고, 나와서는 거리에서 헐뜯으며 도덕을 따르지 않으니 심히 두려운 일이다. 현명한 사람도 나의 말을 듣고 그중 어떤 사람은 그렇지 않게 여기니 나는 개탄하지 않을 수 없다. 세상을 어찌하랴. 간략히 적어 가르쳐 보이니 이 글을 공경히 받아서 훈계하는 말을 따르도록 하라."

1854년부터 새로운 세상의 길을 얻고자 수행에 들어갔던 수운이 서른일곱 살이 되던 1860년 4월 5일(양력 5월 25일) 오전에 한울님을 만난 것이다. 그때 한울님에게 처음 들은 말씀, '오심즉여심(吾心卽汝心)'은 '내 마음이 네 마음이고, 네 마음이 내 마음이라는 말,' 그 말을 통해 수운 최제우는 깨달은 사람이 된 것이다. 1859년 10월에 용담으로 돌아온 지 7개월 만이요, 입춘일 맹세 이후 2개월 반 만이었다. 이 종교 체험을 통해 수운은 새로운 생각과 새로운 의미의 세계를 열게 되었다. 수운은 한울님의 말을 듣고 성신이 맑아짐을 느꼈고 무어라 설명할 수 없는 신비한 체험과 빛이 다가오는 것을 느꼈다.

그때의 체험이 「안심가」에 다음과 같이 실려 있다.

"사월이라 초닷새에 꿈일런가, 잠일런가. 천지가 아득해서 정신 수습 못 할러라." 꿈과 같기도 하고 생시 같기도 해서 '여몽여각(如夢如覺)'의 상태라고 하였는데, 이돈화는 『천도교창건사』에서 그 상태를 다음과 같이 기록했다.

"눈앞에 아무것도 보이는 것이 없고 다만 무한한 허공에 찬란하고 휘황한 빛이 가득 차서 뛰고 동하고 번쩍거리되 우주의 한끝과 한끝이 서로 맞닿은 듯하며 하늘과 땅의 뿌리가 서로 얽히어 온 천지만물이 그 밑층으로부터 나왔다 꺼지고 꺼졌다 다시 나오는 듯한지라 대종사 이것이 영부(靈符)임을 알았다." 이것이 첫 번째 수운이 경험했던 것이고, 수운은 다시 두 번째 경험을 하게 된다.

"무궁(無窮)을 외우고 무궁을 노래하니 천지 일월성신 초목금수(草木禽獸) 인물이 한 가지로 그 노래에 화답하여 억천만리 공간(空間)이 눈앞에 있어, 먼 데도 없고, 가까운 데도 없으며, 지나간 시간도 없고, 오는 시간도 없어 백천 만억 무량수의 시간과 공간이 한마음 속에서 배회함을 보았다."

수운은 4월 5일의 신비한 체험을 두고 새로운 길(道)을 '받았다' '얻었다' '닦아냈다'고 표현했다. '받았다'는 것은 한울님이 주는 것을 받았다는 뜻이고, '얻었다'와 '닦아냈다'는 것은 자신의 수행을 통해서 이루어냈다는 것을 의미하는 것으로, 한울님으로부터 받은 계시와 자신의 수행을 통해서 이루어 낸 것을 말한 것이다.

이를 두고 이돈화(李敦化)는 "인류의 기타 천지만유는 하나의 연쇄 위에 세워 있는 신(神)의 자기표현(自己表現)이다"라고 말하며 무극대도의 본질적 특성 속에서 새로운 창조를 체득한 것이라고 보았다.

세계 최초로 노비를 해방한 수운

깨달음을 얻은 최제우는 두 사람의 여자 노비를 해방시켰다. 한 여자는 수양딸로 삼았고, 한 여자는 며느리로 삼았다. 1860년의 일이었으니 미국의 노예해방보다 몇 년 앞선 세계 최초의 노예해방이었다.

　미국에서 남북전쟁이 일어난 것은 1861년이었다. 미합중국의 북부와 남부가 벌인 내전(內戰) 남북전쟁은 1865년까지 4년간이나 이어졌다. 남북전쟁은 길고도 소모적이면서도 비극적이었다. 피아간의 싸움이 격렬하던 9월 17일의 앤티텀 전투에서 북부군은 남부군에게 크게 이겼다. 그때 북부군이 추격을 멈추지 않았더라면 남부군은 궤멸했을지도 모른다. 이 싸움을 승리로 이끌면서 북부군은 남북전쟁을 장기전으로 끌고 갈 수 있는 발판을 마련했다. 지금이 그때라고 여긴 링컨은 9월 22일 소집된 각의에서 역사적인 노예해방선언을 했다. 몇몇 각료들이 반대했다. 하지만 링컨은 한마디로 말했다.
　"노예해방은 신의 엄숙한 명령이다."
　그리고 다음과 같이 선포했다.
　"(…) 미국의 대통령인 나, 에이브러햄 링컨은 (…) 반란 주로 지정된 주에서 노예로 있는 모든 사람은 1863년 1월 1일을 기해 영원히 자유의 몸이 될 것임을 선포한다. (…) 이 선언은 진실로 정의를 위한 행위이며 군사상의 필요에 의한 합헌적 행위이다. 이 선언에 대하여 전능하신 하느님의 은총과 인류의 신중한 판단이 있기를 기원하노라."
　링컨의 예상대로 노예해방선언은 엄청난 효과를 가져왔는데, 남부의 수많은 흑인 노예들이 주인집을 도망쳐 나와 의용병으로 북군에 가담했다. 결국 북부군이 남북전쟁에서 승리를 쟁취했고, 1865년 1월 마침내 의회는 노예제도를 전면 금지하는 수정헌법 13조를 통과시켰다. 법률상으로 노예제도는 미국에서 공식적인 종말을 고했다. 치열한 격전 끝에 패한 남부가 다시 연방(聯邦)으로 복귀하는 데 10여 년이 걸렸다. 하지만 미국에서 노예제가 완전히 폐지된 것은 오랜 세월이 지난 후였다.

신비한 종교적 체험을 한 수운은 1861년 4월까지 1년여에
걸쳐서 많은 생각을 하며 나아갈 길을 정리했다.

"상제께서 또 교시하기를 너에게 백의재상(白衣宰相)을 제
수하여 주리라 하자 선생은 상제의 아들로서 어찌 백의재상을
하겠습니까 하였다. 상제께서 네가 불연하다면 나의 조화를 받
아 부리도록 하라 하였다. 선생은 시험해 보니 세상에 있는 조
화이므로 불응하였다. (…) 이 조화나 저 조화나 역시 세상에
있는 조화라 이런 조화를 가지고 사람을 가르치면 반드시 사람
을 속이게 되므로 영 거행하지 않았다. (…) 그 후 비록 명교가
있어도 결코 거행하지 않았다. 음식을 11일간이나 끊었으나 상
제는 단 한마디의 명교도 없었다. 거의 한 달이 되자 명교가 내
리기를 너의 절개는 가상하도다. 너에게 무궁조화를 내리니 포
덕천하에 쓰도록 하라 하였다." 『대선생주문집』에 실린 이 글에
의하면 수운은 이미 4월 5일에 한울님으로부터 대도를 받았으
므로 새삼스레 시험을 받아야 할 이유가 없었다.

수운은 그해 11월까지 수련생활을 계속하다가 일상생활로
돌아가면서 시 한 수를 지었다.

"황하가 맑아지고 봉황새 우니 누가 나를 알리오. 운수는 어
디로부터 왔는지 나도 모른다. 평생을 바쳐서 이제 천명을 받
으니 천년 운이로구나. 백세에 걸쳐 전해질 이 성덕은 우리 집
안의 업이기도 하구나."

그리고 수운은 곧바로 자신의 신념 체계를 전하기 위해 수
행법을 만들어 배포했다.

"선생은 비로소 주문 두 가지를 지었다. 그 한 가지는 선생

이 읽고서 자질(子姪)에게 전해주었고, 또한 강령하는 수행법을 만들었다. (…) 그리고 가르친 것은 식사할 때 한울님에게 고하는 일과 나가거나 들어오면 반드시 한울님에게 고하도록 하는 심고(心告)의 수행법을 만들었다."

그리고 「논학문(論學文)」에 다음과 같은 글을 남겼다.

"나도 또한 거의 한 해 동안이나 닦고 헤아려 보니 스스로 그러하게 되는 이치가 없지 않으므로 일단 주문을 지었다. 하나는 강령의 주문을 지었고, 하나는 불망의 주문을 지으니 도 닦는 순서는 대체로 이 스물한 자에 있을 뿐이다."

그때 수운이 지은 스물한 자 주문은 다음과 같다.

"지기금지(至氣今至) 원위대강(願爲大降) 시천주(侍天主) 조화정(造化定) 영세불망(永世不忘) 만사지(萬事知)."

"한편으로 주문을 짓고, 한편으로 강령의 법을 짓고, 한편은 잊지 않는 글을 지으니, 절차와 도법이 오직 이 스물한 자로 될 따름이니라"고 말한 뒤 그 스물한 자를 다음과 같이 풀이했다.

'시(侍)'라는 것은 안에 신령이 있고 밖에 기화가 있어 온 세상 사람이 각각 알아서 옮기지 않는 것이요.

'주(主)'라는 것은 존칭해서 부모와 더불어 같이 섬긴다는 것이요.

'정(定)'이라는 것은 그 덕에 합하고 그 마음을 정한다는 것이요.

'영세(永世)'라는 것은 사람의 한평생이요.

'불망(不忘)'이라는 것은 생각을 보존한다는 뜻이요.

'만사(萬事)'라는 것은 수가 많은 것이요.

'지(知)'라는 것은 그 도를 알아서 그 지혜를 받는 것이니라.

인내천사상은 제일 먼저 '사람이 한울님을 모신다'는 시천주(侍天主)에서 시작하는데, 천도교의 3대 교주인 의암(義庵) 손병희(孫秉熙)는 '성령출세설(性靈出世說)'에서 수운이 설파한 시(侍) 곧 모심의 세 가지 뜻이 인내천(人內天) 정의라고 풀이했다.

첫째 안에 신기로운 영이 있고(內有神靈), 둘째 밖에 기운 화함이 있으며(外有氣化), 셋째 온 세상 사람이 각각 옮기지 못하는 것임을 깨닫는다(一世之人 各之不移者也).

모실 '시(侍)'자 한 자에 수운과 해월, 그리고 전봉준이나 김개남을 비롯한 모든 동학을 했던 사람들, 그리고 예수나 모든 선지자들이 품었던 인간에 대한 모든 사랑, 모든 경외심이 다 들어 있는 것이다.

수운은 이 「논학문」에서 자신의 입장으로 '글을 쓰는 목적'을 다음과 같이 피력했다.

"비록 나의 졸렬한 글이 정밀한 뜻과 바른 종지에 미치지 못했을지라도, 그 사람을 바르게 하고 그 몸을 닦고 그 재주를 기르고 그 마음을 바르게 함에 어찌 두 갈래 길이 있겠는가. 하늘과 땅이 영원히 계속되는 운수와 무극대도의 이치가 다 이 글에 실려 있으니, 오직 그대들은 엄숙히 이 글을 받아서 하느님의 성스러운 덕을 도우라. 이를 나에게 비하면 마치 단맛이 조미를 받으며, 흰 것이 채색을 받는 것 같으리니, 내 지금 도를 즐거워하여 흠모하고 감탄함을 이기지 못하므로 논하여 말하고 효우하여 보이니 밝게 살피어 현기를 잃지 말지어다."

이 글을 지을 당시, 1862년 음력으로 8월 24일 최제우가 바라본 그 당시 세상의 봄 풍경은 어떠했을까?

"꽃잎이 봄바람에 휘날림이여, 붉은 꽃이라서 붉은가.

가지마다 팔락거림이여, 푸른 나무라서 푸른가.

뒤섞여 어지러이 뿌림이여, 백설이라서 흰가.

넓고도 넓어 아득함이여, 푸른 강이라서 맑다 하는가.

둥실둥실 노를 저음이여, 물결은 잔잔하고 모래사장은 십 리가 되는구나.

길을 거닐면서 한담을 나눔이여, 밝은 달 동쪽에 솟아올랐고, 바람은 북쪽에서 불어오고 있구나.

태산이 높고 높음이여, 공부자(孔夫子)가 오를 때는 언제였을까.

맑은 바람 솔솔 불어옴이여, 오류 선생이 잘못을 깨달음이라.

맑은 강의 넓고 넓음이여, 소동파와 나그네가 풍류를 즐길만하구나.

연못이 깊으니, 이는 주렴계가 즐기던 곳이라.

푸른 대나무의 푸르고 푸름이여, 군자의 속되지 않음을 보여주도다.

푸른 소나무의 푸르고 푸름이여, 귀를 씻은 처사의 벗이 되리라.

명월의 밝고 밝음이여, 이태백이 품으려던 달이로다.

귀는 소리를 듣고 눈은 색깔을 본다 하니, 이 모두가 고금의 한가로운 이야기로다.”

「처사가(處士歌)」라는 이 글은 한 편의 아름다운 시다. 그래서 그런지 이 글은 「포덕문」 「논학문」 「수덕문」 「불연기연」 등 네 글을 하나로 묶어 해월이 펴낸 책인 『동경대전(東經大全)』에는 실려 있지 않다.

도를 깨친 수운은 1861년 6월부터 집으로 찾아오는 사람들에게 전도(傳道)를 시작한다.

"포덕을 미루어 오다가 신유년을 맞으니 때는 6월이고 절기는 여름이었다. 어진 벗들이 자리에 가득 차게 되자 먼저 도 닦는 법을 바로잡아 주었다. 어진 선비가 나에게 묻기도 하고, 또한 덕을 펴기를 권하기도 했다." 『동경대전』에 실린 글이다.

도를 닦기 위해 수운을 찾아오는 사람들로 마룡동 일대가 가득 찼다. "아침에도 오고, 저녁에도 오고, (…) 모친과 나는 손님 밥쌀 일기에 손목이 떨어지는 것 같았다." 그 당시를 기록한 글이다.

그때 찾아온 사람들이 최경상(崔慶翔, 훗날에 최시형으로 이름을 바꿈), 최자원, 이내겸, 강원보, 백사길, 박대여, 이무중, 박하선, 이정화, 이민순 등이었다. 하지만 모든 사람들이 수운이 깨달은 뜻을 이해하고 오는 것이 아니라 그 뜻을 이해하지 못하고 오는 사람들도 많았다. 하지만 그 당시 백성들의 삶은 갈수록 피폐했고, 그런 만큼 수운 최제우가 창시한 새로운 사상인 동학에 기대기 위해 수많은 사람들이 용담으로 몰려들었다. 수운이 해방시켜 양녀로 삼았던 주씨가 1920년쯤 회고한 글을 보자.

"신유년 포덕 당시에 찾아오는 사람들이 수운 선생께 예물로 곶감을 갖고 왔는데, 찾아오는 사람들이 얼마나 많은지 용담정 부근에 버려진 곶감꽂이만을 짊어지고 가도 인근 마을 사람들의 땔나무가 될 수 있었다고 한다. 그런가 하면 너무 많은 사람들이 찾아와서 조석(朝夕) 준비에 수양딸과 부인 박씨는 나날이 바쁘고, 특히 날이 저물어 '저 많은 사람들이 어디서 자나' 하고 아직 어렸던 수양딸은 혼자 걱정을 했다고 한다. 그러므로 용담으로 들어가는 산길은 마치 장터처럼 사람들로 북적거렸다."

1927년 8월호 『신인간』에 실린 김기전의 「경주성지배관실기」에 실린 글로 보아서 엄청난 사람들이 동학으로 몰려왔음을 말 수 있다.

수운은 그해 7월에 「포덕문(布德門)」을 지어 자신이 사람들에게 널리 펴고자 하는 뜻이 무엇인지를 소상하게 밝혔다.

"안타까워라. 지금 세상 사람들은 시운(時運)의 흐름을 알지 못하고, 내가 하는 말을 듣고 집에 돌아가면 그르게 여기고, 거리에 나오면 나를 헐뜯으며 도덕을 따르지 않으니 심히 두렵구나. 현명하다는 이들도 내 말을 듣고 그중 어떤 사람은 그렇게 여기지 않으니 나는 개탄해 마지않는다. 세상을 어찌하랴. 간략히 적어 가르쳐 보이니 이 글을 공경히 받아서 훈계하는 말을 따르도록 하라."

너무 앞선 사상은 사람들에게 이해되지 않고 오히려 멸시를 받거나 탄압을 받는다. 2천5백 년 전에 세상에서 가장 현명한 사람이라고 신탁을 받았던 사람이면서도 "내가 아는 것은 내가 아무것도 모른다는 것만을 알 뿐이다" 그리고 '너 자신을 알라'고 말했던 소크라테스가 사약을 받았다. 그리고 2천 년 전에 예수 그리스도 또한 너무 앞선 진리를 펴다가 십자가에 못 박혀서 이 세상을 하직했다.

'저 아득한 옛날부터 지금에 이르기까지 봄과 가을이 번갈아들고 네 계절이 성했다 쇠했다 하는 것이 옮기거나 바뀌지 아니하니 이는 역시 하느님이 스스로 이루어 가는 자취를 온 천지에 분명히 드러냄이로다. (원시) 사람들은 이슬과 비 내리는 것을 고맙게 여길 줄은 몰랐으나 스스로 어울려 살아갈 줄은 알고 있었다. (…)

 뜻하지 않은 사월에 마음이 섬뜩하고 몸이 떨리어 무슨 증세인지 집중할 수 없어 말로 형언치 못할 즈음에 어떤 신선의 말이 문득 귀에 들려왔다. 놀라 일어나 캐물었더니 "두려워 말라. 두려워 말라. 세상 사람들이 나를 상제라 하거늘, 너는 상제를 알아보지 못하느냐" 연유를 물었더니, "내 역시 이룬 공이 없어 너를 세상 사람들에게 내어 사람들에게 이 법(法)을 가르치게 하려 하니, 의심치 말고 의심치 말라" 하였다.

 "그러면 서도(西道, 그리스도교)로써 사람을 가르치오리까?" 하고 묻자, "그렇지 않다. 내게 영부(靈符)가 있으니, 그 이름은 선약이고, 그 모양은 태극이요, 다른 모양은 궁궁과 같은 모양이다. 나의 부도를 받아 질병에 걸린 사람들을 건지고 나의 주문(한울님을 위하는 글)을 받아 사람들을 가르쳐 나를 위하게 하면 너 또한 길이 살아 덕을 온 세상에 펴리라" 하였다.

 나도 그 말씀에 감동되어 영부를 받아 그려 먹었더니 몸이 불어나고 병에 차도가 있어 비로소 선약임을 알았다. 이리하여 병에 써 보니 혹은 차도가 있기도 하고 없기도 하므로 그 까닭을 알 수가 없었다. 그 연유를 살펴보면 성실하고 성실하게 한울님을 지극히 위하는 이는 매양 나았으나 도덕에 순종치 않는 이는 모두가 효험이 없었으니 이는 받는 사람의 정성과 공경에 달린 것이 아니겠는가.

 (세상 흐름이) 이러므로 우리나라에도 악질이 가득 차서 백성들은 연중 편안한 날이 없게 되니 이 또한 상해(傷害)를 입은 운수라 하리라. 서양은 싸우면 이기고 공격하면 빼앗으니 이루지 못하는 일이 없었다. 온 천하가 멸망하면 (우리나라도) 입술이 떨어지면 이가 시리게 되는 처지가 될 것이다. 나라를 바로잡고 백성을 편안하게 할 계책을 어떻게 마련해야 할 것인가.'

'사람이 한울'이라는 동학의 큰 이치를 깨닫고 널리 전파하던 수운에게 위기가 닥쳤다. 그가 가르치는 도를 서학(西學)으로 몰아간 것이다. 그 당시 천주학은 엄청난 박해를 받고 있었으므로 서학이라고 판명이 나면 목숨을 부지할 수 없었다.

천주교 박해사건이 첫 번째로 일어난 해가 1791년 신해년(辛亥年)이라고 신해박해라고 부른다. 이 사건은 정조 15년인 1791년 지금은 충남 금산군인 전라도 진산(珍山)에 사는 윤지충(尹持忠), 권상연(權尙然)이라는 두 선비가 부모의 제사를 거부하고 위패를 불태운 사건이다. 주자(朱子)가 창시한 주자학을 바탕으로 예학을 중시했던 조선 조정에서는 이 사건을 매우 위중한 것으로 받아들였다. 진산군수 신사원이 다산 정약용과 외사촌이었던 윤지충, 권상연을 체포하여 전주감영으로 압송하였다.

충청감사 정민시(鄭民始)의 추궁에 신주(神主)를 불사르고 제사를 폐지했다고 자백했다. 천주교 신자였던 윤지충과 권상연은 천주교의 교리에 따라 조상의 제사를 거부하고 위패는 불태웠던 것이다. 이들의 자백을 접한 정조는 그 두 사람에게 사형을 명령하였고, 윤지충과 권상연은 전주 풍남문 밖에서 참형에 처해졌다. 진산사건이 일어나자 공서파(攻西派)는 권일신을 '천주교의 두목'이라고 지목하여 귀양을 보내 병사케 했다. 신해박해 이후 정약용은 천주교와의 관계를 청산했다.

조선 후기 문예부흥시대를 열었던 정조가 느닷없이 승하하고 순조가 임금에 오르자 대비 김씨가 수렴청정을 하던 1801년 드디어 천주교 탄압을 위한 사학금령(邪學禁令)을 선포하였다. 이른바 300여 명이 죽어 간 신유사옥이 일어난 것이다.

남양주 다산 정약용 집

1801년 2월 16일 이승훈(李承薰), 정약종(丁若鍾), 최필공(崔必恭), 홍교만(洪敎萬), 홍낙민(洪樂敏), 최창현(崔昌顯) 등 천주교의 주축들은 서소문 밖에서 목이 잘려 죽었고, 이가환(李家煥), 권철신(權哲身)은 고문을 못 이겨 옥사하고 말았다. 죽음을 모면하고 귀양을 가야 했던 그때의 상황이 순조실록에 실려 있다.

"죄인 정약전·정약용은 바로 정약종의 형과 아우이다. 당초에 사서(邪書)가 우리나라에 들어오자 읽어보고는 좋은 것으로 여기지 않은 것은 아니지만, 중년에 스스로 깨닫고 다시는 더러움에 물들지 않으려는 뜻이 예전에 올린 상소문과 이번 국문받을 때에 상세히 드러나 있다. 차마 형을 증거할 수 없다고는 했지만 정약종의 문서 중에 그들 서로 간에 주고받았던 글 속에서 정약용이 알게 되는 것을 경계하고 있으니 평소에 집안에서도 금지하고 경계했던 것을 증험할 수 있다. 다만 최초에 더러움에 물들었던 것으로 세상에서 지목을 받게 되었으니 약전·약용은 사형의 다음 형벌을 적용하여 죽음은 면해 주어 약전은 강진현(康津縣) 신지도(薪智島)로, 약용은 장기현(長鬐縣)으로 정배(定配)한다."

이 사건을 신유년에 일어난 천주교 탄압사건이라고 해서 신유사옥(辛酉邪獄) 또는 신유교옥(辛酉敎獄)이라고 부른다. 하지만 신유교옥은 그것으로 끝날 것이 아니었다. 그해 가을에 황사영 백서사건이 일어났다.

황사영은 16세 때 진사시에 장원급제한 수재로서 정약용의 조카사위였다. 즉 정약용의 큰형인 약현의 딸이 황사영의 부인이다. 이때 황사영의 어머니와 부인은 거제도, 제주도로 쫓겨가 여종살이를 해야 했고 세 살짜리 아들까지 추자도에 버려졌다.

정약용, 정약전은 그해 10월 20일 저녁 또다시 체포된 채 올라와 감옥에 갇히게 된다. 공서파에서는 "천 명을 죽이더라도 정약용 한 사람을 죽이지 않으면 아무도 죽이지 않은 것과 같다"라고 하면서 억지로라도 죽이려 하였다. 그러나 "위반한 범죄사실이 없는데 어떻게 그를 죽일 것인가"라는 반론이 뒤따랐다. 두 번째 죽음의 함정에서 빠져나온 다산은 11월 5일 아무 혐의가 없는 것으로 판명되자 유배지 장소를 바꾸어 강진으로 또다시 유배길을 떠나게 되었다. 정약전도 신지도에서 흑산도로 유배지가 바뀌어, 두 형제는 오랏줄에 함께 묶인 채 남도로 유배길을 떠나게 되었다.

수운은 자신이 포교하고 있는 동학이 서학으로 비치게 된다면 엄청난 피해를 입을 것을 알고 있었다. 그런 연유로 수운은 자신의 가르침은 분명히 서학과 다르다는 뜻을 담은 「안심가」를 지었다.

"가련하다 가련하다, 전세임진 몇해런고 이백사십 아닐런가,

십이제국 괴질운수 다시개벽 아닐런가, 요순성세 다시와서 국
태민안 되지마는, 기험하다 기험하다 아국운수 기험하다, (…)
애달다 저인물이 눌로대해 저말하노, 한울님이 내몸내서 아국
운수 보전하네"

이렇게 시작되는 「안심가」에서 수운은 자신의 가르침이 서
학과는 다르고 오히려 보국안민의 길이 될 것이라고 강변한 것
이다.

"거룩한 내 집 부녀 이 글 보고 안심하소, 소위 서학 하는 사
람 암만 봐도 명인 없네, 서학이라 이름하고 내 몸 발천(發闡,
드러냄)하였던가"고 쓴 것으로 보아서 동학과 서학의 차이점을
솔직하게 드러낸 것이다. 이 「안심가」는 당시 사회에서 불안해
하던 부녀자들을 안심시키려는 목적으로 지었다. 천대받던 부
녀자들의 덕을 칭송하고 좋은 시절이 오면 여성이 주체가 될
것이라고 했는데, 이것이 동학의 가장 핵심 사상 중의 하나로
훗날 증산 강일순의 사상으로 이어졌다.

3장

탄압을 받은 수운 피난길에 나서다

수운의 기대와는 달리 9월에 이르면서 경상도 유생들의 음해는 더욱 기승을 부렸다. 경주 인근뿐 아니라 동학도들이 활발했던 여러 고을에서 똑같이 일어났고 10월부터는 비난의 소리가 더욱 거세졌다. 동학을 믿는 사람들이 갈수록 늘어나자 경주관아에선 수운을 체포하여 가두고서 영장이 다음과 같이 물었다.

"너는 일개 가난한 선비(寒士)로 무슨 도덕이 있어 많은 선비를 제자로 거느리고 세상을 조롱하며 이름을 얻어, 술가(術家)의 말을 하는가. 너의 의술(醫術)은 의술이 아니요, 박수는 박수가 아니요, 무당은 무당이 아니다. 그런데도 사람들을 술수로 헤아리니 그것이 무슨 이유인가?"

경주관아에선 수운에게 동학 활동을 중지하라고 명령하고서 풀어주었다. 그러나 조정에선 수운의 동학이 도를 서도(西道)라고 여겨서 탄압의 고삐를 더 당겼다.

"요약한 고 인물이 할 말이 바이없어, 서학이라 이름하고 온 동네 외는 말이, 사망년 저 인물이 소학에나 싸잡힐까, 그 모르는 세상사람 그거로사 말이라고, 추켜들고 하는 말이 용담에는 명인 나서, 범도 되고 용도 되고 서학에는 용터라고, 종종걸음 치는 말을 역력히 못할러라."

「안심가」에 나오는 구절 같은 시절이 그 시절이었고, 수운은 어떻게 해야 이 난국을 헤쳐 나갈 것인가를 고민하다가 이곳을 떠나야 한다는 결론에 이른다.

"무단히 사죄 없이 모함 중에 든단 말가 (…) 아서라 이내 말면 세상을 능멸한 듯 관장(官長)을 능멸할 듯 무가내라 할 길 없네 행장을 차려내어 수천 리를 경영하니 (…)." 「교훈가」에 실린 글이다. 수운이 용담에 있으면 동학을 믿는 사람들이 찾아올 것이기 때문에 수운은 떠날 수밖에 없었다. 어디로 갈 것인가? 수운의 고민은 깊어졌다.

수운은 11월 초순에 장기(長機)에 사는 제자 최중희(崔仲羲, 나중에 접주가 됨)와 함께 정처 없이 집을 나섰다. 수운이 용담에서 포덕을 시작한 지 4개월 만이고, 그의 나이 38세였다.

"어진 친구 좋은 벗을 일로(조) 이별 하단 말가, 산수풍경 다 던지고 동지섣달 설한풍에 촌촌전진 하다가서 일소일파 하여 보세(…)." 「권학가」에 실린 글을 보면 11월에 떠난 것으로 되어 있다. 「도수사」에서는 "광대한 이 천지에 정처 없이 발정하니 울울한 이내 회포 부칠 곳 바이없어 청려를 벗을 삼아" 길을 떠났다고 하였다.

집을 나선 수운이 처음으로 찾아간 곳이 울산이었다. 서군효(徐群孝, 후에 접주가 됨)를 비롯한 가까운 도인들을 만나 며칠간 지내던 수운은 시집을 간 누이가 살고 있는 부산으로 갔다. 수운이 찾아간 곳은 부산시 서구 서대신 3가에 누이동생이 지은 산당(山堂)이었다. 누이동생은 진앙에서 살다가 1860년경에 부산으로 왔다고 한다.

"지난해 중동(동짓달)에 집을 떠난 것은 본시 강상의 청풍이나 노닐자는 것도 아니요, 산간 명월이나 감상하자는 것도 아니었다. 어긋나가는 세상의 도리를 살피는 한편 관의 지목을 생각하여, 그리고 무극대도를 닦아 포덕 할 마음을 아쉬워했기 때문이라." 수운이 1862년 5월에 쓴 「통유」에서 밝힌 것과 같이 고향을 떠나 방랑의 길에 나선 것은 포덕을 멈추고 잠시 떠나서 후일을 도모하고자 함이었다. 이때 수운은 가고자 했던 곳이 전라도 남원이었다. 부산에 있는 누이동생 집에서 며칠을 지낸 수운은 배를 타고 외삼촌이 있는 웅천으로 갔다.

"낙동강 좌편(左便) 웅천이라는 촌중에서 유숙하였다." 『천도교창건사』에 실린 글인데 웅천은 진해의 옛 이름이다. 웅천에서 하룻밤을 머문 수운은 고성으로 가서 성한서(成漢瑞, 나중에 접주가 됨)의 집에 머물다가 배를 타고 여수로 간 것 같다. 여수에 도착한 수운은 이순신 장군의 사당인 충민사를 찾아가서 참배하고 승주(昇州)를 거쳐 섬진강을 따라 구례를 지나며 「교훈가」를 지었다.

"모우미성 너희들을 어찌하고 가잔말고 (…) 그러나 할길 없어 일조(一朝) 분리되었더라. 멀고 먼 가는 길에 생각나니 너희로다."

그때 수운이 지은 「교훈가」는 고향의 교도들에게 수도에 힘쓰라고 교훈을 내리는 내용과 함께 그가 깨달음을 얻기까지의 전 과정과 깨달음을 얻은 뒤, 그리고 동학을 널리 펴는 도중에 유생들이 동학을 원수같이 대하는 그 과정을 노래한 것이다. 길에서 길을 묻고 길에서 길을 찾아가며 곡성 거쳐 남원에 이르렀다.

구한말의 전주 남문 장터

남원은 백제 초기에는 교룡군으로 불렸고, 근초고왕 때에는 대방군으로 불렸다. 신라가 삼국을 통일한 뒤에는 전라도 일대의 중요한 지역이라서 신라의 다섯 소경 중에 한 곳이 되었다. 경북 상주 일대에 있던 금관경, 청주에 있던 서원경, 지금의 남원인 남원경, 지금의 원주 일대에 있던 북원경, 충주 일대에 있던 중원경의 다섯 소경 중의 한 곳이었던 지역이 남원이다.

남접이 시작된 선국사

남원 시내에서 서북쪽으로 남원시 산곡동과 남원군 대산면을 경계로 하여 해발 518미터의 교룡산이 솟아 있다. 교룡산의 중턱을 띠처럼 휘감은 채 잘 다듬어진 작은 돌들로 담장처럼 쌓은 교룡산성은 『남원지(南原誌)』에 따르면 백제 때 축성된 것이다. 성의 둘레는 3,200미터에 달하며 높이는 약 4.5미터다. 원래는 4대문이 있었으나 오랜 세월이 흐르는 동안 서문, 남문, 북문은 흔적도 없이 사라지고, 동문인 홍예문(虹霓門)만 옛 모습대로 남아 있다. 홍예문 아래의 고죽동에서 조선 연산군 때 무오사화를 일으켰던 장본인 유자광이 태어났다.

신라의 수도 경주와 함께 다섯 소경 중의 한 곳이었던 남원, 그 남원의 만복사지를 무대로 우리나라 최초의 한문소설인『금오신화』에 실려 있는「만복사저포기」를 지은 사람이 매월당 김시습이었다. 김시습이 경주 남산의 용장사에서「만복사저포기」의 무대를 멀고도 먼 전라도 남원으로 설정했던 것이나, 경주에서 태어난 최제우가 남원을 찾아온 것은 우연 같은 필연, 필연 같은 운명이 아니었을까?

남원에 당도한 것은 경주를 떠나온 지 약 2개월 만인 1861년 12월 15일경이다. 광한루 오작교 밑에서 한약방을 하는 서형칠의 집에 수운은 10여 일간 머물러 있었다. 수운이 남원에 도착하자마자 한약방을 찾아간 이유는 무엇일까? 경주를 떠날 때 남문 밖에서 약종상을 경영하던 수제자격인 최자원(崔子元)으로부터 노자로 귀한 약재를 받았는데 그 약재를 돈으로 바꾸기 위해 약방을 찾아간 것으로 추정된다.

수운과 대화를 나누던 서형칠은 그가 범상한 사람이 아니라는 것을 알게 되었고, 그 자리에 사제지간의 의를 맺었다. 서형칠의 약방에 손님들이 많이 찾아와 번거로워지자 그의 조카인 공윤창의 집으로 거처를 옮겼다.

서형칠의 인도하에 조카 공윤창 그리고 양형숙, 양국삼, 서공서, 이경구, 양득삼 등이 차례로 동학에 입도하여 수운의 제자가 되었으며 그때 전주에 사는 신모도 찾아와 입도하였다. 그들은 수운이 은적암에서 숨어 지내다가 경주로 돌아간 뒤에도 용담정까지 찾아가 도맥(道脈)을 이어갔다.

이때부터 전라도에서 포덕이 시작되었기에 남접의 시작을

남원으로 보는 것이다. 수운이 고향을 떠나서 남원에 자리를 잡을 수밖에 없었던 상황. 모든 것을 다 잃어버린 듯한 허전함. 스산한 타향의 서러움. 그리운 친지들과 처자들을 생각하며 「도수사(道修詞)」를 지었다. 이 가사는 1861년에 남원에서 지은 가사로 제자들을 가르치다가 도 닦기를 간절히 당부하면서도 중견제자들을 경계하기 위해 지은 글이다. 「도수사(道修詞)」의 일부 구절이다.

"광대한 이 천지에 정처 없이 발정하니 울울한 이내 회포 부칠 곳 바이없어 청려를 벗을 삼아 여창에 몸을 비겨 전전반측 하다가서 홀연히 생각하니 나도 또한 이 세상에 천은이 망극하여 만고 없는 무극대도 여몽여각 받아내어 구미용담 좋은 풍경 안빈낙도 하다가서 불과 일 년 지낸 후에 원처근처 어진선비 풍운같이 모아드니 낙중우락 아닐런가 (…)

십년을 공부해서 도성입덕 되게 되면 속성이라 하지만은 무극한 이내 도는 삼년불성 되게 되면 그 아니 헛말인가 급급한 제군들아 인사는 아니 닦고 천명을 바라보니 졸부귀불상이라 만고유전 아닐런가 수인사 대천명은 자세히도 알지만은 어찌 그리 급급한고 (…)

정심수신 하온 후에 남과 같이 수도하소 대저세상 인도 중에 믿을 신자 주장일세 (…) 귀귀자자 살펴내어 정심수도 하여두면 춘삼월 호시절에 또다시 만나볼까."

1862년 12월 그믐 때쯤 서형칠은 그의 스승 수운을 교룡산성의 선국사의 산내 암자인 덕밀암(德密庵)에 머물도록 하였다. 임금에게 진상하는 닭과 산성리 엿으로 이름이 높았던 산곡리 지나 선국사로 가는 길은 미로의 옛 고향을 찾아가는 길과 같다.

남원 선국사

　오래된 옛길 옆에 대나무밭과 복분자 넝쿨, 칡넝쿨, 대추나무, 밤나무, 감나무 등 온갖 나무가 우거진 길을 따라 한참을 올라가서 선국사에 도착했다. 교룡산성의 성내에 있으므로 산성절이라고도 부르는 선국사의 본래 이름은 용천사였다.

　용천사가 선국사로 개명된 과정에 대한 분명한 기록은 찾을 수 없다. 고려 말에 빈번했던 왜구의 침략과 조선조에 임진, 정유의 국란이 있을 때마다 전라좌영이 위치한 남원부 산하 6개 군현에서 거두어들인 군량미를 저장하고 병력을 배치하면서 나라를 지키는 절이라 하여 선국사라고 개명했다는 설이 설득력 있어 보인다.

　동학농민운동 당시 김개남은 교룡산성 안쪽에 있던 선국사(善國寺)에 집강소를 설치하여 전라좌도를 통솔했다. 선국사가 한창 부흥했던 시절에는 승려들만 3백여 명이 있었다고 전해지는데 지금은 대웅전과 칠성각, 요사채와 보제루만 쓸쓸하게 남아 있는 오래된 절 선국사에 수운이 도착했던 그 당시의 상황이 『대선생주문집』에 다음과 같이 실려 있다.

남원 교룡산성

"때는 섣달그믐이라, 한 해는 이미 저물고 절에서 마침 종을 치자 여러 중들이 모두 모여서 법경을 외워 소원을 축원하며 새벽 불공을 드렸다. 송구영신의 회포와 감회를 금치 못하면서 외로운 등잔불 아래서 한밤을 지샜다."

선국사 뒤쪽으로 15분쯤 올라간 곳에 위치한 덕밀암에서 수운은 약 6개월쯤 머물렀는데, 그때 이후 덕밀암을 은적암(隱蹟庵)이라는 이름으로 바꾸어 불렀다. 은적암 옛터는 100평 남짓 된다. 수운의 뒤를 이어 이곳을 찾았던 사람이 일제강점기인 1919년 3·1운동 당시 33인 중의 한 사람인 백용성 선사였다. 이 은적암에서 스님이 되고자 했던 그는 부모님이 강제로 데려가는 바람에 뜻을 이루지 못했다. 하지만 그 후 해인사로 들어가서 머리를 깎고 불문에 들어 민족사에 남을 큰 스님이 된 것이고, 그 뒤를 이어서 온 사람이 동학농민혁명의 3대 지도자 중의 한 사람인 김개남이었다.

최제우가 숨어 지낸 남원 선국사 은적암 터

절터 끝자락의 산기슭에는 '산신지위(山神之位)'라고 새겨진 바위가 있는데 이곳 은적암 터를 1981년 12월에 찾았던 표영삼 선생은 다음과 같은 글을 남겼다.

"수운 선생의 제자 양국삼 씨의 증언에 의하면 읍의 서방 십 리허의 지(地)에 교룡산성이 있고, 성의 북쪽 산에 밀덕(密德), 복덕(福德) 양 봉우리가 우뚝 솟았으며, 봉덕봉의 동쪽 아래에 작은 봉우리가 있다. (⋯) 부러진 주초, 깨어진 기와 편은 누가 보든지 고사(古寺) 터가 분명하니 이곳이 덕밀암 옛터가 맞다. 선사께서 차암 일실을 청소하시고 은적암이라 하셨나니, 은적 암은 갑오동학란 당시에 접주 심노환의 도소였던 죄로, 후일 관 병에게 분소(焚燒)를 당하고 그 유허만 있을 뿐이다."

이 글로 미루어 볼 때 이곳에서 남원 대접주 김개남이 수많 은 부하들을 데리고 북진했을 때 심노환이라는 사람이 남아서 남원을 관리했던 것으로 보인다.

이곳 은적암에 자리 잡은 수운은 아침저녁에는 수련을 하였 고, 경전을 집필하면서 소일했는데, 1862년 1월 초에 「권학가

(勸學歌)』를 지었다. 그 당시 조선은 왕조체제가 붕괴되어 가는 도중에 서양 여러 나라들이 물밀듯 들어오면서 위협을 가하고 있던 조선의 상황을 설명하며 도탄에 빠져 신음하고 있는 백성들에게 희망을 주려고 지은 것이 권학가였다.

조선 사람들이 하늘 아래 가장 강한 나라라고 떠받들고 섬겼던 나라가 청나라였다. 그 청나라가 1860년 8월에 영불 연합군에 의해 대패하고서 불경을 내주고 함풍(咸豊)황제가 여름 피서의 성지인 열하(熱河)로 피난을 가는 상황에까지 이르렀다. 그 사실을 청나라에 사신으로 갔던 동지사를 통해 알게 된 조선 민중들마저 시시각각 조여 오는 서양 세력들의 침략에 우왕좌왕 갈피를 못 잡고 길을 잃은 채 헤매고 있었다.

"양반 부유층의 가족들은 어느 틈에 피난 보따리를 싸가지고 성 밖 산중으로 내빼는 것이요, 일반 서민들은 이 판국에 재빨리 천주학이라도 믿는 체하며 장차 닥쳐올 침략과 살육을 모면할 것이라고 서둘러 성서 한 권을 구해 두기에 동분서주(東奔西走)하는 사람도 있는가 하면, 십자가를 버젓이 앞에 달고 거리를 왕래하는 사람도 있었다."

이선근(李瑄根)의 『민족의 섬광(民族의 閃光)』에 실린 글이다.

수운은 「권학가」에서 그가 머물고 있는 전라도 일대 역시 고래로 이어져 온 사회 규범이 무너져가고 있다고 적었다. 당시 상황을 가감 없이 목도한 수운은 지식인들이 역사의 주체가 되어 바른길을 제시할 때 기울어져 가는 나라를 다시 세울 수 있다고 본 것이다.

"시운을 의논해도 일성일쇠 아닐런가, 쇠운이 지극하면 성운이 오지마는, 현숙한 모든 군자 동귀일체 하였던가."

또한 천주학이 나라 곳곳에 들어오는 것을 바라보며 다음과 같은 글을 남겼다.

"요망한 서양적이 중국을 침범해서 천주당 높이 세워 거소
위 하는 도를 천하에 편만하니 가소절창 아닐런가(…) 만고 없
는 무극대도 이 세상에 창건하니 이도 역시 시운이라." 수운은
나라가 난세일 때 동학의 가르침이 새 시대를 열어가는 첩경이
라는 것을 「권학가」에서 밝힌 것이다.

「권학가」에 이어 지은 글이 「논학문(論學問)」이다. 수운은 이
글에서 처음으로 '동학(東學)'이란 명칭을 썼다. 이 책 「논학문」
은 동학 초기에는 「동학론(東學論)」으로 불렸다. 『대선생주문
집』과 『최선생문집도원기서』에서도 '동학론'을 지었다 하였으
며, 정운구(鄭雲龜)의 「계서(啓書)」에서는 '논학일책(論學一冊)'
이라 하였다. 그 뒤 1880년 6월에 경진(庚辰)판 『동경대전』을
간행하면서 「논학문」으로 고쳤다. 하지만 1898년 해월이 붙잡
힌 뒤 〈판결선언서〉에서는 "동학원문 (…) 제2편 동학론"이라
는 이름이 붙었다.

"무릇 천도(天道, 천계의 운행)란 형상이 없는 듯하지만 방
위(方位)가 있다. 그러므로 하늘에는 구성(九星, 사방(四方)과
목·화·토·금·수성)이 있어, 구주(九州, 지구 전체)와 대응하여
왔고, 땅에는 팔방이 있어 팔괘와 대응하여 있다. 이리하여 찼
다 비었다 하며 갈아드는 변수가 있으나 동했다 정했다 하는
차례가 변하고 바뀌는 이치는 없다. 음양이 서로 어울려서 백
천 만물이 비록 그 속에서 이루어져 나왔다고 하지만 오직 사
람만이 가장 영특하다. (…)"

묻기를 "한울님의 마음이 곧 사람의 마음이라면, 어찌하여
사람의 마음에는 선과 악이 있습니까?" 답하였다. "한울님은
사람에게 각기 귀한 신분과 천한 신분의 다름을 명하고, 사람

은 괴로움과 즐거움의 이치를 정해준다. 그러나 학식과 덕망이 높은 군자의 덕은, 기운이 바르고 마음이 정해져 있으므로 하늘, 땅과 더불어 그 덕을 합한다. 반면에 수양이 부족한 소인의 덕은, 기운이 바르지 못하고 마음이 자주 변하므로 하늘과 땅과 더불어 위배하게 되니, 이것은 성하고 쇠하는 이치가 아니겠는가?"

은적암에서 처음으로 동학을 선포하다

해가 바뀌어 신유년이 되자 호남의 여러 지방에서 유생들이 찾아와 수운에게 문답을 요청하였다.

"지금 한울님 영(靈)이 선생님께 내렸다 하시는데 어찌 그러하게 되었습니까?"

수운이 대답하였다.

"가면 다시 오지 아니함이 없는 그 이치를 받았으니라."

다시 물었다.

"그러면 무슨 도라 이름합니까."

대답하였다.

"양학은 이학과 비슷하나 다름이 있다. 한울님을 위하는 것 같지만 알참이 없다."

"그러옵니까?"

대답하였다.

"나의 도는 무위이화이다. 그 마음을 지키고 그 기운을 바르게 하고 그 성품에 따르고 그 가르침을 받으면 스스로 그러한 이치에 맞게끔 되어지는 것이다. 서양 사람은 말에 차례가 없고 글에 옳고 그름이 없으니 도무지 한울님을 위하는 단지(端志)가 없다. 단지 제 몸만을 도무하려 빌 뿐이요. 몸에는 기화하는 덕기가 없고, 학은 한울님 가르침이 없다. 형식은 있으나 실적(實跡)이 없으며 한울님을 생각하는 듯하지만 위함이 없어, 도는 허무에 가깝고 학은 한울님을 위하는 것이 아니니 어찌 다름이 없다고 하겠는가."

다시 물었다.

"도는 같다고 말씀하니. 그 이름을 서학이라 합니까?"

"그렇지 않다. 나는 역시 동(東)에서 태어나 동에서 받았으니 비록 천도이지만 학은 동학(東學)이다. 하물며 땅이 동서로 나뉘어 있는데 서를 어찌 동이라 하며, 동을 어찌 서라 하겠는가. 공자는 노나라에서 태어나서 추나라에서 가르쳤으니 추로의 풍화로 이 세상에 전해지고 있다. 나의 도는 이 땅에서 받아 이 땅에서 폈으니 어찌 서학이라 이름하랴."

다시 물었다.

"주문의 뜻은 무엇입니까."

대답하였다.

"한울님을 지극히 위하는 글이므로 주문이라 한다. 지금의 글에도 있고, 옛글에도 있느니라."

"글은 어찌 그러합니까?" 하고 물었다.

"지(至)라는 것은 지극하다는 것이요, 기(氣)란 것은 허령(虛靈)으로서 창창(蒼蒼)하며 사물에 섭리하지 않음이 없고, 사물에 명하지 않음이 없다. 그러나 형상이 있는 듯하나 말로 그려내기 어렵고, 생동하는 소리를 들을 듯하나 보기는 어렵고, 금지(今至)라는 것은 입도하여 지기(至氣)에 접했음을 알았다는 뜻이다. 원위(願爲)는 청원의 뜻이요, 대강(大降)은 한울님 기에 화하기를 원한다는 뜻이다.

시(侍, 모시다)라는 것은 몸 안에 신령이 있고, 밖으로 기화하고 있기 때문에 온 세상 사람들이 제각기 움직일 수 없는 것으로 알고 있는 것이다. 주(主, 님)는 공경을 이르는 것으로 부모처럼 섬긴다는 것이다. 조화(造化)란 스스로 되어진다는 것이요, 정(定)이란 그 덕과 합일하고, 그 마음으로 정립함을 뜻한다. 영세(永世)는 사람의 한평생이요, 불망(不忘)은 항상 생각하라는 뜻이요, 만사(萬事)는 수가 많다는 뜻이다. 지(地)는 그 도를 알고 그 앎을 받아들이는 것을 뜻한다. 그러므로 밝은 덕을 더욱 밝혀 생각하고 생각하게 되면 지기(至氣)에 화합하여 성인의 경지에까지 이르게 되리라."

다시 물었다.

"한울님 마음이 곧 사람의 마음이라면 어찌하여 선과 악이 있습니까?"

"사람 사는데 귀천이 다르게 마련이요, 고락의 이치가 있게 마련이다. 그러나 군자의 품행은 기가 바르고 마음이 정하여 있기 때문에 천지의 덕과 합일하게 되지만 소인의 품행은 기운이 바르지 못하여 마음이 옮기므로 천지의 덕과 어긋나니라. 이것이 성쇠의 이치가 아니겠는가."

다시 물었다.

"온 세상 사람들이 어째서 한울님을 공경하지 아니합니까."

다시 대답하였다.

"죽음에 이르면 한울님을 부르는 것은 인지상정이지만 목숨은 한울에 있으며 만민을 한울이 내었다고 옛 성인이 이른 말씀으로 지금까지 변을 자세히 알지 못하기 때문이다."

다시 물었다.

"도를 훼방하는 것은 어째 그렇습니까."

"혹 그럴 수도 있느니라."

"어찌하여 그럴 수도 있습니까?"

"나의 도는 지금도 들어보지 못하고 옛날에도 들어보지 못한 사리요, 지금도 비할 데 없고 옛날에는 비할 데 없는 도법이니라. 닦는 이는 헛된 일 같지만 알참이 있고, 듣기만 하는 이는 알찬 것 같으나 헛된 일이 된다."

다시 물었다.

"도를 배반하고 돌아가는 이는 있는데 어찌하여 그렇습니까."

"이런 사람은 거론할 나위가 없다."

"어찌하여 거론하지 말라 하십니까."

"삼가며 멀리하라."

다시 물었다.

"앞의 마음은 무엇이며 뒤의 마음은 무엇입니까."

나는 대답하였다.

"바람이 부는 대로 풀이 기울어지는 것과 같으니라."

"그러면 어째서 강령이 되었습니까."

대답하였다.

"선악을 가리지 않기 때문이니라."

"해도 없고 얻음도 없습니까."

대답하였다.

"요순시대에는 백성이 모두가 요순이었다. 이 세상의 운수도 세상과 더불어 같이 돌아가게 되느니라. 해가 되건 덕이 되건 한울님에게 달려 있고 내게 있지 아니하다. 일일이 생각해 보면 해가 그에게 미칠지 알 수 없으나 이런 사람이 복을 누린다고 다른 이에게 말하면 안 될 것이다. 그대가 물을 바도 아니요, 내가 관여할 바도 아니니라."

2천5백 년 전에 그리스에서 인류의 스승 소크라테스가 제자들과 진리에 대해 대화를 나누었다. 그 당시 모든 사람들에게 존경받았던 장군 니키아스는 소크라테스가 사람들과의 대화에서 사용한 방법에 대해 다음과 같이 기술했다.

"누가 되었든 소크라테스에게 다가가서 그와 이야기를 시작했다가는 어떤 일이 벌어지는지 너는 모르는 것 같다. 그가 처음에 어떤 이야기를 시작하든지 상관없이 그는 그런 이야기를 통해서 상대방이 지금 어떻게 살고 있으며, 그가 지금까지의 삶을 어떻게 살았는지에 대해 밝히지 않을 수 없는 단계로 기어이 넘어가고야 만다."

소크라테스가 제자들과 허심탄회(虛心坦懷)하고도 진지하게 나눈 대화가 플라톤에게 이어졌고, 그의 제자 아리스토텔레스 역시 제자들과 문답을 펼친 것이다. 그리스의 철학자들처럼 수운이 깨달은 동학이라는 도를 제자들과 알기 쉽게 토론한 내용이 「논학문」이다. 이렇게 「논학문」을 지은 뒤 그 말미에 수운은 다음과 같은 글로 마감했다.

"아! 놀랍다. 여러분이 도를 묻는데 어찌 이처럼 분명하고 분명한가. 비록 나의 졸문은 정밀한 뜻과 종지에 미치지 못하지만, 그러나 사람을 바로잡고 몸가짐을 닦게 하여 재능을 기르고 마음을 바르게 함에 어찌 그릇됨이 있겠는가? 무릇 천지의 무궁한 수와 도의 무극한 이가 모두 이 글에 실려 있으니, 오직 나의 제군들은 이 글을 공경히 받아 성덕을 도와 나를 따르도록 하면 마치 단맛을 다른 맛과 잘 어울리고, 흰색은 색채를 잘 받아들이는 것과 같으니라. 내가 지금 도를 즐기며 찬탄을 이길 수 없어 논하고 말하며 깨우쳐 보이니 밝게 살피어 현기를 잃지 않도록 하라."

수운이 지은 「논학문」은 동학의 신념체계를 극명하고도 세밀하게 설명한 대표적인 글이다. 이 세상의 자연 현상과 인간들과의 관계를 설명한 뒤에 서양 침략 세력들에 대한 경계와 수운 자신이 경험한 종교적인 체험을 이 글에 담았기 때문에 동학의 진수라고 볼 수 있다.

그곳에서 동학을 밝히는 「논학문」 등을 집필하였고, 동학농민운동이 펼쳐지는 과정 중에 혁명적인 노래의 핵심이 된, 가장 중요한 전투적인 굿판이 되었던 「칼 노래(검결)」를 만들었다.

"시호시호(時乎時乎) 이내시호(時乎) 부재래지(不再來之) 시호로다

때로다 때로다 이내 때로다 다시 오지 않을 때로다

만세일지(萬世一之) 장부로서 오만년지(五萬年之) 시호로다

수만 년에 날까 말까 장부로서 5만 년 만에 맞은 때로다

용천검 드는 칼을 아니 쓰고 무엇하리

무수장삼(舞袖長衫) 떨쳐입고 이칼 저칼 넌즛 들어 호호망망 넓은 천지

일신(一身)으로 비껴 서서 칼 노래 한 곡조를 시호시호 불러내니

용천검 날랜 칼은 일월을 희롱하고 게으른 무수장삼 우주에 덮여 있네

만고명장(萬古名將) 어디 있나 장부당전(丈夫當前) 무장사(無壯士)라

만고의 명장인들 당할 자가 있겠는가

좋을시고 좋을시고 이내 신명 좋을시고"

최제우는 선국사 근처의 대밭이나 묘고봉(妙高峰)에 올라가 고향을 떠나올 수밖에 없었던 울분을 시로 읊조리며 「칼 노래」를 부르며 칼춤을 추었다고 한다. 이 「칼 노래」가 결국 1864년 수운이 체포되어 대구 장대에서 좌도난정률(左道亂政律)이라는

죄목으로 죽임을 당하게 만드는 결정적인 원인이 된다.

훗날 경상감사 서헌순이 올린 '장계'에는 「검가」에 대한 글이 다음과 같이 실려 있다. "동몽 최인득(崔仁得, 수운의 아들)이 과시 (…) 광기가 홀발하여 나무칼을 쥐고 혹은 춤을 추고 혹은 노래하는데, 노래인즉 시호시호의 곡이었다."

수운은 남원에 있으면서 「논학문」이나 「칼 노래」 등 여러 글을 쓰면서도 인근 지역을 널리 돌아다니면서 세상의 인심과 풍습을 두루 살폈다. 그 당시의 상황을 조선 후기의 문장가로 구례에 살면서 『매천야록』과 『오하기문』 등 나라 곳곳에서 일어나는 상황을 기록한 매천 황현은 『동비기략(東匪紀略)』에서 최제우의 동학사상을 다음과 같이 적고 있다.

"이때 경주에 최제우란 자가 있는데 스스로 말하기를 천신이 난을 내린다 하여 문서를 짓고 참언을 만들고 부적과 축문을 쓰는데, 그 학(學)은 역시 천주를 존경하는 것으로서 스스로 서학과 구별하기 위해 동학이라 개칭하였다. 그는 지례, 금산 및 호남의 진산, 금산 산골짜기를 왕래하면서 양민들을 속여 하늘에 제사를 지내어 계를 받게 하고 선언하기를 '이씨가 장차 망하고 정씨가 장차 일어나서 대란이 일어날 것인데 동학을 하는 자가 아니면 살아남을 수가 없다. 우리는 다만 앉아서 천주만 외고 진주를 보좌하면 장차 태평한 복을 누릴 것이다'라고 한다는 것이다."

이곳 은적암에서 수운이 지은 글 중의 하나가 「유고음(流高吟)」이다.

"남쪽별이 두루 차면 은하수도 돌아가고

대도는 천체처럼 겁회(劫灰)를 벗어나 있네
거울에 만 리가 투영되니 눈동자가 먼저 깨닫고
삼경에 달이 솟아오르자 막혔던 생각이 문득 열리는구나
어느 누가 단비를 얻어 사람을 살리랴
온 세상은 바람 따라 오고 감을 맡겨버렸는데
백 겹이나 쌓인 티끌을 내가 씻어버리려고
학을 타고 가벼이 신선대로 향하였네
맑은 밤하늘에 달이 밝으니 다른 뜻은 없구나
정답게 웃으며 사이좋게 담론하니 옛 풍속 그대로다
사람이 태어나서 무슨 얽음이 있으리오
오늘도 도를 물으면서 주거니 받거니 하네
(…)
구름이 서산에서 걷히면 여러 벗이 모이라니
처변(處卞)을 잘못하면 이름이 빼어나지 않으리라
어찌하여 이곳에 와서 서로 좋게 만나 보기도 하고
담소도 하며 글도 지으니 뜻은 더욱 깊어 가누나
마음이 들떠서 이곳에 오래 있지 않을 것은 아니다
다시 타향에서 인연을 지어 어진 벗을 보게 되리라
(…)
높은 봉우리 우뚝 솟아 모든 산들을 거느리는 기상이요
흐르는 물이 쉬지 않음은 뭇 냇물이 모이려는 뜻이다
밝은 달이 찼다 이지러짐은 지조 있는 장부가 만났다가 헤어
짐과 같다
검은 구름이 떠오름은 마치 행렬해 가는 군의 위엄과 같다
땅은 분토(粉土)를 받아들여야 오곡이 넉넉해지고
사람은 도덕을 닦아야 백용(白用)에 얽힘이 없으리라"

1862년 5월에 수운은 「통유」를 지어서 도인들에게 보냈다. 이 글은 경주에서 떠나 이곳에 올 수밖에 없었던 사정을 말하고 이곳 은적암에도 오래 있을 수 없다는 것을 말하고 있다.

"첫째는 통유할 일이 없었고, 둘째는 그렇지 아니한 사단이 생겼으며, 셋째는 부득이 행장을 꾸려야 했으며, 넷째는 참을 수 없는 인정의 글이 있음이니라. (…)

해가 바뀌고 달이 지나 거의 다섯 달이 되었다. 들어올 때의 처음 마음은 다만 이 산중에 있으면 구름 속 깊은 곳이라 사람들은 알지 못할 것이요, 동자에게 묻는다면 약초 캐러 갔다고 가리키며 응대할 것이라 여겼다. (…)

세상에 이름을 감추었지만 사람들은 내 마음을 알아주지 못하기도 하지만 당초 내가 처신을 잘못한 연고 때문일지도 모른다. 각처의 여러 벗들이 혹은 일로 오고, 혹은 일없이 풍문에 따라 오는 이가 절반이다. 학(學)을 논하며 머무는 이가 반이지만, 손님은 자기 하나만이라 알지만 주인은 헤아릴 수 없이 모여드니 이를 어찌하랴. 궁벽 산간의 빈한한 골짜기에 손님 대접할 수 있는 것은 모두 합쳐 한 두세 집뿐이다. 집이 많은 처지라면 혹시 그렇지 않을 것이요, 산출이 넉넉하면 움막에서도 즐거움이 있으리라. 그러나 형편이 이러한 중에도 노인은 시로써 마음을 움직이려 하고 어린아이들은 예로써 굳이 만류하니 어찌하랴. (…)

이제 막 장맛비가 내리는 계절이라 바람이 일고 비가 뿌려 길게 자란 풀이 옷을 적시니 족히 애처롭지 아니한가, 마침내 멀리 있는 어진 벗들을 바라보며 항상 마지못한 중에 있으므로 이에 몇 줄의 글을 써서 위로하고 타이르니 이로써 용서하고 양해함이 어떠하랴. 돌아갈 기일은 초겨울이 될 것 같으니 너무 고대하여 기다리지 말고 수도에 즈음하여 좋은 날 좋은 낯으로 대할 것을 천만 번 바라노라."

동학을 펴다가 관가로부터 조사도 받고 큰 화를 입을 것 같아 떠나온 이곳 남원에서도 사람들이 너무 찾아오기 때문에 마음이 편치 않았던 수운은 「통유」에서 다시 떠날 것을 암시하는 글을 남긴 것이다.

「통유」에서 언급한 것과 같이 수운 선생이 이곳에 머물 당시 남원 지방의 유생들과 종교인들이 많아 찾아와 담론을 벌인다. 어느 날 노스님 한 분이 수운을 찾아왔는데, 그 스님의 이름이 송월당(松月堂)이었다. 수운이 보통 사람이 아닌 것을 알고 수운과 담론을 즐기기 위해서 찾아온 노스님은 수운에게 다음과 같이 물었다.

"선생은 불도(佛道)를 연구하십니까?"

수운이 답하기를,

"예, 나는 불도를 좋아합니다."

"그러면 어찌하여 중이 되지 않으셨소?"

"중이 아니고서도 불도를 깨닫는 것이 좋지 않소?"

"그러면 유도(儒道)를 좋아하십니까?"

"나는 유도를 좋아하는 하지만 유생(儒生)은 아닙니다."

"그러면 선도(仙圖)를 좋아합니까?"

"선도를 하지는 않지만 좋아하는 하지요."

"그러면 무엇이란 말씀입니까? 아무것도 하는 것이 없이, 아무것이나 다 좋아한다 하니 그 말의 뜻을 알아들을 수가 없습니다."

그 말을 들은 수운이 스님에게 물었다.

"스님은 두 팔 중에 어느 팔을 배척하고 어느 팔을 사랑하는지요?"

노승은 그때서야 그 말의 뜻을 깨닫고,

"예 알겠습니다. 선생은 온몸을 사랑하는 분이시군요!"

하였고, 수운은 그의 말에 다음과 같이 답했다.

"나는 오직 우주의 원리인 한울님의 도(道), 바로 그 천도(天道)를 좋아할 뿐입니다."

이 말을 들은 노스님은 감복하여 한참 동안 말을 잊고 있었다.

훗날 제자들이 수운에게 물었다.

"은적암 노승에게 왜 도를 전하지 않으셨습니까?"

수운의 대답은 이러했다.

"이미 물든 종이는 새로운 그림을 그리지 못하나니, 노승은 이미 물든 종이라. 건지려면 찢어질 뿐이니 그대로 두는 것이 도리어 옳지 않으냐."

맞는 말이다. '이미 물든 종이에는 그림을 못 그리고 건지면 찢어질 뿐이다. 습관이 오래되면 품성이 되고, 품성은 문으로 쫓아내면 창문으로 되돌아온다.' 이는 오래된 속담으로 한 번 길들여진 습관은 바꿀 수가 없다는 말이다.

이 글을 쓸 때만 해도 초겨울에 남원을 떠날 생각을 했던 수운은 떠나기 전인 6월 초에「수덕문」과「몽중노소문답가」를 지었다. 수운이「수덕문」을 지은 목적은 한 사람 한 사람이 수행을 바르게 하도록 지도하는 데 목적이 있다.

"무릇 이 도(道)는 마음으로 깊이 믿으면 정성(誠)이 된다. 믿을 신(信) 자를 파자하면 사람(人)의 말(言)이다. 사람의 말에는 옳은 말과 그른 말이 있으니, 옳음은 취하고 그른 것은 물리치되 거듭 생각하여 마음을 정하라. 정한 다음의 말은 믿어야 한다. 이와 같은 마음으로 닦으면 그 정성이 이루어지는 것이니 먼저 믿고 그 뒤에 정성을 다하라. 내가 이제 분명히 가르치니 어찌 미더운 말이 아니겠느냐. 공경과 정성을 다하여 나의 훈계를 어기지 않도록 하라."

『동경대전』에 실린 「수덕문」의 일부분이다. 수운은 대부분의 종교들이 의심하지 말고 무조건 믿으라고 가르치는 데 반하여 인간이 살아가면서 '어느 것이 옳은 것인가' '바른길이 무엇인가' '뜻있는 길이 무엇인가' '참된 길이 무엇인가'를 따지는 그 자체가 믿음이라고 본 것이다.

일찍이 주자학을 창시한 주자는 말했다.

"작게 의심하면 작게 진보하고, 크게 의심하면 크게 진보한다."

의심 없이 유학을 공부하다가 새로운 종교인 동학을 창시한 수운이 주자의 좌우명을 자기 자신에 맞게 새롭게 정리한 것이다. 수많은 의심을 통해서 학문을 연마할 때 그 지식이 깊이를 더하면 훗날 후회할 일이 없다. 그런데 의심하지 않고, 처음에 믿었던 학문만을 연구하다가 새로운 학문을 발견하면 그때 자신이 전체라고 믿었던 학문 체계가 흔들리게 된다. 그때의 혼돈이 하나의 중요한 계기가 되기도 하지만, 송두리째 그 믿음이 흔들리게 된다. 종교나 믿음도 마찬가지다.

그것을 플라톤은 '컴컴한 동굴 이야기'에서 다음과 같은 글로 표현하고 있다.

"동굴 밖에서 햇빛과 현실에 존재하는 사물(이데아)을 본 사람들은 그 눈이 어두움에 길들여 있지 않기 때문에 후에 동굴에 들어와서는 사물을 보지 못하며, 거기에 있는 여러 영상을 식별할 수도 없다. 따라서 그들은 실패를 하고 이 동굴에서 한 발짝도 바깥으로 나가지 않고, 이 영상들만을 보고 있는 사람들에게 바보 취급을 당한다."

바보가 바보들만 만나면 그 자신이 바보인 줄 모르고, 그 자신이 바보로서 산다는 사실을 모른다. 우물 안에서 사는 개구리는 세상이 넓은지를 모르고, 세상에 현명한 사람들이 많다는 것도 모른다. 눈빛만 보아도 통하는 현명한 사람들과 더불어 사는 것이 얼마나 좋은지, 그래서 세상 속으로 나가서 현명한 사람들을 많이 만나고 사는 것, 복 중의 복이다.

수운은 사람이 살아가면서 부딪치는 여러 가지 문제에서 1차 판단을 내렸더라도 다시 한 번 더 생각하여 2차 아니 3차 판단을 내리라고 하였고, 그래서 믿음(信)이란 판단을 거듭하여 진실을 가리는 것이라고 본 것이다.

수운이 지은 『동경대전』 중 「수덕문」의 일부를 보자.

"봄, 여름, 가을, 겨울은 언제나 변함없는 한울님의 떳떳한 이치요, 오직 한결같이 중용을 지키는 것은 사람이 해야 할 도리를 자세히 살피는 일이니라. 그러므로 배우지 아니하고 나면서부터 스스로 아는 것은 공자님의 성스러운 자질이요, 배워서 아는 것은 옛 성현들이 서로 전하여 온 것이니라. (…)

나는 동방에서 태어나서 하는 일 없이 세월만 보내며 겨우 한 가문의 명예를 보존했을 뿐, 빈한한 선비의 신세를 면치 못하였노라. (…)

슬프다. 학문하는 선비의 한평생은 세월이 봄 꿈과 같이 흘러가서 나이 사십에 이르나니, 공부는 울타리 가에 있는 소용없는 물건으로 알았고, 마음에는 입신양명할 큰 뜻이 없었노라. (…)

마음은 가정 일을 돌볼 생각이 있었으나 어찌 농사일의 어려움을 알겠으며, 공부를 성실히 하지 못하였으니, 입신양명할 뜻을 잃었노라. (…) 집안 살림이 점점 어려워지니, 나중에는 어떻게 살 것인지 알지 못하였고, 나이 점점 많아지니 신세가 장차 초라해질 것을 탄식하였노라. 어려운 팔자를 헤아려 보니, 또한 춥고 굶주릴 것이 염려가 있을 것이요, 나이 사십이 된 것을 생각하니 어찌 아무 일도 해 놓은 것이 없음을 탄식하지 않겠는가. 집 한 칸 마련하지 못하였으니 어찌 하늘과 땅이 넓고 크다고 하겠으며, 하는 일마다 서로 어그러지니 이 한 몸 감추기 어려움을 가련하게 여겼노라. (…)

멀리서도 마음과 마음이 서로 통하지만 또한 그리워하는 회포를 견디지 못하겠고, 가까이 만나서 정을 나누고자 하나 반드시 남들에게 지목받을 혐의가 없지 않음으로, 이 글을 지어서 널리 보이노니, 여러분들은 삼가 나의 이 말을 자세히 들을 지어다. (…)

한울님을 지극히 위하는 지극한 마음으로 공경하고 정성을 다하여 나의 가르침을 어기지 말지어다."

수운은 「수덕문」에서 유학을 이미 낡은 학문으로 간주하고 새로운 사상의 도래를 통해 세계가 발전되어야 한다고 보았고, 자신이 깨달아 가르치는 그 도를 정성을 다하여 실천하기를 염원한 것이다.

수운은 그 무렵에 「몽중노소문답가(夢中老少問答歌)」를 지었다. 이 글은 꿈속에서 노인과 젊은이가 묻고 대답하는 형식으로 지은 가사인데, 수운의 부모인 근암 선생과 한씨 부인이 정성을 들여 사는 상황이 설명되어 있고, 부패한 세상을 건지기 위해선 새로운 도를 펴야 된다는 글이 실려 있다.

"곤륜산 일지맥의 조선국 금강산이
기암괴석 좋은 경 일만 이천 아닐런가
팔도명산 다 던지고 천하승지 아닐런가

삼각산 한양도읍 사백 년 지낸 후에
하원갑 이 세상에 남녀 간 자식 없어
산제불공 하다가서 두 늙은이 마주 앉아
탄식하고 하는 말이 우리도 이 세상에
명명한 천지운수 남과 같이 타고 나서
기궁한 이내 팔자 일점혈육 없단 말가
우리 사후 고사하고 득죄부모 아닐런가
(…)
매관매작 세도자도 일심은 궁궁이요
전곡 쌓인 부첨지도 일심은 궁궁이요
유리걸식 패가자도 일심은 궁궁이라
풍편에 뜨인 자도 혹은 궁궁촌 찾아가고
혹은 만첩산중 들어가고 혹은 서학에 입도해서
각자위심 하는 말이 내 옳고 네 그르지
(…)
태평성세 다시 정해 국태민안 할 것이니
개탄지심 두지 말고 차차차차 지냈어라
하원갑 지내거든 상원갑 호시절에
만고 없는 무극대도 이 세상에 날 것이니
(…)
천의 인심 네가 알까 한울님이 뜻을 두면
금수강산 세상사람 얼풋이 알아내네
나는 또한 신선이라 이제 보고 언제 볼꼬
너는 또한 선분 있어 아니 잊고 찾아올까
잠을 놀라 살펴보니 불견기처 되었더라"

수운이 지은 「몽중노소문답가」라는 글은 『정감록』 사상이 반

영된 것이라고도 한다. 그 이유는 정감록에 흔히 나오는 '삼절(三絶)'이나 '궁을(弓乙)' '궁궁(弓弓)' 두 가지 것이 다 정감록을 해석할 때 반드시 나오는 것이기 때문이다. 하지만 수운이 강조한 삼절은 글씨를 쓸 때 삼절법(三絶法)을 잘 헤아려야 한다는 뜻이 들어 있다.

4장

수운 남원에서 경주로 돌아와 동학을 널리 펴다

수운이 전라도 남원 선국사의 산내 암자인 은적암을 떠난 것은 1862년 6월 말이었고, 고향인 경주에 도착한 것은 1862년 7월 초로 추정된다. 수운은 곧바로 경주로 가지 않고 건천에 있는 백사길과 강원보 집을 찾아가 며칠씩 머물렀고 그 후 박대길의 집으로 가서 머물렀다.

"7월에 집으로 돌아오던 날 말을 타고 회곡(回谷)에 이르자 길 위에는 논이 있고 길 아래는 6~7장이나 되는 언덕이 있는 곳에서 말이 갑자기 멈추더니 움직이려고 하지 않았다. 5~6명이 채찍질을 하였으나 전혀 미동도 하지 않았다. 그때 갑자기 그 가파른 언덕이 무너져 내렸다."

수운이 타고 가던 말이 지상의 이변을 알고 있었다는 이야기다. 그런 신비로운 체험을 하고서 돌아온 수운은 잠시 집에서 머물렀다.

해월 최시형이 동학 역사에 나서다

그해, 8월 수운은 포덕을 시작했다. 우선 가까운 사람들에게 포덕에 나서라고 권유했다. 남원으로 가기 전에는 집으로 찾아오는 사람들을 위주로 포덕을 했는데, 남원을 다녀온 뒤로는 제자들에게 찾아다니며 포덕 하라고 지시했다. 수동적인 포교에서 적극적인 포교로 바꾼 것이다. 이렇게 포교하는 법을 바꾸자 경주 인근에서 엄청난 사람들이 동학으로 몰려들었고, 그중 가장 적극적으로 포교에 나선 사람이 최자원(崔子元)과 최경상이었다. 최자원은 경주 남문 밖에서 큰 약종상을 하고 있어서 부유하게 살았고, 최경상은 금등골 화전민 마을에서 가난하게 살고 있었다. 하지만 최경상은 사람들과의 대인관계가 남달라서 주변에 사람들이 들끓었다.

이후 한 달에 두세 차례씩 찾아와서 가르침을 받은 최경상이 8월 10일경에 용담으로 수운을 찾아갔다. 그때 가르침을 받고 있던 도인들이 모두 하늘이 내린 말씀(天語)을 들었다고 자랑하자 그 말씀을 못 들은 자신이 몹시 부끄럽게 여겨졌다. 저녁을 먹은 뒤 최경상은 스승인 수운에게 집으로 돌아가겠다고 하였고 수운이 그토록 만류하였지만 기어이 용담에서 나와 밤길 70리를 걸어서 금등골로 돌아왔다. 훗날 수운을 직접 모셨던 이관영(李觀永)이 1890년대 상주로 이사를 가서 살 때 권병덕(權秉悳)에게 전해준 말을 『천도교회월보』에 다음과 같이 기록하였다.

"많은 도우들이 (…) 한울님 말씀을 매양 듣는다 하거늘 해월신사 스스로 생각하되 (…) 나는 그렇지 못하니 정성이 부족함이라 (…) 대신사께 돌아가겠다고 하였다. 대신사 가라사대

날이 저물었거늘 어찌 70리를 가리오 하시며 만류하시되 신사 기어이 절하고 물어가니 (…) 해월 신사 금등골 본집으로 돌아와서 문 앞 대숲 아래 못에 가서 얼음을 깨고 목욕을 하실새 매야(每夜)에 두 시간씩 목욕하며 (…)."

집으로 돌아온 최경상은 밤낮으로 주문을 외웠다. 하지만 그가 그토록 기다리는 하늘의 소리는 들려오지 않았다. 최경상은 마당에다 멍석을 깔고서 인생 전체를 걸고 수도를 하였지만 여전히 하늘의 소리는 들려오지 않았다. 아무것도 먹지 않는 단식을 하면서 심혈을 기울인 수도를 해도 여전히 하늘의 소리는 들리지 않은 채 세월만 흘렀다.

어느 사이 1861년 11월이 되었다. 최경상은 그때까지의 독공(篤工) 방법을 바꾸었다. 계곡으로 내려가 개울을 막은 뒤 아침저녁으로 냉수목욕을 하는 수련이었다. 그로부터 두 달이 지난 어느 날 물속으로 들어갔고, 그 순간 공중에서 신비로운 소리가 들렸다. '건강에 해로운 것은 찬물에 갑자기 들어가 앉는 것이니라.' 그 소리를 들은 최경상은 냉수목욕을 중단하고 물 밖으로 나왔고, 그때의 상황이 『해월선생문집』에는 다음과 같이 실려 있다.

"8월 초열흘경에 (…) 산업을 돌보지 않고 문밖에 나가지도 않으며 밤낮없이 지성으로 주문을 외우기를 3~4개월이 지났다. (…) 남들은 독공할 적마다 한울님의 말씀을 들었다고 하는데, 지금 나에게는 아무런 동정이 없으니 이는 곧 나의 정성이 부족한 탓이라 생각하였다. 때는 마침 한겨울이었다. 밤이 깊어 조용해지자 문밖 물가에 나가서 얼음을 깨고 매일 밤 여러 차례 목욕을 하는 일을 두 달이나 계속하였다. 처음에는 살갗을 에는 듯하였으나 나중에는 얼음과 물이 다 같이 따뜻해지는 것 같았다. (…) 또 열흘이 지날 즈음, 공중에서 '찬물에 갑자기 들어가

앉는 것은 몸에 해롭다'는 말이 들려왔다. 이내 얼음물에서 목욕하는 것을 중지하였다.

최경상이 하늘의 소리를 들은 다음 해에도 여러 가지 진기한 일이 일어났다. 밤이 새도록 등잔불을 켜두어도 기름이 닳지 않고 반 종지쯤 그대로 남아 있었다. 신기하다고 생각하면서 다시 21일이 지난 밤이 되어도 조금도 줄지 않았다. 그때 영덕에 살고 있던 이경중이라는 사람이 한 종지의 기름을 가져왔다. 이 기름을 부으면 어떤 일이 벌어질까 하고 그날 밤 등잔에 기름을 붓고 켜 보니 기름은 하나도 남김없이 말라 있었다."

그때 수운이 전라도 남원에 가 있었기 때문에 이런 기이한 일에 대하여 물어볼 수도 없었으므로 궁금할 따름이었다. 1862년 7월, 드디어 최경상이 수운을 찾아 나섰다. 그의 직감에 수운이 용담에 돌아와 있었기 때문이다. 하지만 용담으로 찾아갔던 최경상은 수운을 만나지 못하고 발길을 돌렸다가 다시 돌아가 만나게 된다. 그렇게 된 연유가 『해월선생문집』에 다음과 같이 실려 있다.

"3월 초순에 이르러, 고을 서쪽 산천리(山川里)에 사는 좌수(座首) 백사길(자인현에 살았을 때 좌수를 지냈다)이 최중희(崔仲羲)를 시켜 대선생의 의복과 편지를 가지고 용담에 들어가는 것이 완연하게 보였다. 고로 꿩 두 마리를 사가지고 가정(佳亭)에 있는 대선생의 조카 맹윤의 집에 가서 대선생께서 돌아오셨는지 물어보았으나 모른다고 대답하였다. 꿩 한 마리를 드리고 본읍(경주) 이무중의 집에 가서 물어도 역시 쌀쌀하게 모른다고 하였다. 다시 북어 한 꿰미를 사가지고 백사길의 집에 가서 물으니 역시 굳이 물리쳤다. 마음이 편치 않아 길을 가면서 묵상하자 틀림없이 박대여의 집에 좌정해 계신 것이 완연하였다. 박대여의 집을 향해 겨우 몇 리를 가는데 백사길이 급히 따라오면서 손을 흔들며 불러 말하기를 지금 어느 곳에 가느냐고 하기에 대선생님께서 박대여의 집에 계시므로 지금 그 집으로 간다고 대답하였다. (…) 박대여의 집 문 앞에 이르자 대선생께서 주문을 염송하시는 소리가 흘러나왔다. 기쁨을 이기지 못하여 빠른 걸음으로 들어가 뵈었다."

다음 글은 『대선생주문집』에 실린 글이다.

'3월에 최경상이 홀연히 선생을 찾아가자 수운 선생은 최경상의 손을 반갑게 마주 잡아 주시면서 물었다.

"그대는 어디서 왔으며 누구에게 물었는가."

최경상이 대답했다.

"제가 어찌 알겠습니까. 스스로 얻고자 하는 마음(自然)이 있어서 왔을 뿐입니다."

수운이 물었다.

"그대는 진정 그리하여 왔는가."

"예 그렇습니다."

이렇게 대답한 뒤 최경상이 물었다.

"저는 공부가 부실하온데 여러 가지 기이한 일이 일어나고 있습니다. 그것은 어찌 된 일입니까?"

선생이 물었다.

"무슨 일이 일어났는가?"

"얼음 목욕을 하다 하늘에서 들리는 소리를 들었습니다. 그리고 제가 반 종지의 기름으로써 스무 하룻밤을 썼으니 그 연고가 무엇입니까?"

대선생께서 크게 기뻐하시며 말씀하셨다.

"이는 하늘의 스스로 그러하게 되는 이치(自然之理)라 그대

경주 황오동 해월 최시형 동상

는 조화를 받았으니 다만 마음으로 기뻐하고 자부하라."

최경상이 물었다.

"이제부터 포덕을 해도 됩니까?"

"포덕을 하라."

최경상이 온 뒤부터 어진 선비들의 발길이 늘어나 감당할 수 없었다.'

수운과 해월과의 숙명적인 인연은 그렇게 시작된 것이다. 한 사람이 한 사람을 만난다는 것은 우주와 또 다른 우주가 만나는 것이나 다름없다. 그때 수운과 해월의 만남이 우리나라 민족종교 역사상 가장 큰 획을 그은 사건이었고, 두 사람의 만남이 우리나라 근현대사의 출발점인 거대한 사상 동학의 첫 출발점이 었다.

경주 동촌 황오리에서 태어난 최시형

해월 최시형은 1827년 경주시 동촌 황오리에서 태어났다. 본관은 경주(慶州). 초명은 최경상(崔慶翔). 자는 경오(敬悟), 호는 해월(海月)이다.

그의 나이 5세에 어머니를 여의고 12세 때 아버지를 여의었다. 친척집을 전전하며 어려운 환경 속에서 유년기를 보낸 해월은 청소년기에 남의 집 머슴살이를 하였다. 그의 나이 17세에 친지의 소개를 받아 종이를 생산하는 제지소(製紙所)에 들어간 해월은 터일마을(기일동)에서 일하며 생계를 도모하였다. 어느 곳에서나 성실하게 맡겨진 일을 잘했던 해월은 주인의 눈에 들어서 18세가 되자 중책을 맡게 되었다. 제지소에서 생산한 한지를 흥해와 청하, 그리고 경주와 영덕, 영해까지 배달해 주고 돈을 받아오는 일을 맡은 것이다.

19세 때 밀양 손씨(密陽孫氏)를 맞아 결혼한 뒤 28세 때 포항시 흥해읍 마북리로 옮겨 농사를 지었다. 이 마을에서 마을 대표인 집강(執綱)에 뽑혀 6년 동안 성실하게 소임을 수행한 해월은 33세 되던 해 자신의 농토로 농사를 짓기 위하여 경상도 영일군 신광면 반곡리 마북에 자리 잡은 마을 검곡(劍谷)으로 이사를 갔다. 이곳에서 농사일에 전념하던 그는 최제우(崔濟愚)가 동학을 포교하기 시작한 철종 12년인 1861년 6월에 동학에 입도했다. 해월은 마을에서 백여 리나 떨어진 경주 가정리를 오가며 동학을 수련하고 밤을 새워서 돌아가기를 그 세월이 5년이나 되었다.

최경상은 우여곡절 끝에 박대여의 집에서 스승인 수운을 만났다. 그때서야 스승이 없을 때 자신에게 일어난 이상한 일들을 이야기하였다. 수운은 그것이 바로 하늘이 스스로 내린 이치이며 조화이며, 하늘의 소리란 하늘, 즉 허공에서 내려오는 것이 아니라 '내 안에서 내려진 가르침(內有降話之敎)'의 말이라는 것을 알게 되었다. 이 말을 이해하고서부터 최경상은 하늘의 소리를 넓게 해석하게 되었다. 어린이나 부녀자나 그 모든 사람이 사심이 없이 말을 하면 그것이 바로 하늘의 소리라고 하였다.

'하늘의 소리는 사람의 감정과 사욕(私慾)을 떠나 공리(公利)와 천심(天心)에 바탕을 둔 말이거나 도리(道理)에 맞으면 모두 하늘의 소리'라는 것이 최경상이 깨달은 말이었다. 온갖 번민과 지극한 믿음 뒤에 깨달음이 오는 것이지, 우주의 이치에서 느닷없이 오는 것은 별로 없다.

그 당시의 상황이 『대선생주문집』에는 다음과 같이 실려 있다.

"뜻밖에 3월에 최경상이 홀연히 선생을 찾아왔다. (…) 수운이 여러 가지 우여곡절을 겪고 전격적으로 포교를 하고자 할 때 최경상이 찾아왔고, 수운은 그에게 포교를 허락했다. 그렇게 최경상에게 포덕을 허락한 것은 그 누구건 간에 포덕을 허락한 것이나 다름없었다."

최경상은 수운을 만나고 돌아와서 흥해에 사는 김이서라는 사람을 만나면서 전후 사실을 말한 뒤 벼 100석을 빌렸다. 오래전부터 최경상의 신실함을 믿고 있었던 그는 벼 100석을 망설이지 않고 빌려주었고, 최경상은 그 돈을 가지고 동해안 일대를 돌아다니면서 많은 사람들에게 동학을 전파했다. 그때 최경상이 포덕 했던 사람이 영덕의 오명철, 유성운, 박춘서, 상주의 김문여, 흥해의 박춘언, 예천의 황성백, 청도의 김경화, 울진의 김욱생이라는 사람이었다.

수운이 돌아왔다는 소식이 경상도 지역에 널리 퍼지고 최경상을 비롯한 수운의 제자들이 동학을 널리 전파하자 그해 9월부터 수많은 사람들이 구름처럼 박대여의 집으로 찾아왔다. 경주관아에서도 이 사실을 알게 되면서 신경을 곤두세우고 있었다. 1862년 이 무렵은 삼남 일대에서 일어난 민란이 자꾸 그 세력을 넓혀가서 전국적인 양상을 띠어가고 있었던 해였다.

1862년 2월에 진주민란이 일어났고, 4월에는 전라도에서 익산민란과 함평민란, 5월에는 경상도 김천의 개령민란 등 여러 형태의 민란이 꼬리에 꼬리를 물고 일어났다. 탐관오리들은 춘궁기에 나누어 주었던 환곡을 가을에 받을 때에는 처음에 주었던 곡식의 배를 불려서 수탈했다. 힘들여 농사지은 수확량 대부분을 빼앗긴 농민들은 봄이 되면 곧바로 춘궁기의 굶주림에 시달리게 되었다.

그해 삼남 일대에서 봄부터 여름까지 28개의 군현(금구, 회덕, 부안, 고산, 순천, 광주, 거창, 밀양, 성주, 청주)에서 민란이 일어난 것으로 보아 그 당시 민중들의 삶이 얼마나 피폐하고 정부에 대한 불만이 깊었는가를 미루어 짐작할 수 있다.

음력 8월부터는 민란이 조금씩 잦아들었다. 하지만 조정에선 언제 다시 폭발할지 알 수 없었기 때문에 노심초사하고 있었다. 그런 시기에 수운이 창시한 동학을 믿는 사람들이 전국 각지에서 구름처럼 몰려들자 경주부에서 영장을 보내서 수운을 체포했다.

『대선생주문집』에 실린 그 당시의 기록에는 "영장이 차사(差使)를 보내어 최 선생을 잡아들이니 때는 가을 9월 29일(음)이었다"고 하였다. 그리고 "윤선달이란 자가 수운 선생을 잡아들이면 한 푼씩만 거두어도 천여 냥이 된다고 꾀어 체포하게 되었다"는 기록도 있다.

『대선생주문집』에 실린 기록과 앞뒤의 정황으로 보아 민란을 염려하여 체포한 것인데 그때의 기록을 다시 보자.

"선생은 차사가 온다는 말을 듣고 마음으로 격분했으나 관과 민의 직분이 달라 제자 십여 명을 거느리고 말을 타고 길을 재촉하였다. 고을 서쪽에 이르러 물을 건널 때 동쪽 강가에서 빨래하던 백여 명 여인들이 모두 일어나 선생을 우러러보았다. 선생은 의아스러워 (…) 이유를 물으니 웃으며 서쪽 하늘에 상서로운 기운이 서려 있었기 때문이라 하였다. 관아로 들어가니 영장이 일개 가난한 선비가 어떤 도를 가졌기에 수천의 많은 선비를 모아 세상을 농락하고 이름을 얻었는가. 술가(術家)도 의술의 의원(議員)도 점쟁이도 아니요, 굿을 하는 무당도 아닌데 술인(術人)의 생계는 무엇인가 하였다. 선생은 노하여 사람을 훈학하는 업이니 이치에 맞지 않는 일이라도 있는가 꾸짖었다. (…) 영장은 그 위의(威儀)에 깜짝 놀라 대꾸를 못 하고 즉시 내보냈다. 그사이 사방에서 모인 이가 6~7백 명이 되었다. 영장은 김씨이고 이름은 미상이다."

『최선생문집도원기서』에 실린 글이다.

"수운이 경주부에 들어가자 어느 사이에 사방에서 모여든 사람이 6~7백 명이 되었다. 관아로 돌입하여 윤선달을 찾았다. 위기감을 느낀 윤선달은 도망쳐서 영장이 있는 방 안 벽장 속에 숨었다. 동학교도들이 꾸짖으며 윤가를 내놓으라고 하였다. 영장이 여러 가지 이유를 들어 빌자 교도들은 영장이 선대하는 것을 보고 나와버렸다."

그러나 정운구의 「계서」에는 그와는 다른 내용이 실려 있다.

"작년에 최한이 진영에 잡혔을 때, 며칠이 안 되어 제자 수백 명이 진영에 와서 호소하였다. 자신들의 학은 본래 백성을 해치고 풍속을 못 쓰게 하는 것이 아니니 빨리 수운 선생을 석방하

라. 그래서 진영으로부터 곧 석방하였다."

여러 기록들을 종합해 보면 그때 모였던 수운의 제자들이 약 3백 명쯤 되었던 것으로 보인다. 수운은 경주관아에 체포된 날로부터 6일 후인 10월 5일에 석방되었다. 그것은 수운이 그 당시 풍속을 해친 것이 없고, 그대로 두면 경주에서도 민란이 일어나지 않을까 두려워한 까닭이었다.

용담으로 돌아온 수운은 10월 14일에 교도들에게 "도를 버리라"는 뜻을 지닌 통문을 발표했다.

"이 글로 통유할 일은 당초 사람을 가르치자는 뜻에서 병자에게 물약자효(勿藥自效)를, 어린아이에게 글씨를 잘 쓰게 하여 총명을 도와 착하게 되도록 하려 하였으니 어찌 세상의 아름다운 일이 아니겠는가. 이미 수년이 지난지라 내게 화가 일어나리라 의심하지는 않았다. 그런데 뜻밖에 도둑으로 취급되는 모욕을 받았으니 이 무슨 화액(禍厄)이랴. 이는 이른바 막기 어려운 것은 악담이요, 베풀어지지 않는 것은 선행이라 하리라. 이런 일이 그치지 않는다면 근거 없는 이야기는 갈수록 터무니없이 얽히어 끝내는 화가 어떤 지경에 이를지 알 수 없으리라. 하물며 이처럼 바른 도가 서양 오랑캐의 학과 같이 취급된다면 진실로 수치스러운 일이 아닐 수 없다. 이래서야 어떻게 예의지향에 참여할 수 있으며 우리 가문이 이어온 가업에 참여할 수 있으랴. 이제부터 이후에는 비록 친척의 병이라도 교인하지 말 것이며 전도한 사람들도 은밀히 살펴서 찾아내어 이 뜻을 알려주어 모두 도를 버리게 하여 다시는 모욕당하는 폐단이 없게 하라. 그래서 이에 두어 줄의 글을 써서 밝혀 펴 보이니 천만행심(千萬幸甚)이로다."

제자들에게 「통유」를 보낸 수운은 용담에 머물지 않고 어디

론가 떠나야 했다. 제자들이 찾아오면 다시 지목을 받게 될 것이기 때문에 제일 먼저 한 일은 '말을 조심하라'는 글을 지어 돌렸다. '근거 없는 이야기는 화가 어떤 지경에 이를지 알지 못하리라'는 뜻을 지닌 이 시를 보자.

"병 속에 신선주가 들어있으니 가히 백만 인을 살리리라. 쓸 곳이 있어 천 년 전에 빚어 잘 간직하여 오던 술이다. 부질없이 한 번 마개를 열면 냄새는 흩어지고 맛도 엷어지더라. 지금 도를 닦는 우리들은 입 조심하기를 이 술병 간수하듯 하라."

어디로 갈 것인가. 막막하기만 했다. 다시 전라도 남원처럼 먼 곳으로 갈 수도 없고, 암중모색의 시간을 보내던 10월 20일(양력 12월 19일) 밤에 수운과 온 가족이 하늘에서 내려온 선녀를 보았다. 『대선생주문집』에는 그 당시의 상황이 다음과 같이 실려 있다.

"이달 20일 밤에 선생은 책을 읽고 있었고 식구들은 다듬이질과 바느질을 하고 있었다. 갑자기 휘황한 기운이 달처럼 문에 비치므로 문을 열고 보았다. 캄캄한 밤하늘 한가운데 채운(彩雲)이 영롱하고 서기(瑞氣)가 밝게 어리어 용담 어귀가 대낮처럼 환히 밝아졌다. 식구들이 의아하여 선생께 동구 앞 나무 위에 웬 미녀가 녹의홍상(綠衣紅裳)을 입고 단정히 앉아 있다고 하였다. 선생은 떠들지 말라 하였으며 선생만은 선녀가 강림한 것을 알았다."

11월 초 최경상이 찾아오자 수운이 말했다.
"내가 있을 만한 곳을 물색해 보게."
그러자 최경상이 말했다.

"제가 살고 있는 금등골(포항시 신광면 마북동 검곡)로 가시지요."

선생이 웃으며 말했다.

"그대가 사는 곳은 비좁으니 다른 곳을 찾아보게."

수운의 말과 같이 금등골은 깊은 산중으로 피신하기는 좋은 곳이지만 왕래가 불편했다.

'수운의 말을 들은 최경상은 돌아가 흥해읍 매산리에 있는 손봉조를 찾아가서 의논을 하였다. 그곳은 교통이 편리하고 큰 들판이 열려 있어 생활하기에 궁색하지 않은 곳이었다. 더구나 그곳은 수운의 큰어머니인 오천 정씨의 친정이 있던 곳이고, 외삼촌이 있을 때 여러 차례 들렀던 곳이었다. 최경상의 말에 수운이 허락한 후 11월 9일에 손봉조의 집으로 들어갔다.

다음 날부터 여러 지역에서 찾아오는 도인들을 맞으며 수운은 어린아이들에게 글과 글씨를 가르치는 훈도생활로 소일했다. 이후로도 수운은 가는 곳마다 훈도생활을 멈추지 않았는데, 그것은 그가 할 수 있는 유일하고도 가장 적합한 생계대책이었다.

이때 최경상은 수운에게 이불 한 채와 상하의 한 벌을 지어 바쳤다. 선생은 "평소 빈한한 그대가 어찌 이처럼 애를 썼는가." 하고 치하하면서 "내 처자들이 끼니가 어려우니 그대가 구할 방도가 있겠는가." 하고 말했다. 수운의 말을 들은 최경상은 곧바로 쌀과 고기와 돈 사오십 금을 마련하여 수운의 편지와 같이 본가에 보냈다.' 『최선생문집도원기서』에 실린 글이다.

그해 12월이 되면서 수운의 마음은 평온을 되찾았고, 그때 지은 글이 「화답결시(和答訣詩)」다.

"방방곡곡 다 돌아보니

물마다 산마다 낱낱이 알겠노라

소나무와 백나무는 푸릇푸릇 서 있네

가지마다 잎새마다 매듭도 수만이로구나

늙은 학이 새끼 쳐서 천하에 퍼뜨리니

날아오고 날아가며 우러러보기 그지없어라

운이여 운이여 얻음 못 얻음은

시운과 시운을 깨달음에 있는 것

봉항새여 봉황새여 어진 이로다

(…)

배움도 같고 맛보는 것도 같으니 생각하고 생각함이 같구나

만 년 된 나무 가지에 천 떨기 꽃이 피었으니

사해를 덮은 구름 사이로 한 줄기 달빛이로다

누각에 사람이 오르니 학의 등을 탄 신선 같고

물 위의 배에 말이 타니 마치 하늘의 용과 같구나

공자 같은 사람은 없어도 뜻은 공자와 같고

만 권의 글은 읽지 않았지만 뜻만은 대단하다 하리라"

이 시의 특징은 한울님과 시를 주고받는 형식을 취하고 있는
데, 수운이 한울님과 화답을 했다는 것 자체가 상징성을 띠고
있다.

매곡동에 자리 잡고 있는 수운에게 12월 한 달 동안 여러 지
역에서 도인들이 줄을 지어 찾아왔다. 북쪽으로는 충청도 보은
에서, 서쪽으로는 남원과 고성에서 찾아오자 교단의 정비를 위
해서 교단조직의 필요성을 느꼈다. 여러 가지로 고심에 고심을
한 끝에 '접(接)'이라는 단위조직을 생각해냈다. 접은 1861년 동
학이 시작되면서부터 자연스럽게 자리 잡아 온 것이다. 그 당

시의 접은 김 아무개 접, 이 아무개 접, 최 아무개 접으로 불리었는데 이때에 접의 주인을 임명했다. 1862년 12월 29일(양력 1863년 2월 17일) 즉 그해 그믐날에 동학이 태동한 뒤 최초로 접주(接主)를 임명하게 된 것이다.

"부서(府西) 접주 백사길과 강원보, 영덕 접주 오명철, 영해 접주 박하선, 대구·청도·기내 접주 김주서, 청하 접주 이민순, 영일 접주 김이서, 안동 접주 이무중, 단양 접주 민사엽, 영양 접주 황재민, 영천 접주 김선달, 신령 접주 하치욱, 고성 접주 성한서, 울산 접주 서군효, 경주 부내 접주 이내겸, 장기 접주 최중의가 임명되었다."

그 당시 접 조직의 규모는 여러 기록으로 볼 때 약 40호쯤 되었다. 그러나 매천 황현이 지은 『오하기문』에 의하면 1894년 동학농민혁명 당시 접의 규모는 만 명, 혹은 천 명, 백 명 등 수십여 명이 한 접이었다고 실려 있다.

또한 『나암수록(羅巖隨錄)』에는 대접은 수삼 백 명, 소접은 60에서 70여 명 정도라고 실려 있다. 천 명에서 수백 명 이상의 규모는 접이 아니라 김개남 포, 손화중 포, 최경선 포 등의 포(包)로 본 것이다.

그때부터 동학에서는 도인의 수를 한 사람(人)으로 하지 않고 호(戶) 단위로 보았는데, 당시 접의 규모가 40호에서 50호쯤 되었다면 도인 수는 약 2천 명이 되었을 것이다. 도인들은 대개 같은 접의 도인이면 형제간이나 가족같이 지냈으며, 대부분 일가친척들이 같은 접이었다. 수운은 접주들을 임명한 뒤 여러 젊은 제자들과 뜻깊은 한 해, 즉 계해년을 맞으며 결시 한 수를 지어서 새로운 한 해를 염원했다.

"도의 장래를 오늘에 물으니 어찌 안다 하랴 계해년 새 아침에 뜻이 있구나 성공한 지 몇 해인데 또 때를 지어야 하니 늦다고 한탄 말라 장차 때를 지을 것이다 때는 그때가 있으니 어찌 한탄하랴 새 아침에 운을 부르며 좋은 바람 기다리노라 지난해엔 서북 영우(靈友)가 찾아와 뒤에서야 우리 집에서 이날의 기약을 알았다 봄이 오는 소식은 응당 알지만 지상신선이 되는 날도 가까이 들리는구나 이날 이때에 영우가 모이지만 대도의 참 중심은 알지 못하는가."

새해를 맞은 수운은 1월 6일에 잠시 용담 집으로 돌아가 가족들을 만난 뒤에 다시 손봉조의 집으로 돌아왔다가 영천의 이필선의 집으로 갔다. 그곳에서도 어린아이들에게 글을 가르치고 도인들을 맞아 훈도하다가 3월 초에 신령의 하처일의 집으로 갔다. 수운은 그곳에서 자신의 삶을 다시금 생각했다. 이렇게 떠돌면서 살 것인가, 아니면 용담으로 돌아가 새롭게 도를 펼칠 것인가. 결국 허송세월하면서 세월을 보낼 수 없다고 결론을 내린 수운은 용담으로 돌아왔다.

5개월간의 떠돌이 생활을 마치고 용담에 돌아온 것은 1863년 3월 9일(양력 4월 26일)이었다. 집으로 돌아온 수운은 둘째 아들 세청과 그의 친구들인 김춘발, 성일규, 하한용, 강규 등에게 글과 글씨를 가르쳤다.

"복술은 본래 글씨를 잘 쓰는 사람으로 이름이 났으며, 구(龜), 용(龍), 운(雲), 상(祥), 의(義) 등의 낱글자를 써서 사람들에게 주었다. 학도의 부형들은 수고하였다고 얼마간의 양곡을 주었으나 토색하는 일은 없었다." 경상감사 서헌순(徐憲淳)의 '장계'에 실린 글이다. 용담에 돌아와서도 수운은 집안의 생계를 위해서 아이들에게 글을 가르쳤음을 알 수 있다.

"3월 하순에 비로소 필법을 지었으며 액자 쓰기를 익히고 혹은 진체를 익혀서 불과 수일 만에 필적이 왕희지와 같아졌다."

『최선생문집도원기서』에 실린 글을 보면 그 당시 얼마나 수운이 글쓰기에 전념했는가를 미루어 짐작할 수 있다.

"글씨 쓰는 법을 갈고 닦고 이루자면 그 이치는 오로지 마음가짐에 있다. 서체는 우리 동방나라의 목국(木局)을 나타내야 하고 삼절법의 이치를 잘 헤아려 잃지 말아야 한다. 이 땅에서 태어나 이 땅에서 얻었으니 고로 우리나라 필법을 먼저 내세우라. 사람의 마음이 한결같지 않음을 애석지 말고 표리가 없게 반듯하게 써야 한다.

마음을 편히 하고 기운을 바르게 한 다음, 획을 시획(始劃)하되 만법(萬法)은 이 한 점에 있다. 먼저 붓을 부드럽게 하고 먹도 여러 말 갈아 놓아야 한다. 종이도 두터운 것을 택하여 글자를 이루되 크고 작은 것이 다르게 쓰는 것이 규칙이다. 먼저 위엄 있게 시작하여 바름을 주로 삼을 것이며 형체는 태산 층암과 같이 하라."

이 필법은 글씨를 쓰는 것을 설명한 것이기도 하지만, 도 닦는 자세를 훈계한 글이기도 하다.

그해 4월이 되면서 그때까지만 하더라도 관의 주목을 받는 것을 염려해서 도인들이 찾아오는 것을 꺼려하다가 그것을 풀어버렸다. 그 소식을 들은 도인들이 전국 각 지역에서 몰려들었다. 이때 찾아온 사람 중에 후일 도차주(道次主)가 되어 동학을 재건하는 데 큰 역할을 한 강사원(姜士元)과 영해교조신원운동을 벌인 이필제(李弼濟)가 있었다. 수운은 강사원을 동학의 핵심 인물이 될 사람으로 여겨서 수행요령인 좌잠(座箴)을 써주었다.

"우리 도(吾道)의 이치는 넓으면서도 간략하다. 많은 말로 설명할 필요가 없다. 별다른 도리가 없고 성·경·신(誠·敬·信) 석

자다. 이를 힘써 공부하여 이치를 꿰뚫으면 알게 된다. 잡념이 일어나는 것을 두려워 말고 오로지 앎을 깨우치려는 것만 걱정하라."

수운은 인간이 지켜야 할 좌우명으로 '성실, 경의, 신뢰' 이 세 마디를 들었던 것이다.

그리고 그해 4월 영해에서 영덕의 도인 한 명이 관가에 체포되는 일이 생기자 수운은 각처의 도인들에게 조심할 것을 당부하는 글을 보냈다. 하지만 그 일은 더 크게 번지지 않고 지나갔다. 4월 그믐 무렵, 구미산 자락 용담 일대는 조용하고 녹음은 우거져 한갓진 마음으로 유유자적할 여유가 생기자 시상이 떠올라 지은 시가 「우음(偶吟)」이란 시 중에 '그날'이란 시다.

"바람 지나고 비 지나간 가지에
바람 비 서리 눈이 다시 몰아쳐
바람 비 서리 눈이 다 지난 뒤
한 나무에 사시사철 꽃이 피어
영원한 봄이 오리라"

그 후 여름 동안에 수운의 동정은 별로 보이지 않고 훗날 경상감사 서헌순의 '장계'에는 다음과 같은 글만 보인다. "여름 동안 여러 차례 모여 강론을 했다"는 기록이 있다.

"그해 6월에 각처 도인들에게 액자 한 장씩을 써서 주었다. 이때 강수가 와서 인사를 올리자 열 장 중 성(性) 자를 골라 주었고, 또한 경재 제호도 써서 주었다." 『대선생주문집』에 실린 글이다.

그러나 한가하고 평화로웠던 세월도 잠시, 전국 각 지역에서 동학을 탄압하기 시작했다. 수운은 강론을 중지하고 접을 파하는 통문을 발송하였다. 그때가 1863년 7월 23일이었다.

수운이 해월에게 도를 전하다

수운은 관의 탄압이 거세어지자 만일의 사태에 대비하여 후계자를 선정해야겠다고 생각했고 그때 수운의 마음에 떠오른 사람이 최경상이었다. 7월 23일 40~50여 명의 도인들이 모여 있다가 접을 파하면서 최경상을 북도중 주인(北道中主人)으로 임명했다.

"마침 경상이 오자 오랫동안 상담하고 나서 북도중 주인으로 특별히 정하였다. 선생께서는 탄식하며 노여운 기색이 있는 듯하다가 다시 기색을 가라앉히고 부드러운 음성으로 말했다. '진실로 성공자(成功者)는 가는 것이다', 이 운수를 생각하니 필시 그대 때문에 생겨났다. 이제부터 도의 일을 신중하게 처리하여 나의 가르침을 어김이 없도록 하라."

수운이 해월에게 그의 가르침이 중단되지 않고 이어갈 수 있도록 하라고 유언과 같은 말을 남기며 직책을 맡긴 것이다. 이 말을 심상치 않게 받아들인 최경상이 수운에게 물었다.

"어찌하여 이런 훈계 말씀을 하십니까?"

"이는 곧 운이니라. 난들 운을 어찌하랴. 그대는 마땅히 명심하고 잊지 말아야 한다."

해월이 다시 물었다.

"선생님의 교훈 말씀은 저에게 과분합니다."

그러자 수운은 웃으면서 다음과 같이 말했다.

"일이 그리되었으니 걱정하지 말고 의심하지 말라."

수운이 그때 해월에게 '성공한 사람은 가는 것이다'라고 말한 것은 지금까지 내가 할 일은 이미 다했으니 나는 물러난다는 비장한 의미를 담고 있는 말이었다. 그 시간 후로 경주 남쪽의 도인들은 수운이 직접 관장하였고, 북쪽 고을은 해월이 분담하여 관할하였다.

"지금부터 해월을 북접 주인으로 정했으니 내왕하는 도인들은 먼저 검곡을 거쳐 오라."

『해월선생문집』에 실린 글이다. 이때부터 북접과 남접이 나뉘게 되는데 그에 대한 이야기가 오지영의 『동학사』에 실려 있다.

"남북접설은 수운 선생 당대 우연히 생겨 나온 말이다. 수운 선생 사는 곳에서 해월 선생 사는 곳이 북쪽이 되어 그것을 북접이라고 이름을 지어 붙여왔었다. 그 말이 수운 시대가 지나가고 해월 선생이 도(道)의 중심 자리에 있을 때까지에도 북접 대도주라까지 한 것을 알 수 없는 일이었다. 갑오년을 당하여 전라도를 남접이라 이름하고, 충청도를 북접이라 이름하여 서로 배척하게 되었다."

모든 것이 시간 속에서 분화되고 해체되었다가 다시 만나기도 한다는 것을 역사의 흐름을 통해 알 수 있다. 이돈화가 1933년에 지은 『천도교창건사』에도 그에 대한 글이 있다.

"1863년 7월 23일에 대신사가 최경상으로 하여금 북접주인을 정하시고 가셨으니, 지금을 기준으로 하면 도중 일절사무를 도맡아 하라 하시었다."

접을 파한 뒤인 7월 하순에 수운은 「도덕가(道德歌)」를 지었다. 이 「도덕가」는 두 부분으로 나누어져 있다. 전반부는 잘못된 신 관념을 지적하면서 동시에 타락한 사회를 고발하는 형식이고, 후반부는 악인지설과 악인음해에 귀를 기울이지 말고 바르게 수도하기를 바라고 있다.

'우습다. 저 사람은 지벌(地閥)이 무엇이기에 군자를 비유하며 문필이 무엇이기에 도덕을 의논하는가.'

수운이 「도덕가」에서 강조한 것은 수행 자세였다. 수행을 할 때 가장 중요한 것은 경외지심(敬畏之心)이고, 둘째는 귀신관이며, 셋째는 군자(君子)의 개념이다. 한울님을 경외하는 마음이 곧 생명에 대한 경외지심이고, 귀신관을 바로 세우는 것이 곧 생명현상을 이해하는 것이 되며, 군자관의 기준을 바로잡아야 세상이 바르다고 한 것이다.

"사람의 수족동정 이는 역시 귀신이요, 선악간 마음용사 이는 역시 기운이다. 말하고 웃는 것, 이는 역시 조화로세."

이렇게 「도덕가」를 마감한 수운은 '용담물이 흘러 네 바다의 근원이 되고, 구미산에 꽃이 피니 온 세상이 꽃이로다'라는 시 한 편을 지었다.

그 뒤 지은 글은 「흥비가(興比歌)」로 이 시는 『시경』의 흥비라는 구절을 따서 지은 글이다. 이 글에서 수운이 말하고자 한 것은 대부분의 도인들이 그릇된 쪽으로 흘러가는 것을 경계한 것이다.

"영험 되고 좋은 말은 귀 밖으로 다 버리고 그중에 불미지사 달게 듣고 모아 내어 (…) 이 세상 풍속 됨이 음해가 주장이라."

그 뒤 8월 초에 지은 글이 「영소(詠宵)」로 '밤에 읊다'라는 뜻이다.

"속세에서 항아(姮娥)가 속 다르고 겉 다른 꼴을 보이다 부끄러워서 높고 밝은 광한전(廣寒殿)에 올라가 평생을 사노라. 이 마음을 아는 맑은 바람은 흰 구름 보내어 내 얼굴을 가려 주누나 (…) 보름달 앞에서 뒤돌아보면 언제나 앞이라네.

안개는 가는 길을 막으나 밟아도 자취가 없네. 봉우리에 구름이 얹혔다고 한 자도 높아지지는 않네. 산에 사람이 많다고 모두 신선이라 할 수 없고 십(十) 자는 정(丁) 자로 이루어졌지만 군사라 할 수는 없네. 달밤에 시냇가 돌들은 흘러가는 구름을 세고 들에 핀 꽃가지에 바람이 부니 나비가 춤추며 자잘대는 것 같구나. 사람이 안으로 들어가면 산은 물로 다가오게 된다.

꽃 울타리 열리자 봄바람이 불어오고 대울타리 성글게 비치더니 가을 달은 가버린다. 푸른 물에 그림자가 잠겼다고 옷이 젖은 것은 아니고 경대를 마주한 미인은 거울 속 미인과 화답하지는 못하네.

빼어난(美利) 용이라도 물이 없으면 타고 오를 수 없고 범이 문으로 침입함을 알리나 나무(몽둥이)가 없으니 어찌하랴. 산머리 빗질하듯 반달은 떠 있고 연잎은 기우뚱 수면을 부채질하네. 연못가 버드나무 안개에 덮였고 낚싯배 등불 하나둘 늘어가네."

수운이 지은 네 가지의 「영소」는 봄꽃과 가을 달, 그리고 하나는 물속의 옷과 거울 속의 미인을 대비시켜 부른 노래들로 한 편의 아름다운 산문이자 시(詩)다.

1863년 추석을 앞둔 8월 13일 해월 최시형이 용담으로 찾아왔다. 경상이 뜻밖에 찾아오니 선생이 기뻐하며 말하셨다.
"그대는 어찌하여 급히 오셨는가?"
경상이 말했다.
"선생님이 홀로 추석명절을 보내실 것 같아서 모시고 같이 지내려고 왔습니다."
다음 날 14일 삼경에 좌우를 물리치고 선생은 묵묵히 오랫동안 생각하더니 경상을 불렀다.

"그대는 단정하게 평좌하라."

경상은 그 말씀에 따라 앉았다.

선생이 말했다.

"그대는 임의로 수족을 움직여 보라."

경상은 갑자기 대답을 못 하고서 정신이 있는 듯 없는 듯하여 몸을 굴신할 수가 없었다. 선생은 이 모습을 바라보시고 웃으면서 말씀하셨다.

"그대는 어찌하여 이러한가?"

이 말을 듣자 경상이 곧 몸을 움직일 수가 있었다.

"그대의 몸과 수족을 조금 전엔 펴지 못하더니 지금은 펼 수 있는가 본데 왜 그러했는가?"

경상이 그 까닭을 잘 모르겠다고 대답하자 수운이 말했다.

"이것이 바로 조화의 대단함이로다. 후세에 난을 당한들 무엇을 걱정하랴. 신중하고 신중하라."『최선생문집도원기서』에 실린 글이다.

수운이 해월에게 이러한 이적 같은 일을 체험하도록 한 것은 앞으로 닥쳐올 동학과 수운의 비장한 운명, 그리고 해월이 동학을 책임지고 짊어지고 나갈 때 운명에 굴하지 말라는 무언의 계시였다.

1863년 8월 14일 밤, 수운은 해월에게 자신의 법통을 넘겨주었는데, 그때 수운에게는 많은 제자들이 있었다. 그 많은 제자들 중에 해월에게 법통을 넘긴 연유가「수덕문」에 실려 있다.

"어른이 나아가고 물러가는 것은 마치 삼천제자의 반열과 같고, 어린이들이 읍하고 절하는 것은 육칠의 읊음과 같도다. 나이가 나보다 많으니 이 또한 자공(子貢)의 예와 같고 노래 부르고 춤을 추니 어찌 공자의 춤과 다르랴."

이렇게 말한 수운은 해월에게 도를 전해주었는데, 그것은 수운의 마음과 해월의 마음이 하나가 되었기 때문이다. 그래서 도의 경지에 이르도록 해월에게 단전(單傳) 도통을 전수했는데, 해월이 동학에 입도한 지 2년 만이었다.

다음 날 새벽 8월 15일 새벽에 수운은 다시 해월을 불렀다.

"이 도는 유불선 삼도가 겸비(兼備)되어 있다."

수운과 해월의 이 새벽의 시간에 동학이라는 거대한 사상이 한 사람에게 다른 사람에게 아니 한 우주에게서 한 우주에게로 이어진 것이다.

"계해년 8월에 선생님이 도를 전하는 날, 나에게 이 도는 유불선 삼도의 가르침이 겸하여 있다"는 말을 수운이 했다고 『동경대전』에 실려 있다.

"붓을 들어 시문을 짓고 입으로 노래를 부르고 제를 올릴 때, 양고기와 쇠고기를 쓰는 것은 유도(儒道)식이다. 청결 도량하고 손에 염주를 쥐고 머리에는 백납을 쓰고 백비로 인등제를 올리는 것은 불도(佛道)식이다. 용모환태하고 의관과 복색을 갖추고 폐백과 감주를 헌작하는 것은 선도(仙道)식이다."

일부 사람들은 동학은 유불선 삼도에서 장점을 다 따다가 만들었다고 하는데, 조선 후기 태동한 동학을 두고 일본의 학자인 길천문태랑(吉川文太郞)은 『조선제종교』에서 다음과 같이 간파했다.

"유교는 명절(名節)에 얽매여 현묘(玄妙)의 역(域)을 모르고, 불교는 적멸(寂滅)하여 인륜(人倫)을 끊고, 도교는 자연에 유적(流適)하여 치평(治平)의 술(術)을 못 했다. 그런데 동학은 원래 유도, 불도, 선도 아니고 유불선을 합일한 것이다. 천도가 유불선에 유래된 것이 아니고, 유불선이 천도의 일부분이 되는 것이다."

　조선 후기 전 세계적으로 미증유의 암울했던 시기에 이 나라에서 태어난 수운 최제우가 새로운 사상을 펼친 것이다. 수운은 그때 해월에게 '수심정기' 네 글자를 써 주시며 뒷날 병에 쓸 때 행하라고 하신 뒤 또 '부도(符圖)'를 내리시고 특별히 붓을 들어 '수명(受命)'이란 두 글자를 써서 주었다. 그리고 "용담의 물이 흘러 흘러 네 바다의 근원이 되고, 거악에 사람 있어 일편단심이로다"라는 시를 지어주면서 "그대의 장래를 위한 강결(降訣)이니 길이 잊지 말라"고 하였다.

　수운으로부터 해월이 도통을 물려받은 그날이 1863년 8월 14일이었고 해월 최시형의 나이 서른일곱이었다.

　수운이 해월에게 도를 전하던 그 당시 청하의 도인인 이경여가 산에서 막을 치고 수련을 하다가 경상감영에 끌려가 취조를 받고 영덕으로 유배를 가는 사건이 발생했다. 그때 영덕의 도인들이 그를 구해내기 위하여 2백 냥을 모아 석전을 바치고 사건이 더 확대되지 않도록 하였다. 하지만 이때 이미 영해 지역에서는 유생들이 동학배척운동을 벌이고 있었다.

　"우리 고을에서 이미 6~7년 전에 동학의 한 무리가 있었다. 여러 고을의 동류들과 오가며 왕왕 궁촌에 소굴을 만들어 무리를 모아 거리낌 없이 교를 세우고 멋대로 행하였다. 이로부터 고을 선비들은 혹은 절족(絕族)의 글을 돌렸고, 혹은 죄상을 들어 외관의 반열에서 섞이지 못하도록 하였다. 그러나 완고하게도 그칠 줄 모르므로 끝내 영문에서 잡아 가두게 되자 이후부터 사라지게 되었다." 「신미아변시일기」 1871년 3월 조에 실린 글이다.

　경상감사 서헌순의 '장계'에도 "일월산 풍설은 영양과 진보 사람이 산 밑에 막을 치고 모여 학습한 일이 있었지만 복술이 입산했다는 말은 듣지 못했다"라는 기록이 있어 그 당시 관가에서 얼마나 동학을 예의 주시했는지를 알 수 있다.

이때 수운이 지은 글이 「탄도유심급(歎道儒心急)」이다.
"산하의 큰 운수가 이 도로 돌아오리니 그 근원이 지극히 깊고 그 이치는 아주 멀다. 나의 심주가 굳건해야 곧 도의 맛을 알 것이요, 한결같은 마음을 지니면 만사가 뜻대로 되리라. 탁한 기운을 쓸어버리고 맑은 기운을 아기 기르듯 하라. 단지 마음만 지극할 뿐만 아니라 오직 마음을 바르게 하는 데 있다. 그러면 은은한 총명이 스스로 비범하게 나타나리라.

앞날에 있을 모든 일의 두서는 한 이치로 같이 돌아가리라. 다른 사람의 사소한 허물을 내 마음에 논하지 말고 나의 작은 재주라도 남에게 베풀라. 이처럼 큰 도를 작은 일에 정성 들이듯 하지 말라. 공훈에 임하여 헤아림을 다하면 자연히 도움이 있으리라. 풍운에 대처하는 솜씨는 그 기국(器局)에 따르느니라, 현묘한 기틀은 드러나지 않으니 마음을 조급히 하지 말라. 공을 이룬 다른 날에 신선의 연분이 좋이 지어질 것이다.

마음은 본시 형태가 없어 만물에 응하여도 자취가 없다. 마음을 닦으면 덕을 알게 되며, 오직 덕을 밝히는 것을 도라 한다. 덕에 있고 사람에 있지 아니하며, 꾸미는 데 있는 것이 아니고 신(信) 하는 데 있으며, 먼 데 있지 아니하고 가까운 데 있으며, 구하는 데 있지 아니하고 성실히 행하는 데 있으니, 그렇지 않은 듯하되 그러하고, 먼 듯하되 멀지 아니하다."

"겨우 한 가닥 길을 찾아 걷고 걸어서 험한 물을 건넜다. 산 밖에 다시 산이 나타나고 물 밖에 또 물을 건넜다. 다행히 물 밖의 물을 건너고 간신히 산 밖의 산을 넘어서 바야흐로 넓은 들에 이르자 비로소 큰 길이 있음을 깨달았네.

봄소식을 고대하나 끝내 봄빛은 오지 않았네. 춘광호(春光好, 당(唐)의 곡조(曲調))가 없지 않으나 봄이 오지 아니하니 때가 아닌가 보다. 이제 절기가 다다르니 기다리지 않아도 스스로 오는구나. 간밤에 봄바람이 불어 온갖 나무가 일시에 깨쳐 하루에 한 송이가 피고 이틀에 두 송이가 피어 삼백예순날에 삼백예순 송이가 피니 온몸이 온통 꽃이요, 온 집안이 온통 봄이다."

최제우(崔濟愚)가 쓴 이 시(詩)는 인간의 삶을 짧고 간결하게 노래한 시라고 볼 수 있으며, 자기 자신의 파란만장했던 생애를 노래한 시이기도 하다. 건너도 건너도 다시 나타나는 강물을 건너고, 산을 넘고 넘어서 가야 하는 인생의 길을 상징적인 언어로 표현한 이 시를 읊으면 가슴이 아릿해진다.

다시 말하지만 이 글은 한 편의 아름답고도 감동적인 시다. 삶이 살아갈수록 어려운 것이라는 것을 깨달은 사람만이 쓸 수 있는, 어쩌면 달관한 듯 보이지만 허전하고 쓸쓸하면서도 답답한 그 심사를 절규하듯 노래한 한 편의 시다.

어찌할까! 어찌할까! 하면서도 어찌할 수 없는 상황 속에서 그 운명을 받아들일 수밖에 없는 그 상황. 독일의 철학자 니체가 말한 운명애(運命愛)가 그때 그 당시 수운(水雲) 최제우(崔濟愚)의 마음이 아니었을까?

'인간의 위대성을 나타내는 나의 공식은 운명애이다. 필연적인 것은 감내하고 사랑해야 한다.'

한 사람의 불행이 만 사람을 행복하게 한다면?

그것은 좋은 것인가? 나쁜 것인가?

1863년 10월 28일(양력 12월 8일) 수운 최제우의 생일날 여러 곳에서 많은 도인들이 모여서 생일을 축하했다. 그러나 수운은 마음은 편치가 않았고, 스승의 마음을 아는 해월은 영덕의 집에서 조용히 치르고자 했다.

이날 잔치를 마친 수운은 좌우를 돌아보고 다음과 같이 말했다.

"세상에서 나를 천황씨(天皇氏)라고 할 것이다."

수운이 말한 천황씨가 천지를 열었듯이 자신도 새 세상을 여는 도를 편 사람이나 같다고 말한 것이다. 그 뒤 시 한 편을 읊었다.

"내 마음 생각이 극치에 이르자 묘연해져서 마치 태양을 따라 흐르는 햇살 그림자인 것 같더라(吾心極思杳然間 毅隋太陽流照影)."

수운은 시를 읊고서 그 시의 뜻은 풀이해 주지 않고서 도인들에게「흥비가」를 부르도록 한 뒤 자신이 꾼 꿈 이야기를 들려주었다.

"꿈에 태양의 살기가 왼쪽 허벅지에 닿자 화기로 변해서 밤새도록 '사람 인(人)' 자를 그렸네. 그런데 꿈에서 깨어나 보니 여전히 허벅지에 보라색 흔적이 남아 있었네."『최선생문집도원기서』에 보면 이 꿈을 꾼 수운은 자신에게 장차 큰 화가 닥칠 것을 예감했다고 한다.

그해 가을인 1863년 9월 13일에 서애 유성룡(柳成龍)의 제자인 우복 정경세(鄭經世)를 모신 상주군 외서면 우산리의 우산서원(愚山書院)에서 상주의 도남서원(道南書院)으로 동학배척통문(東學排斥通文)을 보냈다.

도남서원에서 통문으로 돌린 글의 일부를 보자.

"(…) 동학이란 하나같이 어떤 것인가. 서학(천주교)의 명목을 이어가자는 것으로 한 짝으로 태어난 이들을 우리나라 백성이라 할 수 있겠는가. 즉 그들이 하는 말과 하는 일은 이미 참모습을 감추고 사악(邪惡)함이 만 가지가 하나 같으니 얻을 것은 아무것도 없다.

서(西)를 말하고 양(洋)을 말하고 천주(天主)를 말하는 즉 우리 동방의 불평불만의 무리로 그대로 놓아두면 깊이 빠질 우려가 있다는 것은 그 이름만 보아도 가히 알 수 있다. 무릇 서를 동이라 하고 양을 선이라고 하고 학을 천주라고 부르니 남만 북적 황건의 도규(道叫)와 같다고 할 수 있다. (…) 하나 같이 귀천(貴賤)의 차등을 두지 않고, 백정과 술장사들이 어울리며 엷은 휘장을 치고 남녀가 뒤섞여서 홀어미와 홀아비가 가까이 하며, 재물이 있든 없든, 서로 돕기를 좋아하니 가난한 자들이 기뻐한다. (…) 동학이라는 것도 바로 무당의 하나로 귀신에게 비는 자의 종류에 지나지 않는다. 무지한 천류들이 많이 물들어 나무꾼과 초동과 같은 더벅머리 아이들이 다투어 송주(誦呪)하기 때문에 그들이 하는 말에는 원래 조금도 헷갈림이 없다."

이 통문에서 말하고자 한 것은 '옛날에는 감히 이 지역(경상도)에 들어오지 못했으나 소위 동학이란 선악을 어지럽히는 강아지풀과 같이 자라므로 영남에서 글을 읽는 우리들의 가장 큰 일은 그 동학을 햇빛을 못 보게 넝쿨을 뽑아버려야 한다'는 것이다.

그 당시 유학자들이 입장에서 보면 지식층 인사들도 동학에 입도하는 사례가 늘어나자 동학에 사람들이 많이 들어갈수록 양반 상놈 차별이 없어질 것이고, 그렇게 되면 자신들의 영향력과 권위가 떨어질 것을 염려하며 배수진을 친 것이다.

도남서원에서는 통문을 다시 만들어서 상주의 옥성서원을 비롯한 여러 서원에 다시 보냈다.

"아! 그들이 통탄스럽다. 동학이 행하는 죄목을 가지고 우산서원에서 띄운 문론(文論)에 상세하게 가려서 드러냈으니 이해하기를 바란다. (…) 한 가지는 유학을 밝게 풀이하여 그들로 하여금 삿되고 저열한 짓을 못하게 해야 하며, 한 가지는 법조문을 엄하게 확립하여 그들 불손한 무리들로 하여금 두려움을 알게 하여 부진한 유도를 이어나가 나라의 원기를 강성하게 하면 천만다행이겠다."

경주와 상주 지역의 유생들이 동학을 서학과 같이 취급하면서 황건적, 오랑캐로 칭하며 엄벌에 처하라는 통문 소식을 들은 수운 최제우는 동학이 큰 환란에 처할 것을 염려했다. 그 당시 반상체제가 뚜렷한 사회에서 기득권층에 밉보이면 살아갈 수가 없었기 때문이다.

"사대부들이 있는 곳에서는 평민을 침범하여 포악한 행위를 하지만 그중에서도 가장 심한 곳은 서원이었다. 그들은 하나의 서한을 내어서 먹으로 날인하여 군현으로 보내서 서원의 재산에 필요한 경비를 바치도록 하였다.

사대부나 백성들이 그 서한을 받으면 반드시 주머니나 전대를 기울이고 풀어야 한다. 그렇지 않는 자는 서원으로 붙잡아 들여 혹독한 형벌로 위협한다. 화양동 서원 같은 데는 그 권위가 대담하세 그 서한을 일러 '화양동묵패지'라고 했다.

백성들은 탐욕스런 관리에게 괴로움을 받고 또다시 서원의 유자에게 침범을 당해 모두 편안하게 살아가지 못하고 원한을 품고 이를 갈며 하늘만 우러를 뿐이었다."

김상기가 지은 『개벽』에 실린 글이다.

그런 상황 속에서 경상도의 유서 깊은 서원에서 동학을 향한 칼날을 갈고 있었으니 수운의 마음이 얼마나 난감했겠는가?

그 무렵 수운은 「불연기연(不然其然)」이라는 난해한 글을 지었다.

"노래하여 말하느니 영원한 만물이여, 제각기 이루어졌고, 제각기 형태가 있도다. 보는 바로 따져 보면 그러고 그러한 듯, 하나부터 온 바를 헤아려 보면 그 근원이 멀고 심히 멀어서 이 또한 아득한 일이요, 미루어 말하기 어렵다.

내가 나를 생각하면 부모가 여기에 있고, 뒤의 후대를 생각하면 자손이 저기에 있다. 오는 세상에 결부시켜 보면 내가 나를 생각하는 이치와 다름이 없다.

지나간 세상을 더듬어 보면 사람이 사람이 된 것을 분간하기 어렵다. 아아, 이같이 미루어 헤아림이여, 기연(其然)한 연유를 자세히 보면 기연하고, 또 기연한 것 같지만, 불연(不然)한 쪽으로 더듬어 보면 불연하고 또 불연하다.

왜 그럴까. (…)

알 수 없으며, 알 수 없다. 나면서부터 그런 것인가. 저절로 되어 그런 것인가. 나면서부터 알았다 해도 마음은 암암한 속에 있으며, 저절로 되었다 해도 이치는 멀고 아득하기만 하다. 무릇 이러하니 불연은 알지 못하므로 불연을 말하지 못하며, 기연은 알 수 있으므로 바로 그러하다고 하는 것이다. 이에서 끝을 헤아려 보고, 처음을 헤아려 보면 사물이 사물이 되고 이치가 이치로 되는 큰 일(業)은 얼마나 알기 어려운 것이랴. 하물며 이 세상 사람들이여, 어찌 앎이 없으며, 어찌 앎이 없으랴.

운수가 정해진 지 몇 해이런가. 운수는 스스로 와서 회복되는 도다. 예나 지금이나 변하지 않음이여, 어찌 운이라 하며 회복이라 하는가. 아! 모든 사물의 불연함이여!

헤아려 밝히고 적어 살피리라. 사시의 차례가 있음이여. 어찌하여 그러하며 그러한가. 산 위에 물이 있음이여. 그럴 수 있으며 그럴 수 있을까.

갓난아기의 어리고 어림이여, 말은 못 해도 부모를 알도다. 어찌 지각이 없으며, 어찌 지각이 없다 하랴. 성인의 태어나심이여, 황하수가 천 년에 한 번씩 맑아지니 운이 스스로 와서 회복함인가.

밭 가는 소가 말귀를 알아들음이여, 어찌하여 고생하며 어찌하여 잡혀 죽는가. 까마귀 새끼가 부모의 은혜를 갚음이여, 저것도 역시 효도와 우애를 할 줄 안다. 제비가 주인을 알아봄이여, 가난하여도 돌아오고 가난하여도 돌아오도다.

이르므로 단정하기 어려운 것은 '불연'이라 하고, 단정하기 쉬운 것은 '기연'이라 한다. 사물의 근원에 접근하여 보면 불연불연하고 또 불연한 일이요, 사물이 이루어진 것으로부터 보면 기연 기연하고 또 기연한 이치인가 하노라."

이 「불연기연」이라는 글에서 수운이 말하고자 한 것은 세상의 이치를 현실을 떠난 관념적인 것에서만 보지 말고 사실 그대로에 사심 없이 접근해야 한다고 보았다. 그는 종교를 창시한 교주의 입장에서가 아니라 도가적 사유가 담긴 철학자의 입장에서 아니 절제된 문장가로서 이 글을 썼다고 볼 수 있다. 모든 세상의 이치는 따로 따로 떨어진 것이 아니라 하나이기 때문에 양쪽을 통합해서 봐야 한다는 것이다. 있는 그대로를 바로

경주 최제우 유허비

볼 수도 있지만 보이지 않는 것을 보면서 살고 있는 현실이 아
닌 피안까지도 보아야 한다고 강변한 것이다.

'마음이 조화롭고 몸의 기운도 조화로운 가운데 봄의 조화를
기다린다(心和氣和, 以待春和).'

그런 마음을 가지고 수운이 「불연기연」을 지었던 그때나 지
금이나 세상은 별로 다름이 없다. 동학에서 주장했던 귀천은 없
어졌다고 하지만 여전히 존재하는 것이 귀천이다. 그래서 "불연
기연" '아니다' '그렇다' 그 네 글자가 여기저기서 난무한다. 여
기에 인생의 묘미(妙味)가 있고 그게 바로 세상이다.

「불연기연」을 지은 수운은 11월 13일에 「팔절(八節)」이란 글
을 지어 반포했다.

"명(明)이 있는 바를 알지 못하거든 멀리서 구하려 하지 말고

나 스스로를 닦아 보라. 덕(德)이 있는 바를 알지 못하거든 내가 되어 나온(化生) 것을 헤아려 보라. 명(命)이 있는 바를 알지 못하거든 내 마음이 밝고 밝음을 헤아려 보라, 도(道)가 있는 바를 알지 못하거든 나의 신념이 한결같음을 헤아려 보라. 성(誠)에 이르는 것을 알지 못하거든 내 마음을 잃어버리지 않았나 헤아려 보라. 경(敬) 되게 하는 것을 알지 못하거든 잠시도 모양함을 느슨치 않게 하는 데 있다. 외(畏) 되게 하는 바를 알지 못하거든 공변(共變)됨에 이르러 사사로움이 없음을 생각하라. 마음(心)의 득실을 알지 못하거든 마음 씀씀이에 공과 사를 살피라."

1863년 11월에 이르면서 세상의 공기가 사뭇 험악해졌다. "이때 사방이 시끄럽고 인심도 빗나가 풍속도 제대로 지켜지지 않았다. 양학(洋學)이 이 세상에 가득 차고 허무한 말들이 돌아 어느 것도 믿을 수 없게 되었다. 세상 사람들은 다만 음해하는 실마리로 알고 있었다. 그런데 사람들은 동학의 이치를 알지 못하고 서학으로 몰아서 해코지하니 안타까운 일이다." 『최선생문집도원기서』에 실린 글이다.

조정에서는 결국 동학의 수괴 수운 최제우를 체포하라는 명을 내렸다.

그해 12월 최제우가 접소를 순회하고 있던 도중 어떤 사람이 찾아와 신변이 위급하다고 알려 주었다. 이 말을 들은 최제우는 조금도 변하지 않은 안색으로 이렇게 말했다.

"도는 나로부터 나왔으니 내가 당하는 것이 마땅하다. 어찌 구구하게 몸을 피하여 그대들에게까지 피해를 끼치겠는가?"

사태의 심각성을 예감한 최제우는 최시형을 불러 국한문으로 되어 있는 글들을 모아서 책으로 간행하라는 명을 내렸다. 하지만 그해 12월 10일 최제우가 체포되면서 그의 계획은 빗나가고 말았다. 그리고 『동경대전』과 『용담유사(龍潭遺詞)』가 간행된 것은 그 후로 오랜 세월이 지난 1875년이었다.

5장

수운 최제우 반란의 수괴 혐의로 체포되다

1863년 10월부터 조선 정부는 영남 지방에서 시작되어 전국으로 들불처럼 번져 가고 있는 동학이 심상치 않다고 여겨 탄압책을 강구하고 있었다. 11월 20일 정부는 정운구(鄭雲龜)를 선전관(宣傳官)으로 임명한 뒤 최제우를 체포할 것을 명했다.

　"신은 11월 20일 오시에 내리신 전교를 한 번 헤아려 보고 공경히 받들었다. 육천선전표신(六天宣傳標信) 일부와 육여이마패(六餘二馬牌), 일척(一隻)을 제수받고 무예별감 양유풍, 장한익, 좌변포도군관 이은식, 종자 고영준 등을 거느리고 경상도 경주 등지의 동학 괴수를 자세히 탐문하여 잡아 올리기 위해 바삐 성외로 나갔다. 이튿날은 묵고 22일에 길을 떠나 몸을 감추어 밤낮으로 달려갔다."

　며칠 후인 11월 25일경 정운구 일행은 충청도 연풍을 지나 문경새재를 넘어 경상도 문경 땅에 접어들었다. 그렇다면 조선시대 옛길인 문경새재는 어떠한 고개인가?

문경새재 조곡관

영남 지역에서 서울로 가는 길은 여러 갈래가 있었다. 부산
에서 대구·문경새재·충주·용인을 지나는 영남대로 외에도 영천
과 안동을 지나 죽령을 넘어 서울로 가던 길이 열닷새 길인 영
남좌로(嶺南左路)가 있었고, 김천을 지나 추풍령을 넘어서 가던
길이 열엿새 길인 영남우로(嶺南右路)였다.

조선시대 대부분의 과거를 보러 가던 선비들이나 벼슬아치
들은 죽령(竹嶺)과 추풍령(秋風嶺)으로는 넘지를 않았다. 그 이
유는 죽령은 죽 미끄러진다는 속설 때문이었고 추풍령은 추풍
낙엽(秋風落葉)처럼 떨어진다는 속설 때문이었다. 그들이 넘었
던 고개가 말 그대로 경사스러운 소식을 듣는다는 문경(聞慶)
의 새재(鳥嶺)였고 영남우로에 살던 사람들은 추풍령 대신 직지
사에서 황간으로 넘어가던 괘방령(掛榜嶺)을 넘었다. 지금도 영
남우로 지역에 사는 사람들은 아들들이 행정고시나 사법고시를
보게 되면 괘방령을 차로 태워서 넘겨준다고 한다.

이중환은 『택리지』에서 새재와 죽령만을 큰 고개라 하고 나

머지는 작은 고개라 했는데, 그것은 고개의 높이만을 기준으로
한 것이 아니고 교통량이라든가 도로의 중요성까지 감안하여
붙인 명칭이었을 것으로 생각된다. 그러나 모두 다 큰 고개임은
사실이다. '새재'라는 이름은 새도 날아서 넘기 힘들 만큼 험한
고개라고 하여 그렇게 붙여졌다고도 하고, 억새풀이 많이 우거
져 있어서 붙여졌다고도 한다.

　　선전관 정운구 일행은 조선시대에 중요한 고갯길인 영남대
로를 넘어서 가는 길에 그 당시 경상도 일대에서 동학의 현황을
있는 그대로 볼 수 있었다.

　　"새재를 넘은 후부터 여러 가지로 탐색하였으며 별도로 가려
진 것을 찾아내려고 듣거나 본 것을 단서로 하여 말과 글자를
확인하면서 그 죄상을 밝히려 하였다. 새재에서 경주까지는 4
백여 리가 되며 고을도 십수 주군이었다. 동학에 대한 이야기는
거의 날마다 듣지 않은 날이 없었고 경주를 둘러싼 여러 고을에
서는 더욱 동학에 대한 이야기가 심하였다. 주막집 아낙네도 산
골 초동도 주문을 외지 않는 이가 없었다. 위천주(爲天主) 또는
시천지(侍天地;侍天主)라 하며 조금도 계면쩍게 여기지도 않으
며 숨기려 하지도 않았다." 정운구의 「계서」에 실린 글이다.

　　정운구와 그의 일행은 12월 6일쯤 경주에 도착했다. 그들은
정보를 취득하기 위해 산지사방으로 흩어져 동학의 실상을 파
악하기로 했다.

　　"신은 감히 이 모든 사람이 그 학을 하는 것은 아니지만 이미
물든 지 오래여서 극성스러움을 가히 알 수 있었다. 이렇게 된
내력을 추구하고 도를 전한 스승을 물어보니 모두가 최 선생이
라며 혼자 깨달아 얻었고 집은 경주에 있다고 하였다. 많은 사
람이 떠드는 것이 한 사람이 말하는 것과 같았다. 그래서 신은

경주에 도착하는 날로부터 저자라거나 절간 같은 곳에 드나들며 나무꾼이나 장사치들과 사귀어 보았다. 어떤 이는 묻지도 않았으나 먼저 말을 꺼내기도 하고 어떤 이는 대답도 하기 전에 상세히 전해주기도 하였다. (…)

6년 전에 울산으로 이사 가서 무명(白木)장사로 살았다 한다. 홀연히 근년에 고향으로 돌아온 후 때로는 사람들에게 다가가 도를 말하였다. 이르기를 내가 하늘에 치성을 드려 제사 지내고 돌아오자 공중에서 책 한 권이 떨어지므로 이에 따라 학을 받게 되었다 한다. (…)."

12월 9일 선전관 정운구(鄭雲龜)는 최제우가 살고 있는 곳으로 사람들을 보내어 자세히 염탐해 오게 하였다. 그들은 현곡면 가정리 용치골에 들어가 마을 입구에 사는 장씨를 만났다. 그에게 동학의 주문을 자세히 물으니 장가는 세 글귀를 불러주므로 그 글을 받아 보니 즉 13자로 된 두 글귀와 8자로 된 한 글귀였다. 대체로 소문이 맞아떨어져 의심할 여지가 없었다. 장씨의 안내를 받아 어느 집으로 들어갔다. 그곳에는 30~40여 명에 이르는 최제우의 제자들이 두 칸 방에 가득하였다. 남녀가 뒤섞여서 소리 내어 글을 읽는 사람도 있고 처음 찾아와 절을 하는 사람도 있었다. 다음은 1863년 12월 20일 정운구가 올린 문서에 나오는 내용이다.

'최복술에게 가서 공부를 하고 싶다고 간절히 청하니, 최복술은 조금도 비밀로 하거나 숨기는 것이 없이 흔쾌히 허락했습니다. 또 한 사람이 와서 공부하겠다고 청하되 "배우는 글을 소리 내어 읽지 않고 마음속으로 외워서 읽으면 어떻겠습니까?" 하니 최복술이 말하기를 "만약 단지 마음속으로 읽고 소리 내어 읽지 않는다면 배우지 않는 것이 낫다"고 했습니다. 그 사람이 "꺼리는 것이 있기 때문에 소리 내어 읽을 수는 없습니다"라고 하자 최복술이 말하기를 "그렇다면 배우지 않는 것이 좋겠다. 내 공부를 이루면 오직 하늘 이외에 다른 것은 두려워할 것이 없다"고 하였습니다. 벽에도 써 붙여 놓은 글이 많았는데 글자가 인도 글자와 같아서 무슨 뜻을 가리키는지 전혀 알 수 없었습니다. 하지만 분명 그자가 공부하는 내용인 것 같았습니다. 이에 글씨를 하나 써 달라고 하니 끝내 들어주지 않았습니다. 그래서 이튿날 다시 오겠다고 하면서 비록 하루 이틀 사이라도 익힐 수 있는 글을 얻었으면 매우 좋겠다고 하였습니다. 그러자 최복술이 말하기를 "이런 것은 최자원이나 이내겸(李乃兼)에게 가서 물으면 저절로 배울 수 있을 것이다"라고 하였습니다. 최자원과 이내겸은 경주 남문 밖에 사는 자들로서 최복술의 수제자라고 합니다.'

그들은 다음에 와서 가르침을 받겠다고 약속을 하고는 경주로 돌아와 정운구에게 보고를 했다. 정운구는 밤을 틈타 출동하기로 했고, 그날 밤 10시경 경주 진영으로 가서 어사 출도를 내리고 나졸 30여 명을 동원하라는 명을 내렸다.

12월 9일 밤 최제우는 직감으로 운명의 시간이 다가오고 있음을 예감하고 가까운 제자 10여 명에게 말했다.

"오늘 밤에 내게 특별한 일이 있을 것이니 젊은이들은 집으로 돌아가라"

그들을 돌려보낸 후 수운은 촛불을 밝히고 거부할 수 없는 운명의 시간을 기다렸다. 그 시간은 칠흑 같은 어둠을 뚫고 어김없이 최제우에게 다가왔다.

12월 10일 새벽, 구미산 자락 용담골에 한 무리의 나졸들이 몰려들었다. 최제우를 비롯해 그의 아내 박씨와 큰 아들 최세정

(崔世貞)이 포박된 채 속수무책으로 경주로 끌려가 모진 고문을 받았다. 이어서 최자원, 이내겸, 강원보, 박사길 등도 체포돼 끌려갔다. 다시 정운구가 올린 문서의 내용을 보자.

"신은 그날 밤 비밀리에 장교와 나졸 30명을 동원하여 그 소굴을 들이쳤습니다. 그리하여 최복술을 결박하여 끌어내고 제자 23명도 결박하였습니다. 신은 즉시 본부에 신분을 밝히고 최복술의 용모를 글로 적고 문초한 후 형구를 채워 단단히 가두었습니다. 제자들도 감옥에 엄하게 가두어 놓고 이제 처분을 기다리고 있습니다. 최자원과 이내겸 두 사람에 대해서는 본부에 비밀 문서를 띄워 잡게 했으나 최자원은 먼저 눈치를 채고 도망을 쳤기에 본부에 단단히 일러 기어이 체포했습니다. 이내겸은 얼마 안 되어 체포됐기 때문에 형구를 채워 단단히 가두었고, 최복술과 함께 압송해 올려 보내도록 하겠습니다. 압수한 문서와 편지들은 하나하나 단단히 봉하고 관인을 찍어 이은식(李殷植)에게 인계했습니다. 그 문서들 중 『논학(論學)』이라는 책에는 최복술이 동학의 괴수인 근거가 상세히 기록돼 있습니다. 신은 이제 올라가 명을 기다릴 생각입니다."

1924년 발간된 『천도교회월보』 162호에는 체포된 당시 최제우의 모습이 자세히 묘사돼 있다. 이는 소춘(小春) 김기전(金起田)이 경주에 살던 김정설(金鼎卨)에게 들은 이야기라고 한다.

"수운은 경주 (…) 형산강 변의 어떤 나무 밑에 얽매어 놓아두었는데, 얼굴은 전면이 피가 얼룩져서 알 수 없었다. 체포된 수운 선생은 사다리 한복판에 얽어매어 두 다리는 사다리 양편 대목에 갈라서 나누어 얽고, 두 팔은 뒷짐을 지웠으며, 상투는 뒤로 풀어 사다리 간목에 칭칭 감고, 얼굴은 하늘을 향하게 눕혀 두었다."

최제우의 뒤를 따른 수천의 동학교도들

소한(小寒)의 겨울바람은 춥고도 매서웠다. 일단 경주 진영에 도착한 뒤 신원을 확인하는 조사를 마친 뒤 수감되었다. 12월 11일 정운구는 최제우와 이내겸 두 사람의 손발에 형쇄(刑鎖)를 채우고 말에 태워 서울로 끌고 갔다.

"다음 날 길을 떠나 영천에 이르려 하자 소속된 하졸들의 언사가 불경하고 멸시하는 것이 말조차 할 수 없었다. 선생께서는 말 위에 앉아 있고, 마족(馬足)은 땅에 붙어 요지부동하였다. 수십 명 하졸들이 크게 놀라 '소인들이 선생을 몰라 뵈었습니다. 오직 선생께서 평안히 행차하기를 바랄 뿐입니다'고 황망히 고했다. 그러자 말은 다시 움직여 숙소인 영천까지 줄달음쳤다."

하졸들이 수운을 그처럼 학대한 것은 수운의 가족들로부터 뇌물을 받고자 그렇게 한 것이었다. 다음 날 대구에서 하룻밤을 묵고 문경새재를 넘어가려 했으나 문경새재에 수천여 명의 동학교도들이 몰려 있다는 소식이 전해지자 상주 화령으로 넘어가는 길을 택했다.

16일에 충청도 보은 땅에 이르렀는데, 그 보은 역참에서 수운은 뜻밖에 도인 한 사람을 만났다. 그때의 상황이 『수운선생사적』에 다음과 같이 실려 있다.

"그 고을의 이방은 양계희(梁啓熙)라는 도인으로서 성심껏 조석을 받들었으며, 노잣돈으로 돈 5민(緡)까지 마련해 주었다."

보은에서 청주와 목천 직산을 지나 과천 역참에 도착한 것은 그로부터 나흘 뒤인 12월 20일이었다. 남태령만 넘으면 금세 서울에 도착할 참이었다. 그때 마침 당시 임금이던 철종이 1863년 12월 8일(양력 1864년 1월 16일) 승하했다. 후사가 없던 철종의 뒤를 이어 대원군의 둘째 아들 이재황(李載晃)이 열두 살 어린 나이에 왕위에 올랐고, 12월 13일에 흥선군 이하응이 대원군이 되어 권력을 잡게 되었다. 복잡한 일들이 연이어 일어났던 조정에서는 최제우에 관한 일까지 다룰 수가 없게 되자 결국 이렇게 명을 내렸다.

"비변사(備邊司)에서 제의하기를, '선전관 정운구가 보고한 경주의 동학 죄인 최복술 등의 사건에 대하여 묘당에서 제의하여 처결하게 하라는 지시가 있었다. 최가가 비록 두목이라 하나 도당이 이미 번성하였으므로 응당 속속들이 밝혀내야 할 것이다. 거의 천 리나 되는 지역에서 염탐하고 체포하는 일이 계속된다면 연도가 소란스럽게 될 것이라 딱하다. 최복술 등 두 놈을 포청으로 하여금 경상도의 감영으로 내려보내 경주에 가두어 둔 죄인들과 함께 하나하나 그 내력과 소행을 따져 보고 경중을 가려 다시 보고하게끔 명령하는 것이 어떻겠는가'라고 하였다."

12월 26일 최제우 일행은 다시 대구를 향해 과천역을 떠났다. 그들이 간 길은 영남 지역을 오가던 사람들이 줄기차게 다니던 영남대로였다. 문경새재를 넘어 상초곡에 도착하자 동학교도들이 관솔불을 켜들고 뒤를 따라갔다. 『수운선생사적』에 실린 그때의 광경을 보자.

"과천을 떠나 새재로 길을 잡아 문경 초곡에 이르렀다. 수백 명 도인들이 여러 주막에서 엿보는가 하면 혹은 관솔불을 켜 들고 따르기도 하고, 혹은 눈물을 흘리면서 바라보기도 하였다. 이렇게 애절한 정경이 벌어지니 어린아이의 마음을 보는 것 같다."

문경 유곡역

　문경의 유곡역에서 점심을 먹고 낙동강가에 있는 낙동역에서 하룻밤을 묵었다. 낙동마을은 조선시대에 역이 있었던 마을이다. 이 낙동역에는 큰 말이 3필, 중 말 2필, 작은 말이 8필이 있었고 역리(驛吏)가 490명에 잡일을 하는 사람이 3명, 노비가 13명이 있었다고 한다.

　이 관수루나루터 옆에는 '낙동강을 바라보며 정취를 즐긴다'는 뜻을 담고 있는 관수루(觀水樓)가 있다. 지금의 정자는 구한말 고종 때 홍수로 떠내려가버린 것을 1976년에 이 지역 사람들이 다시 지은 것으로, 그 안에는 낙동강을 노래한 시 열 편이 걸려 있다. 그 가운데 조선시대 초기의 학자 김종직이 당시 민중들의 절절했던 삶의 현장을 보고서 남겨 놓은 「낙동요(洛東謠)」를 보자.

황지의 근원 물은 겨우 잔에 넘치는데	黃池之源纔濫觴
냅다 흘러 예 와서는 넓기도 한지고	奔流到此何湯湯
한 줄기에 예순 고을이 갈리고	一水中分六十州
나루 곳곳엔 돛대가 너울너울	津渡幾處聯帆檣
바다까지 곧바로 내려가길 400리	海門直下四百里
편풍(便風)에 왕래하는 장사꾼 배들	便風分送往來商
아침에 월파정(月波亭)을 떠나	朝發月波亭
저녁에 관수루에 묵네	暮宿觀水樓
누각 아래 배에서는 천만 량을 실었으니	樓下綱船千萬緡
남민들이 혹독한 조세를 어찌 견디리	南民何以堪誅求
쌀독은 비고 도토리 밥도 없는데	缾甖已罄橡栗空
강가에선 노래와 풍류 살찐 소를 잡는구나	江干歌吹椎肥牛
나라의 사신들은 유성과 같건마는	皇華使者如流星
강가의 해골들은 누가 허물이나 묻겠는가?	道傍髑髏誰問名

시대를 앞서 살았던 김종직의 글과 같이 조선의 상황은 어지럽기 짝이 없었고, 그 난세를 바꾸고자 했던 수운 최제우는 죄인이 되어 낙동역을 지나고 있으니, 그 마음이 어떠했겠는가? 최제우가 낙동역에서 선산의 상림역을 지나 대구감영에 도착한 것은 음력 정월 초엿새였다. 기록에 의하면 최제우는 1월 21일부터 2월 하순까지 한 달 동안 경상감사 서헌순으로부터 22차례에 걸쳐서 문초를 받았다. 문초와 함께 심한 매질을 당해 정강이뼈가 부러지기도 했다고 한다. 『고종실록』에는 문초를 끝낸 서헌순이 당시 상황을 상세히 묘사해 올린 '장계'가 실려 있다.

'경주의 동학 죄인 최복술 등에 대해 전말을 밝혀 경중을 나누고 중요한 일을 임금께 보고하라는 명을 내리셨습니다. 상주목사 조영화(趙永和), 지례현감 정기화(鄭夔和), 산청현감 이기

상주 관수루

재(李沂在)가 신문관으로 입회하였습니다.

신문해야 할 사람들을 세밀히 신문하니 "최복술은 경주 백성으로서 아이들에게 공부를 가르치는 것을 직업으로 삼아 왔습니다.

그런데 양학(洋學)이 나왔다는 말을 듣자 의관을 갖추고 행세하는 사람으로서 양학이 갑자기 퍼지는 것을 차마 보고 앉아 있을 수 없어서, 하늘을 공경하고 하늘에 순종하는 마음으로 '위천주 고아정 영세불망 만사의(爲天主 顧我情 永世不忘 萬事宜)'라는 13자로 된 말을 지어서 동학이라고 불렀는데, 동쪽나라의 학문이라는 뜻에서 취한 것입니다. 양학은 음(陰)이고, 동학은 양(陽)이기 때문에 양을 가지고 음을 억제할 목적에서 늘 외우고 읽고 하였습니다." (…) 조상빈(趙相彬)은 최복술을 만나 보니 "천신(天神)이 내려와서 분명히 나에게 가르치기를 금년 2월과 5월 사이에 양인이 의주로부터 들어올 것이라고 하였는데 내 통문(通文)을 가지고 일제히 따라가라. 이 춤을 익힌 자가 앞으로 나라를 보전하고 백성을 편안하게 하여 공을 세울 것이니, 내가 고관이 되면 너희들은 각기 다음 자리의 벼슬들을 하게 될 것이다"라고 하였습니다.'

수운이 경상감영으로부터 환송되어 문초를 받는다는 소식을 들은 해월은 옥바라지를 위해 여러 고을을 찾아다니며 비용을 모았다. 영덕과 영해 양접에서 6백여 금, 흥해와 연일접에서 3백금, 안동과 영양접에서 5백금 등을 내었고, 동학교인들은 대구로 몰려들었다. 중요한 것은 누가 옥바라지를 할 것인가였다. 설왕설래할 때 현풍의 곽덕원이 자원을 했다. 그는 유식하고 진중한 사람이었을 뿐만 아니라 수운을 지극히 존경하던 도인이었다.

『최선생문집도원기서』에 "곽덕원의 정성과 효심은 이보다 누가 더하랴. 몸에는 굵은 새끼 띠를 두르고 망건을 벗고 얼굴에 검정칠을 하고 매일같이 새때가 되면 맛있는 음식을 차려 바쳤다. 선생 섬기는 일을 마치더라도 혹시 미진함이 없을까 둘러보고서야 집으로 돌아갔다"고 실려 있다.

경주감영에 있는 20여 명의 도인들도, 대구감영으로 이송되어 함께 심문을 받기로 하였다. 그러나 겨울비가 계속 내려 1월 20일이 지나서야 심문이 시작되었다.

그때 수운은 네 차례, 이내겸은 세 차례, 강원보도 세 차례, 이정화는 두 차례의 혹독한 고문을 받았다. 그런데 신기한 것은 수운의 수제자로 알려졌던 최자원에 대한 이야기는 어디에도 없다. 판결문에는 절해고도로 유배 간 것으로 나와 있지만 심문 기록에는 없다. 일설에는 최자원은 뇌물을 바친 뒤 풀려나서 어디론가 사라졌다는 설이 전해온다. 조직이 위기에 처하면 이런 사람 저런 사람이 나타나 사람의 진면목을 발견할 수 있는 것이다.

『최선생문집도원기서』에 "20일에 순사가 불러내자 선생은 칼을 쓴 모습으로 뜰에 끌려 나와 앉았다"고 실려 있다. 2월 20일에 수운은 마지막으로 혹독한 심문을 받았다. 이때 다리뼈가 부러지며 우렛소리를 내었다. 서헌순이 놀라며 물었다.

"무슨 소리가 이렇게 요란한가?"

"죄인의 다리뼈가 부러지는 소리입니다."

그러자 심문을 마치고 수운을 하옥시켰다. 날이 저문 뒤 곽덕원이 밥상을 들고 찾아가자 수운은 곽덕원에게 두 가지를 부탁했다

"경상(해월)이 지금 성중에 가 있는가. 머지않아 잡으러 갈 것이니 내 말을 전하여 먼 곳으로 피신하게 하라. 만일 잡히면 매우 위태롭게 될 것이다. 번거롭게 여기지 말고 내 말을 꼭 전하라."

수운의 말을 들은 곽덕원은 경상은 이미 떠났다고 하였다. 수운은 그 자리에서 시 한 수를 읊으며 이 시를 외워서 사람들에게 알려주라고 하였다.

"혐의를 찾아내려 물 위에 등불을 밝히니 혐의할 틈새가 없고, 기둥은 말라죽은 모습이나 나무기둥의 힘은 여전히 남아 있다. 나는 순순히 천명을 받으니 너는 높이 날고 멀리 달려라(燈明水上無嫌隙 柱似枯形力有餘 吾順受天命 汝高飛遠走)."

이 시는 수운이 이 세상에 남긴 마지막 유시(遺詩)로 조선왕조가 나를 처형하려 없는 죄목을 만들어 씌우려 하지만 혐의를 둘 틈새가 없고, 내가 결국 그들의 손에 죽지만 나의 가르침은 마른 기둥같이 그 힘이 여전히 남아 있을 것이다, 라는 뜻이었

다.

그들은 수운을 심문할 때 동학의 핵심 사상인 『동경대전』이나 『용담유사』에 관해서는 묻지 않고, 사설(邪說)을 퍼뜨렸다는 것만 집중적으로 심문을 했다.

'천신이 강림하여 금년 2월과 5월 사이에 서양인이 나올 것이라는 것, 보국안민의 공훈을 세우면 고관이 된다고 하였다는 것', 그런 날조된 조목으로 수운을 처형하고자 한 것이다.

1864년 3월 2일 조정은 수운 최제우를 참수하고 제자들을 정배를 보내는 형벌을 내렸다.

"동학은 서학의 요사한 가르침을 그대로 옮겨 이름만 바꾼 데 지나지 않는다. 세상을 헷갈리게 하고 어지럽혔으니 속히 엄벌을 내리지 않으면 나라 법을 세울 수가 없다. 최복술은 효수하여 경중하고, 강원보, 최자원은 엄형 2차 후 절도에 정배 보내 종신케 하고, 이내겸, 이정화, 박창욱, 박응환, 조상빈, 조상식, 정석교, 백원수는 엄형 2차 후에 원지에 정배 보내라. 신덕훈, 성일규는 1차 엄형 후에 정배 보내고, 나머지는 도신(道臣, 경상감사)이 처리하라." 고종 원년 3월 초 2일 자 『승정원일기』에 실린 글이다.

최제우는 1864년 3월 10일(양력 4월 15일) 오후 2시경에 대구 남문 앞 개울가에 있는 관덕당(觀德堂, 아미산 부근) 뜰에서 좌도난정(左道亂政)의 큰 죄목이 붙은 채 처형되었다. 그때의 상황은 1923년 천도교가 발행한 『개벽』지 3월호 춘원 이광수의 글에 자세히 실려 있다.

"갑자년 삼월 초열흘, 대구 장대에는 사람이 백차일 치듯이 모였다. 대구감영 사람들, 사방으로 몰려들어 온 동학하는 사람들, 동학 선생이 죽는 것을 볼 양으로 아침 일찍부터 모여들었다."

처형 광경은 참혹하기 그지없었다. 기다란 판자 위에 수운을 엎드려 놓고 꽁꽁 묶은 다음 나무토막을 받쳐 놓고 칼로 내려쳤다.

"동학의 우두머리 최제우, 사술(邪術)로 사람들의 질병을 고친다고 했고, 주문으로 국가 민족을 기만했고, 칼 노래로 국정 반역을 모의했고, 간사한 도(道)로 바른 질서를 문란하게 했으므로 처형함을 선고한다."

전하는 얘기로는, 아무리 최제우의 목을 칼로 내리쳐도 목이 떨어지지 않았다 한다. 경상감사를 비롯한 수많은 사람들이 놀라서 어쩔 줄을 모르고 있자 최제우가 다음과 같이 말했다.

"나에게 맑은 물(淸水) 한 그릇을 가져오라." 최제우가 청수를 마시고 정성스럽게 기도를 드린 뒤 "내 이미 세상일을 다 마쳤으니 칼을 들어 나를 베라"라고 하였다.

그제야 형이 순조롭게 집행되었다. 깨달음을 얻고 포덕을 시작한 지 햇수로 불과 4년 만이었고, 최제우의 나이 41세였다.

그리스의 철학자 소크라테스가 진리를 설파하다가 사약을 받고 죽었다. 왜 죽었는가?

"피티아(아폴론 신전의 사제)는 너를 가리켜 가장 지혜로운 그리스인이라고 불렀다. 그렇구나! 가장 지혜로운 사람이란 가장 부담스런 사람이로구나."

괴테와 실러의 공동 작품 「크세니엔」 2행시에서 소크라테스에 대한 델피의 신탁을 표현한 글이다.

소크라테스는 일찍이 다음과 같이 말했다.

"많은 사람들이 우리에 대해서 뭐라고 말하는지를 생각할

천주교의 성지로 최제우가 순교한 대구 장대

필요는 전혀 없다. 오로지 바름과 올바르지 못함을 제대로 이해하고 있는 그 한 존재, 곧 참이 무어라고 말하는가에 대해서만 우리는 생각해야 한다.”

수운 최제우 역시 참다운 진리를 구하며 인간이 어떻게 살아야 하는가를 고민했고, 깨달았고, 그리고 그렇게 살 것을 사람들에게 전파하다가 지난한 삶을 마감했다.

대부분 엄형을 받은 것과는 달리 수운의 아내 박씨 부인과 큰아들 최세정은 석방되었다. 훗날 알려지기는 그때 백사길은 황해도 문화군으로, 강원보는 함경도 이원군으로, 이경화는 영월 소미원으로 정배를 갔다고 한다. 하지만 수운의 수제자이자 후계자인 해월을 체포하지 못해서 관에서는 감시의 칼날을 번뜩였다.

해월은 1월 20일 관에서 자신의 소재를 찾고 있다는 소식을 들고 그다음 날인 21일에 대구성을 빠져나와서 안동 쪽으로 숨어 들었다.

철 이른 꽃 한 송이 눈 속에 지고

수운의 시신은 관덕당에 방치되고 목은 남문 밖 길가에 사흘 간이나 걸려 있었다. 3월 13일에 경상감영에서는 박씨 부인과 아들을 방면한 뒤 시신을 인도하였다.

"3일이 지나자 경상감사는 선생의 처자를 불러다가 이유도 없이 방면하면서 시신을 수습해 가라고 인도해 주었다." 『최선생문집도원기서』에 실린 글이다.

『고종실록』 1864년 3월 2일 자에는 「동학 두목 최복술을 참형에 처하다」라는 글이 실려 있는데 내용은 이렇다.

'의정부에서 아뢰었다. "이번에 동학이라 일컫는 것은 서양의 사악한 도술을 전부 답습하고 명목만 바꿔서 어리석은 사람들을 현혹하게 하는 것뿐입니다. 만약 조기에 토벌하여 나라의 법으로 처결하지 않는다면 결국에 중국의 황건적이나 백련교 같은 도적처럼 되지 않을지 어떻게 알겠습니까? (…) 최복술이 그들의 두목이라는 것은 자백과 조사를 통한 확실한 단안이 있습니다. 이에 군사와 백성들을 많이 모아 놓은 가운데 효수하여 뭇사람들로 하여금 경각심을 갖게 할 것입니다. 그리고 강원보 등 12명은 따로 귀양을 보내고, 나머지 여러 죄수들은 정상을 참작해서 등급을 나누어 처리하게 할 것입니다."'

시인 김지하는 장시 「이 가문 날에 비구름」에서 최제우의 죽음에 대해 이렇게 쓰고 있다.

"아아 꽃 한 송이
이슬처럼 지네
매운 눈보라 속
철 이른 꽃 한 송이
이슬처럼 지네
비바람 눈보라 거듭 지나면
영원한 봄 오리라 말씀하신 분
오만 년 후천개벽 때가 찼으니
이 땅이 먼저리라 말씀하신 분
사람이 한울이니 사람 섬기되
한울같이 섬기라 말씀하신 분
수운 수운
우주의 꽃 한 송이
지네 지네
아득한 고향 돌아가네
가고 다시 돌아오지 않음 없는 고향
온 세상 꽃 피어날
영원한 봄의 시작
죽음이여
수운의 죽음
아아
이슬처럼
철 이른 꽃 한 송이
눈 속에 지네"

최제우의 시신은 목이 없는 채로 동학교도 김경숙(金敬叔),
김경필(金敬弼)과 옥바라지를 전담했던 곽덕원(郭德元), 최제우의 양사위 정용서(鄭用瑞), 그리고 최시형의 매부 임익서(林益瑞) 등에 의해 거두어졌다. 이날 점심때쯤 염습을 마치고 오후 2시경에 대구를 떠나 자인현 쪽으로 향했다.

"길을 떠나 자인현 서쪽 후연점에 이르니 날이 저물어 저녁이 되었다. 주인에게 오늘 밤 머물고자 하는데 어떻습니까, 물었다. 주인이 어디서 오십니까, 묻자 세정은 대구에서 온다고 대답했다. 주인은 사정을 알고 일희일비 하면서 시신을 방 안에 들이고 일체 손님을 받지 않았다. 시체에 따뜻한 기운이 있어 혹시나 다시 살아나지 않을까 하여 3일 동안 영험이 있기를 바라면서 시체를 지키며 기다리고 있었다.

쌍무지개가 연못에서 일어나 운무가 하늘에 이어지더니 못과 주점을 둘러쌌다. 오색이 영롱한 운무는 연 삼일에 걸쳐 덮여 있다가 선생이 상천하자 구름은 걷히고 무지개는 사라졌다. 그 뒤에 시체에서 곧 냄새가 나므로 다시 염습하여 길을 떠났다."

『최선생문집도원기서』에 실린 바와 같이 3일간을 기다리다가 16일에 다시 길을 떠났다. 자인읍을 피해서 청도군 운중면의 고개를 넘어 길을 재촉한 일행이 가정리에 도착한 시간은 3월 16일 한밤중이었다.

수운의 시신을 맞은 사람은 수운의 양사위 정울산과 조카 세조 그리고 해월의 매부 임익서였다. 3월 17일 새벽에 수운의 시신은 구미산 산줄기 끝자락에 매장되었는데, 『천도교회월보』에는 그 당시의 상황이 다음과 같이 실려 있다.

"우리 부친이 말하기를, 5년 전 갑자 3월 망간(望間)에 아침 일찍이 북쪽 등성이 아래 있는 논에 갔더니 어떤 3인이 밭머리 위에 한 시체를 묻는데 몇 삼태가 흙을 덮어 시체를 가리도록 하고는 묘의 형태를 마치지 못한 채 곧 흩어졌다. 그 3인 중

1인은 즉 해월 신사의 매부 임익서니 그는 나하고 가까운 친구 사이라 임익서가 말하기를 이 시체는 가정 최 선생의 시체라, 조금 지나 가정리 천일지(千一之)의 주점에 갔더니 일지가 말하기를 어제 밤중에 어떤 3인이 가정 최 선생의 시체를 운반하여 이 주막에서 잠시 머물렀다가 구미산 아래 밭둑 길가에 날라 갔다 하더라."

그곳에 묻힌 수운의 유해는 44년이 지난 1907년 10월 17일에 가정리 산 75번지로 이장되었다. 그때 이장 행사를 시천교에서 주관했기 때문에 천도교는 참여할 수 없었다. 하지만 수운의 유일한 혈육인 둘째 딸 최완과 큰며느리가 참여했다고 한다. 그로부터 오랜 세월이 지난 1941년 9월 5일 수운의 묘를 찾았던 김기전은 다음과 같이 그날의 소회를 피력했다.

"9월 5일 (…) 오후에 이곳 가정리에서 북으로 약 3마장 되는 거리에 있는 수운 선생님의 묘소를 찾았다. 이 묘소가 과연 스승님의 묘소임에 틀림이 없는가. 여기에 대해서는 다소 다른 말이 있었으나 무슨 특별한 증명을 갖는 데 새 사실이 발견되기까지는 이 묘소를 참이라고 믿을 수밖에 없다.

이는 당시 스승님의 시체를 직접 업고 와서 자기 손으로 묻은 수운 선생님의 양사위가 그 묘소를 찾았고 또 그의 손을 거쳐서 이곳에 개장한 때문이다. 이 일이 누구의 주장으로 되었든지 사실이면 우리는 믿을 수밖에 없다. 이 묘소의 정확성에 있어 이 땅의 주민들은 일호의 의심할 여지를 두지 않는다. 우선 스승님의 묘소를 새로 찾은 듯이 기쁘고 든든하다."

수운이 세상을 떠나고 지도자들이 형벌을 받게 된 뒤로 도인들이 서로 왕래를 하지 않으면서 그토록 번성했던 동학은 자취를 감추고 말았다. 장이 파하고 난 장터처럼 찬바람만 휙휙 스치고 지나갈 뿐이었다. 생계대책도 세우지 않았던 수운의 가족들은 살아갈 길이 막막했다. 더군다나 관에서는 계속 감시의 눈길을 거두지 않았고, 주위 사람들 역시 멸시의 눈길로 바라볼 뿐이었다.

이러한 소식을 접한 단양 접주 민사엽이 4월 하순경 두 사람의 도인을 시켜 단양으로 모셔 간 후, 그 며칠 뒤 정선군 남면 광덕리의 문두재 고갯마루에 집을 마련해 주었다. 여러 도인들의 도움으로 평정을 되찾아 가던 1865년 여름, 갑자기 민사엽이 병이 들어서 세상을 떴다. 궁벽한 산골이라서 도인들의 생활도 넉넉하지 않았고, 가난한 나날을 보낼 수밖에 없었다. 예천의 도인 황성백이 그 소식을 전해 듣고 정선으로 박씨 부인을 찾아가 상주 동관음으로 이사를 시킨 뒤 돌봐주었다.

수운이 말한 사람의 덕의 표준

어지러운 시대 조선 후기에 수운 최제우가 창시한 동학에서는 사람의 덕(德)의 표준을 두고 다음과 같이 말했다. "말이 없고, 어리숙하고, 서툰 곳에 두라." 이 말이 우리 민족의 가슴속에 내재된 심성이리라. 그러나 지금의 시대는 그렇지 못하다. 만약 그렇게 산다면 오늘의 시대에는 정신병원에 가 있거나 이 사회에서 도태되어 벌써 다른 세상에 가 있을 것이다.

그렇다면 수운 최제우가 창시한 동학의 도업은 무엇인가. "유·불·선에서 유래한 것이 아니라 유·불·선이야말로 천도(동학)의 일부분이고, 유의 윤리와 불의 각성, 선의 양기(養氣)는 인간성의 자연스러운 품격이고 천도의 고유한 부분이며 우리 도는 이 무한대원을 얻는 것이다"라고 말하고 있다.

수운 최제우는 '사람이 곧 한울이다'라는 인내천(人乃天)사상과 인간평등을 실현하고자 하는 교리를 폈다. "부하고 귀한 사람 지나간 때에는 빈천으로 되고 빈하고 천한 사람 다가올 때에는 부귀가 된다."

또한, 수운 선생은 즐겨 얘기했다.

"나도 역시 바라는 바는 오로지 하늘만 믿어 해몽(解夢)된 너희들이 책을 전부 폐하고 수도에만 노력하는 것이다. 이것이 올바른 도덕이며 문장이라 하고 도덕이라 하는 허사에 돌아감을 두려워하여 13자(字)를 극한다면 만 권의 시서(詩書)가 아무런 필요가 없다"라 가르치고 "보라 간교한 자 음험한 자 오히려 만권시서를 읽은 자에게 많지 않은가? 나라를 망하게 하고 세상을 혼란시킨 것은 시서를 배운 유생이 아닌가? 따라서 도덕이 주인이고 문필이 객임을 제군은 특히 명심하라."

따라서 동학이 포덕천하(布德天下)에 의해 보국안민, 광제창생(廣濟蒼生)한다는 경우 포덕천하란 사람이 한울인 것을 온 세상에 실현하는 것이다. "하원갑(下元甲) 지난 후 상원갑(上元甲) 좋은 시절에 (…) 억조창생 다수 백성의 태평곡 격양가를 머지않아 듣는다면 이 세상에 무극대도(無極大道) 전지무궁 아닐런가"라고 「몽중노소문답가」에서 노래하고 있지만, 한편에서 19세기 이 나라에서 창건되었던 동학을 두고 다음과 같이 말하기도 한다.

"민중적이지만 그러나 어디까지나 종교적이고 정치적·사회적 정신에 있어서 민중과 걸음을 같이하는 데까지는 나가지 못했다."

하지만 동학에서 파생한 동학농민혁명을 우리나라 근현대사의 출발점으로 보고 있다.

"수운의 동학 창도야말로 근대 한국의 역사에서 일대 획기적

전환점이었다고 할 수 있다. 정치적으로는 부패한 양반 지배층의 몰락을 고하는 경종이었고, 사상적으로는 자각된 민중사상 시대로 접어드는 계기가 된 것이다. 그가 짓눌리기만 했던 민중의 가슴에 피워 올린 봉화의 횃불은 계속 타올라 근대 한국 사회를 크게 변화시키는 계기를 형성했다.”

김홍철이 「개항기의 민족종교운동」에서 피력한 글이다.

‘온전히 아름다운 땅은 없다(風水無全美).’ 풍수지리학의 명제다. 마찬가지로 온전히 아름다운 것도 사람도 없다. 단지 온전한 것을 향해 한 걸음 한 걸음 나아가는 것, 그것이 인간이 이 세상에서 살면서 행해야 하는 유일한 미덕이다. 조선 오백 년 봉건정부 아래에서 질곡의 수렁에 빠져 있던 이 땅의 민중들 속에 깊숙이 파고들었음에도 사회변혁의 중심축으로 작용하는 데는 실패하고 만 것이 동학이었다. 보국안민과 광세창생의 기치를 내걸었으면서도 동학의 상층집단은 현실적 전망이나 구체적인 대응 방안을 내놓지 못한 것이다. 동학의 지도부들이 이 땅의 민중들에게 포덕천하하기 위해 그들을 따르는 교도들한테 제시한 것은 다음과 같은 것이다. 동학은 양이고 서학은 음이기 때문에 양으로써 음을 제압하기 위해서는 13자의 주문을 일상적으로 구송하는 것이라 했다(而洋學陰也, 東學陽也, 欲以陽制陰 常誦讀矣). 그리고 동학교도들은 산중에 제단을 만들어서 하늘에 제사하고, ‘검가(劍歌)’를 지으며 용천이검(龍泉利劍)이라는 목검을 가지고 검무 하는 것을 가르친 것이다.

경주시 현곡면 가정리 용담정. 수운 선생이 깨달음을 얻고 동학을 널리 펼치다가 이 세상을 떠났다. 사람의 아들 예수는 “나는 밥이다. 나를 먹고, 내 피를 마시고 나를 기념함으로써, 평화를 얻고 영원한 생명을 얻으라”고 말했다. 또한 수운 최제우는 "흙이 똥을 마다하지 않는 것은 오곡이 풍성하게 열릴 것이기 때문이다"라는 말을 남겼다. 예수는 십자가에 못 박혔고, 수운은 세상을 구제하려다가 단두대의 이슬로 사라졌다. 그리고 석가도 공자도 모두 죽었다. 그렇다면 삶과 죽음 앞에서 진실로 깨달음이란 무엇인가. 그 깨달음을 붓다는 이렇게 말했다.

"길의 끝에 자유가 있다. 그때까지는 참으라."

그리고 붓다는 40여 년의 설법 여행을 끝내고 춘다의 초대를 받아 음식을 먹은 다음 쿠시나라의 사라쌍수 아래에서 이 세상을 하직했다.

"나는 일찍이 한마디 말도 한 적이 없도다." 그의 마지막 말은 이러했다. 그가 깨달음을 얻은 다음 한평생 동안 수미산보다 그 어느 산보다 더욱더 커다란 것을 그는 그 한마디로 부정한 것이다.

수운이 깨달음을 얻은 구미산은 송화산과 연결되어 있는 높이 594m의 산이다. 일연 스님이 『삼국유사』에서 "절은 하늘의 별처럼 많고 탑은 기러기떼처럼 솟아 있다"고 남산에 대해 기록한 것처럼 남산, 토함산 등과 함께 경주를 에워싸고 있는 산 중의 하나다. 국립공원으로 지정된 구미산은 계곡 내에 작지만 아홉 개의 폭포가 있고, 웬만한 가뭄에도 물이 끊이지 않으며 제법 울창한 나무숲을 자랑하는 아름다운 산이다.

그런데 신기하게도 이 산에는 절이 없고 폐사지도 없다. 불국토의 땅 남산(금오산)과 달리 절이 하나도 없는 것은 그때부터 수운 최제우가 이 산자락에서 동학을 창시할 것을 알고 있었던 것은 아닐까?

이 산정에 올라서면 모든 것들이 평등하다. 평등하다는 전제 속에서 아득히 펼쳐진 신라의 땅 경주나 내가 지난밤까지 머물렀던 백제의 땅 전주를 넓게 바라볼 때 어떤 의미를 지니는가.

"무한한 천체 속에 한 점인 지구, 우리는 그 위에서 잠시 살다가 간다."

정말로 그렇다. 잠시 살다 가는 세상에서 신라 진평왕의 딸 선화공주와 백제의 서동왕자가 국경을 넘어 아름다운 사랑으로 맺어졌었다. 그리고 경주 사람 최제우가 만든 동학이 열매를 맺은 건 호남을 비롯한 충청 일원이었다.

낮은 산도 있고, 높은 산도 있다. 그러나 그 산들이 결국 하늘 아래 뫼라는 것을 깨닫지 못하는 인간의 어리석음이 빚어낸 여러 현상들, 즉, '나하고 생각이 같으면 군자고, 나하고 생각이 다르면 소인이다'라고 갈파한 허균의 말이 하나도 더 나아지지 않고 이어져 온 것이다. 내 가족과 집단의 이익, 개인주의와 이기주의가 지금도 이 땅의 사람들을 슬프게 하는 것이리라.

"사사로운 욕심을 끊고, 사사로운 물건을 버리고, 사사로운 영화를 잊은 뒤에라야 기운이 모이고 신이 모여서 환하게 깨달음이 있으리니 길을 가면 발끝이 평탄한 곳을 가리키고, 집에 있으면 신이 조용한데 엉기고, 자리에 앉으면 숨결이 고르고 평안하며, 누우면 신이 그윽한 곳에 들어, 하루 종일 어리석은 듯하며 기운이 평정하고 심신이 청명하니라."

해월이 언젠가 제자들에게 『동경대전』에 실린 이 말을 들려주었는데, 본원성을 찾기 위해서 정진하는 수행이란 개인의 행복이나 집단의 행복의 아닌 공공성을 앞세우는 것이 아닐까?

수운 선생의 옛집이 있었던 가정리에는 새로 지어진 생가가 들어서서 세상이 변했음을 증명해 주고 있다. 반역자이자 종교 사상가였던 수운이 시대를 앞서간 사상가이자 혁명가로 탈바꿈해서 뒤따라오는 사람들을 맞고 있는 것이다.

나는 물었다. '수운의 깨달음과 참혹한 죽음, 그리고 갑오년 동학농민혁명은 어떤 연관 관계가 있는가?' 나무도 풀도 그 아무것도 내 물음에 답하지 않았다.

6장

동학의 2대 교주
해월 최시형 잠행의 시대가 시작되다

'잠행(潛行).' 조금은 쓸쓸한 말이다. 〈국어사전〉에 '남몰래 숨어서 오고 감'이라고 실린 이 낱말을 세상에서 가장 많이 실천하다가 간 사람이 해월 최시형이다. 수운 최제우가 이 세상을 하직한 뒤 해월은 잠행을 계속했다. 해월은 어디를 가나 경계가 심하여 낮에는 숨고 밤에만 움직였다. 다행히 안동 접주 이무중을 만나 간신히 은신처를 마련할 수 있었다.

얼마 뒤 자취가 드러나 포졸들이 이무중의 집을 급습하여 체포되기 일보 직전이었다. 그때 이무중이 뇌물을 바쳐 고비를 넘긴 해월은 영덕 직천의 강수 집으로 거처를 옮겼다.

강수는 그때 해월에게 다음과 같이 요청하였다.

"동학의 장래가 주인에게 달렸으니 신중을 기하여 후일을 도모하십시오."

1864년 4월 초 해월은 평해에 있는 황주일의 집으로 거처를 옮겼는데, 해월 자신을 간수하는 것도 벅찬 일이었지만 그 당시 자신의 처자들과 수운 선생의 유족까지도 다 돌봐야 하는 것이

해월의 임무였다. 다행히 관으로부터 더 이상의 추적이 없자 그
곳으로 가족들을 데려다 놓고 한여름을 보냈다. 그리고 해월은
늦가을에 거처를 다시 울진의 작은 항구인 죽변(竹邊)포구로 옮
겼다. 지금은 동해안의 이름난 항구인 죽변에서도 관군의 압박
은 시시각각 조여왔다. 위험을 느낀 해월은 1866년에 영양 용
화동으로 거처를 옮겼다. 1867년 2월에 예천의 수산리로 거처
를 옮겼다가 1868년에는 다시 용화동으로 되돌아왔다.

　해월이 머물렀던 영양군 일월면 용화리 윗대치(上竹峴)마을
은 일월산 동쪽 깊은 산중에 있던 곳이다. 그 마을은 경상도 봉
화 쪽으로 넘어가는 길목에 있었기 때문에 위급한 경우에 빠른
대처가 가능했다.

　관군의 추적이 계속되자 해월은 며칠 또는 보름이나 한 달,
길게는 두 달 이상을 한곳에서 머문 적이 없었다. 그는 이 집에
서 저 집으로 끊임없이 옮겨 다니면서도 한가하게 보내는 시간
이 없었다. 조금만 틈이 나면 새끼를 꼬거나 짚신을 삼았고, 새

평해 월송정

끼를 꼴 짚이 남아 있지 않을 때는 다시 풀어서 새끼를 꼬고, 짚신을 삼았다.

너무 자신을 혹사하는 스승이 안타까워서 제자들이 말했다.

"좀 쉬시지 않고 무엇 때문에 그렇게 몸을 움직이십니까."

그러자 해월은 다음과 같이 답했다.

"한울님이 쉬지 않는데 사람이 한울님이 주는 밥을 먹으면서 손을 놀린다면 한울님이 노하신다."

해월은 용화동에 자리를 잡고부터 안정을 찾은 후 농사를 지어 가며 포교를 하였다. 해월이 이곳에 살고 있다는 소식을 들은 도인들이 하나둘씩 모여들었다. 김덕원, 정치겸 등 여러 도인들이 인근 지역으로 이사를 와서 살기 시작했다. 그때 수운의 아내 박씨 부인이 상주 속리산 동쪽에 은신해서 살고 있다가 생계가 어려워지자 이곳으로 찾아왔다.

"상주 동관 남육생의 집에서 불과 3개월을 지냈다. 열 식구의 호구지책이 없어 어찌할 바를 모르다가 주인(신사)이 영양 용화동에 산다는 것을 알고 이리저리 돌아 걸식하며 겨우 찾아갔다. 뜻밖에 을축년(1865) 7월 박씨 부인이 자녀들을 거느리고 남부여대하여 찾아온 모습을 본 주인은 가슴이 미어져 사연을 묻지도 못하였다. 곧 주인은 자기 집을 비워주고 들게 한 다음 다른 집으로 이사를 갔다." 『최선생문집도원기서』에 실린 글이다.

1865년 가을부터 동학에 대한 탄압이 뜸해지자 해월은 동학의 재건에 나섰다. 10월 28일은 수운이 태어난 날이었다. 해월은 경주 금등골에서 많은 도인들이 참여한 가운데 인내천을 주제로 생애 첫 번째 강론을 했다.

"인(人)이 내천(乃天)이라. 고로 인은 평등하여 차별이 없나니 인이 인위로써 귀하고 천한 것을 나누는 것은 한울님의 뜻에 어긋나는 것이니라. 우리 도인들은 일체 귀천의 차별을 철폐토록 하여 스승님의 본뜻을 따르도록 하자."

해월은 알기 쉬운 일상적인 말로 누구나 공감할 수 있는 강론을 펼치며 양반 상놈을 가리지 말자고 주장하였다. 그런데 기득권층인 양반들이 그러한 상민들의 처지를 알기나 하겠는가?

김상기의 『개벽』에 실린 그 당시 양반들의 삶의 형태를 보자.

"조선의 양반은 도처에서 군왕폭군의 행위를 하고 있다. 그들은 금전에 굶주리게 되면 상인과 농민을 붙잡아 들인다. 끌려온 자가 명령대로 거행하면 놓아주고, 그렇지 않을 경우에는 양반댁에 감금해 두고 굶겨 가며 요구한 금전을 바칠 때까지 채찍질을 한다. 불효·불목 등 애매한 죄목을 덧붙여 사형(私刑) 등 (…) 평민으로부터 논밭과 가옥을 매수하는 때에 십중팔구는 대가를 건네지 않는다. 그러나 여기에는 이 같은 도덕행위를 제지할 만한 관헌이 한 사람도 없다."

해월은 그러한 때 '사람이 존엄하기가 한울님처럼 존엄하다'는 뜻으로 '인내천(人內天)'과 '인시천(人時天)' 그리고 '인즉천(人卽天)'을 말했다. 수운이 세상을 떠난 지 3년이 되던 1866년 3월 10일에는 상주에 살고 있던 도인인 황문규와 한진우, 그리고 황여장 등이 출연한 비용으로 제수를 차린 뒤 용화동에서 제례를 지냈다. 해월은 그 자리에서 적서 차별을 금하자는 강론을 했다.

"양반과 상놈을 차별하는 것은 나라를 망치게 하는 일이요, 적자와 서자를 구별하는 것은 집안을 망치는 일이니 우리 도인들은 앞으로 적서(嫡庶)의 차별을 철폐해야 한다."

해월의 이러한 설법은 조선왕조체제의 근간인 신분제도를 정면으로 도전하는 것이었지만 도인들로부터 열렬한 호응을 받았다. 그것은 수운이 제시한 동학의 사상 체계를 당시 실생활에 맞게 재해석했기 때문이었다.

대부분의 종교가 뜬구름을 잡는 듯 허황했던 것과 달리 이 세상에서 고쳐야 할 것, 그리고 개선하면서 정진할 수 있는 새로운 기틀을 제시한 것이 동학이었다. 그러나 국내외 정세는 불안하기만 했다. 병인양요가 일어난 뒤 천주교 탄압은 더욱 극심해졌고, 그 영향은 동학에도 파급되었다.

'태풍을 일으키는 것은 가장 나직한 말이다. 비둘기 걸음으로 오는 사상이 세계를 움직인다'는 독일의 철학자인 니체의 말과 같이 태풍전야(颱風前夜)의 시대가 그 시대였다.

그러나 해월의 나직한 한 마디 한 마디의 말과 행동 하나하나가 진실되고 진정성이 있었다. 그리고 날이 갈수록 세상이 더욱 불안해지자 해월을 찾아오는 사람들이 부쩍 늘었다.

그때 1866년 가을, 우연처럼 필연처럼 옛사람들이 다시 만나게 되었다.

"박춘서에게서 통기하여 날짜를 잡아 주인의 집으로 찾아갔다. 강수와 박춘서가 왔다는 소식을 들은 최세정(崔世貞, 수운의 큰아들)은 달려와 손을 잡고 감격의 눈물을 흘렸다. 지난 3년간을 돌아보면 험악하게 지낸 것은 피차에 누가 더하고 덜한 것이 없었다. 박씨 부인은 이곳에 외롭게 있었다. 가까운 친척이 없었으므로 도인들만 왕래하였다. 제자 된 자로서 옛날 같으면 박씨 부인을 직접 배견할 수는 없다. 사정이 이렇게 되어서 박씨 부인이 고적했기 때문에 예를 올리고 찾아뵙게 된 것이다. 이로부터 스승의 집을 존칭하여 '대가(大家), 큰 집'이라고 부르기로 했다." 『최선생문집도원기서』에 실린 글이다.

그때 찾아온 강수는 식견이 높고 혜안(慧眼)이 있는 인물이었고, 박춘서는 해월과 아주 깊은 관계가 있고 여러모로 발이 넓은 사람이었다.

　10월 28일은 스승님의 탄생제례일이다. 강수와 박춘서가 찾아와 제례에 참여하였다. 주인이 말했다. "도인들이 이처럼 모였으니, 명년 1867년 3월부터 스승님의 기념 제례를 모실 때 들어가는 비용을 마련하기 위해 계를 만드는 것이 어떤가."
　강수가 대답했다.
　"스승님의 도를 융성하게 하는 것이 우리 모두의 뜻이니 더할 나위가 없는 좋은 말씀입니다."
　이 말을 들은 주인은 1년에 두 번씩 생일제와 기일제에 도인들이 각각 4전씩 내도록 하여 봄가을에 제사를 모시도록 하는 계안을 만들어 각처에 보냈다. 1867년 3월 10일 수운의 순도제례일에는 예전보다 더 많은 도인들이 모여 계를 정식으로 발족시켰다.
　그해 10월 중순이었다. 해월은 처가가 있는 흥해 매곡동으로 가서 양천주(養天主)를 주제로 강론을 했다.
　"한울님을 모심(侍天主)은 한울님을 감금함이 아니라 한울님을 키움(養天主)이다. 시(侍)란 생존적 섬김, 즉 양(養)이다. 모심은 단순한 소유, 보관과 구별된다. 모심은 살아 계시는 것을 섬김이다. 이는 고정적 보존이나 현상유지가 아니라 키움이다."
　유병덕이 펴낸 책『동학·천도교』에 실린「수운의 생애와 사상」에서 말한 바와 같이 모신다는 것은 부모와 같이 봉양한다는 뜻으로 언제나 곁에 지극정성으로 모신다는 뜻을 내포하고 있다.
　1868년에는 영양의 도인 김용여가 5백 금을 내놓아서 수운 선생의 가족과 해월을 도와주었다. 1869년 2월, 양양에 살던 최혜근과 김경서가 찾아왔다. 그들은 오래전에 한약상을 하던 공생(孔生)이라는 사람으로부터 동학을 전수받았다. 하지만 자세한 수행 방법을 몰라서 겨우 13자 주문만을 외울 수가 있었다.

"경오년 10월에 공생이 세정을 찾아와 유인하기를 지금 양양의 도인들은 대가에 출입하여 상종하기가 편하도록 영월로 옮기기를 바라고 있다. 생계 또한 이곳보다 나을 것이니 영월로 옮기는 것이 어떻겠는가. 세정은 공생의 말을 듣자 갑자기 영월의 소미원으로 집을 옮겨버렸다. 그곳에는 원주 사람 장기서가 살고 있었으며 입도한 연원은 정배를 와서 사는 이경화였다." 『최선생문집도원기서』에 실린 글이다.

그때의 상황이 『천도교서』에는 다음과 같이 실려 있다.

"세정이 기언을 감청하여 신사와 상의치 아니하고 영월 소미원으로 이사한지라 신사 문하시고 우색(憂色)이 유하시다."

당시 양양과 인제의 도인들은 해월보다 수운의 큰아들인 세정을 중심으로 동학을 활성화하려 하였다. 그러한 사실을 간파한 해월은 그렇지 않아도 어려운 처지에 놓여 있는 동학이 두 파로 나뉘게 되면 커다란 잡음이 일어나지 않을까 염려스러워했다.

그처럼 불확실하고 어두운 시대에 한 시대를 풍미할 돈키호테와 같은 혁명가 이필제(李弼濟)가 나타났다.

7장

이필제와 최시형이 만나 영해민란을 일으키다

"이룩할 수 없는 꿈을 꾸고, 이루어질 수 없는 사랑을 하고, 이길 수 없는 적과 싸움을 하고, 견딜 수 없는 고통을 견디며, 잡을 수 없는 저 하늘의 별을 잡자."『돈키호테』의 저자인 세르반테스의 말이다. 이와 같은 삶을 살았던 사람이 조선 후기의 혁명가인 이필제였다.

한평생에 걸쳐 혁명을 꿈꾸며 수많은 민란을 주도했던 이필제 개인의 자세한 내력에 대해 알려진 것은 별로 없다. 다만 풍채가 삼국지의 주인공 관우와 비슷했다고 한다. 수운 최제우의 교조신원(敎祖伸冤)의 기치를 들고 최시형과 함께 일으켰던 영해민란의 주역 이필제(李弼濟, 1825~1871)는 현재의 충청남도 홍성(洪城)인 홍주(洪州)에서 태어났다.

조선의 직업적 혁명가 이필제

향반(鄕班) 출신인 이필제는 무과에 응시하여 합격을 하였다. 하지만 조정에서 임명하지 않아 벼슬자리를 얻지 못한 선달(先達)에 그쳤다. 직업적 혁명가로 일컬어지는 이필제가 1869년부터 1871년까지 '이필제의 난'이라 불린 역모를 도모했던 이유도 바로 그런 연유였다.

이필제는 1850년 5월 외가가 있던 경상도 지역인의 풍기군(豊基郡)을 방문했고, 그곳에서 허관(許瓘)이라는 노인을 만나서 가르침을 받았다고 한다.

"앞으로 조선을 침략해 올 서양 세력을 물리치고, 오랑캐 청나라에 맞서 싸우라."

허관은 이필제에게 이 나라에 닥쳐올 척양론(拓洋論)과 북벌론(北伐論)을 미리 예언한 것이라고 할 수 있다.

그 당시 조선을 비롯한 세계정세는 어지러웠다. 홍경래난을 필두로 나라 안 곳곳에서 민란이 일어났고, 1839년에는 영국이 청나라를 침공한 아편전쟁이 일어났다. 그런데 세계의 최강대국이라고 여겼던 4억의 인구를 가진 청나라가 2만 명도 안 되는 영국군에게 완패를 했다.

허관을 만나 가르침을 얻은 이필제는 그 뒤로 집에서 빈둥거리던 선달의 삶을 마감하고 사회를 변혁시키고자 하는 혁명가의 길로 접어들었다. 이필제의 이전 이름은 근수(根洙)였는데, 허관은 이필제에게 이름을 바꾸라고 권유했다. 필(弼)이라는 글자가 궁궁(弓弓)이며, 그는 을유생(1825년)이어서 을을(乙乙)이 되므로 이름을 필제로 바꾸라고 하였다고 한다.

이필제는 나라 곳곳을 떠돌면서 구월산 일대와 경기도를 비롯해 충청도의 공주와 해미, 태안 일원을 돌아다니며 사람들을 사귀었다. 그때 만난 사람이 목천의 김낙균이었다. 그 무렵 이필제의 눈을 번쩍 뜨게 하는 일이 생겼다. 1863년 경주 사람 최제우가 창시한 동학(東學)을 알게 된 것이다.

그때가 철종 14년인 1863년이었다. 그가 동학에 입도한 뒤 3년이 지난 1866년 10월 26일, 프랑스 군대가 조선의 강화도를 침공한 병인양요(丙寅洋擾)가 일어났다. 최신 무기를 지닌 프랑스 군대의 막강한 힘에 조선군은 형편없이 무너졌고, 강화도가 프랑스 군대에 점령당했다.

혁명을 꿈꾸었던 이필제에게 병인양요라는 미증유의 난리는 절호의 기회로 삼기에 충분했다. 이필제가 그 무렵에 든든한 후원자들을 만났는데, 그중 한 사람이 공주의 부호 심홍택이었고, 보은의 아전 출신인 양주동이었다. 이필제는 심홍택(沈弘澤), 심상학(沈相學), 김낙균(金洛均)과 양주동(梁柱東) 등을 은밀하게 만나서 다음과 같이 설득했다.

"명나라를 세운 주원장도 사람들을 모아서 나라를 세우고 중국의 황제가 되었다. 우리도 그렇게 될 수 있다. 만약 나에게 1천 명의 강한 군사만 있다면, 우선 이 나라 조선부터 장악한 다음 곧장 중국으로 처들어가 한 달 안에 청나라를 손에 넣고서, 동쪽의 일본까지 공격하여 점령할 수 있다. 그렇게 하면 자연히 천하는 우리의 손에 들어오게 되고, 저 서양마저 몰아내는 것은 매우 쉬운 일이다."

이필제로부터 그 말을 들은 일행들은 처음에 너무 황당무계하다고 여겨서 동의하지 않고 무시했다. 그러나 이필제는 계속 그들을 설득했다.

"천하를 우리라고 손에 넣지 말라는 법이 어디 있는가? 지금이야말로 서양의 침공으로 세상이 어지러운 판국이니, 이 기회를 잘만 이용한다면 우리가 나라를 바로잡고 천하를 쥘 수도 있다."

이필제가 계속 설득하자 그들이 마음을 굳히고 반역에 참여

진주 남강

하게 되었지만 그들의 계획은 시행되기도 전에 그 사실이 관아에 알려져 실패하고 말았다. 이필제와 김낙균 등은 관군이 들이닥치기 전에 도망을 쳤고 심홍택과 양주동은 그 자리에서 붙잡혀 고문을 받다가 죽었다.

이필제 진주민란을 일으키다

경상도 진주로 몸을 피한 이필제는 합천에서 서당 훈장을 하고 있는 양영렬(楊永烈)을 만나 그를 설득하기 시작했다.

"지금 민생은 도탄에 빠져 있고, 시절이 어렵소. 만약 영웅이 나타난다면 민생을 구제할 수 있을 것이오. 그대가 나의 청을 받아들여 나와 함께 민중을 위해 일어서지 않겠소?"

이필제의 설득에 넘어간 양영렬은 이필제를 다음과 같이 극구 칭찬했다.

"그의 문장과 언어를 보니 반고와 사마천, 소진과 장의나 다름없는 인물이다."

진주 촉석루

　이 글을 보면 이필제가 그 당시 보기 드문 지식인이었음을 미루어 짐작할 수 있다. 그뿐이 아니라 이필제는 키도 크고 잘 생겼으며, 말도 잘하고 동서고금의 모르는 것이 없었다.

　양영렬이 동참하면서 초계에 살고 있던 성하첨과 정만식을 끌어들였다. 이필제는 정만식(鄭晩植)의 손금에 임금 왕(王) 자가 새겨져 있다면서 그를 두고 『정감록』에 나오는 정진인이라고 치켜세웠다. 의기투합한 네 사람은 약장수인 양영중과 장사꾼인 정재영을 더 영입한 뒤 지리산 자락 덕산에 자리를 잡았다. 그때 이필제는 이름을 주성칠(朱成七)로 고쳤다. 1870년 2월 그들은 군자금을 확보하기 위해 가짜로 암행어사 출두를 꾸몄지만 실패하였다.

　1870년 2월 24일 다시 덕산에 모인 그들은 거사에 필요한 군자금을 모으기 위해 진주 일대의 부자들을 습격하여 재물을 빼앗으려 했다. 그러나 이필제를 따랐던 일부 사람들이 겁을 먹고 달아났다. 하지만 오뚝이 같은 이필제는 그로부터 나흘 후인

1870년 2월 28일, 세 번째 반란 계획을 세운 뒤 나무꾼들을 불러 모아 작전을 세웠다.

첫째, 진주 병영으로 쳐들어가 무기를 빼앗은 뒤 남해안의 섬들을 점령하고 그곳에서 식량을 모은다.

둘째, 군사들을 모은 다음 한양으로 진격하여 궁궐을 점령한다.

셋째, 곧바로 청나라를 공격한다.

그러나 그 계획마저 거사 전에 새어 나가 관아의 포졸들이 체포하러 그들이 머물러 있던 주막을 들이쳤고, 양영렬을 비롯한 일행들이 대부분 붙잡혔다. 하지만 이필제는 그곳에서도 무사히 빠져나왔고, 정만식과 그 일행들 12명은 모진 고문을 받은 뒤 추자도와 흑산도로 유배의 길을 떠났다.

영해에서 수운의 교조신원운동이 일어나다

1870년 7월 진주에서 탈출한 이필제는 태백산 일대로 활동무대를 옮겼다. 그 뒤 새로운 꿈을 펼치기 위해 장소를 옮겼다. 그곳이 동해 바닷가에 인접한 큰 고을 경상도 영해도호부였다. 영해로 들어간 이필제는 서당 훈장을 하면서 영해 접주로 활동하던 박하선(朴夏善)의 소개로 이수용을 만났다.

자신이 계해년에 수운으로부터 입도한 동학도라고 자청한 이필제는 박하선과 함께 반란을 준비했다. 하지만 사람이 부족했다. 40~50명의 적은 인원으로 영해읍성을 공격하는 것은 불가능하므로 동학의 교주인 해월 최시형을 움직여야 했다.

그해 10월 이필제는 해월과 잘 아는 이인언을 일월산 윗대치로 보냈다. 이인언은 해월에게 다음과 같이 말했다.

"성씨는 정가라고 하며, 계해년에 수운 선생에게 입도하였

다고 합니다. 그 후 지리산에 들어가 두문불출한 지 6~7년이
되어 갑자년의 변을 알지 못하였다고 합니다. 제자의 몸으로 분
함을 이기지 못하여 미루어 오다가 이번에 주인(신사)을 만나
보고자 저를 보내 이 말을 전하라고 하였습니다. 그래서 뜻밖에
오게 되었으니 잠시 만나 보심이 어떠신지요."

　이인언의 말을 들은 해월은 "1863년에 입도를 하였다면 내
가 모르는 사람이 없는데, 정모라는 사람은 처음 듣는 이름이
다"라고 말한 뒤 "잘 알았네" 하고 그를 돌려보냈다.

　이필제는 1870년 10월부터 2월까지 다섯 달에 걸쳐 사람을
보내어 해월을 설득했지만 해월은 이필제가 아무리 생각해도
믿어지지 않아 만나지 않은 것이었다.

　권일원의 간곡한 요청을 받은 해월이 병풍바위 박사헌의 집
으로 찾아갔다. 그때 이필제의 나이 47세(1825년생)였고, 해월
의 나이는 45세(1827년생)였다. 이필제는 만나자마자 자기가
나이가 두 살이나 많은 것을 말하고 3월 10일에 영해부를 습격
하기로 했으니 동참해 달라고 한 것이다. 당시 해월은 권일원과
같이 가서 이필제를 만났다.

　이필제는 "나와 노형은 처음이라 가까운 사이는 아니지만 스
승님의 일로 노형의 집에 사람을 네댓 번이나 보냈는데, 그처럼
나를 괄시할 수가 있는가? 나는 여러 말 할 것 없이 선생의 원
한을 풀고자 하는 뜻을 가진 지 오래다. 옛글에 하늘이 주는 것
을 받지 않으면 대신 재앙을 받는다고 하였다. 나는 역시 천명
을 받은 사람이다. (…)

　첫째로 선생의 치욕을 씻고, 둘째로 재앙으로부터 창생을 건
지려는 것이다. 내가 뜻하는 바는 오로지 중국을 창업하는 일에
있다. (…)

그대들이 만일 따르지 않으면 그대들의 목숨은 내 손에 달려 있다. (…) 속담에 이른 바와 같이 이번 일은 하늘로부터 내린 것이요, 땅의 귀(鬼)로부터 나온 것이다. 여러 말 할 것 없이 선생이 순도한 날이 3월 10일이므로 이날로 정했으니 다른 말은 하지 말자."

해월은 그의 행동과 말을 듣고 범상한 사람이 아님을 알아차리고서 이필제에게 말했다.

"큰일은 때가 있고 기회가 주어져야 하나니, 나는 아직 그 시기가 아닌 줄로 아노라. 그 까닭은 선사 조난 후에 일반 도인의 도심이 아직 뿌리를 박지 못하였고, 세상인심이 또한 우리 도에 대하여 이해를 가지지 못한 이때에 있어 가볍게 의를 들면 이는 때 아닌 계절에 종자를 심는 것과 같아 반드시 실패를 볼 것이요, 만일 오늘날에 있어 실패를 한다면 대도의 기초를 세우지 못할 것이니 그대 십분 명심하여 오직 성경신과 수심정기에 힘쓰면서 후일을 기다림이 어떠하뇨."

그러자 이필제는 큰 소리로 말했다.

"나의 큰일을 그대가 어찌 멈추게 하려는가. 번거로운 말은 그만두라."

해월은 그의 기세에 어쩌지 못하고 물러나와 강수의 집으로 갔다. 이는 『최선생문집도원기서』에 실린 글이다.

해월과 강수가 주저주저하는 사이에도 이필제는 계속 교조신원운동의 필요성을 제기했다.

2월 16일, 그날부터 해월은 수운을 따르던 접주들에게 사람을 보냈다. 영해에서 3월 10일 스승의 신원을 요구하는 집회를 열 것이니 빠짐없이 병풍바위 박사헌의 집으로 모이라는 내용이었다.

1871년 3월 10일(양력 4월 29) 완연한 봄날, 드디어 거사일이었다. 병풍바위에 모인 동학도들은 공격에 앞서 대오를 정비하고서 소 두 마리를 잡아 푸짐하게 저녁 식사를 마쳤다. 날이 저문 뒤 동학교도 5백여 명이 산 위에 올라가 하늘에 올리는 천제를 지냈다. 이필제는 청항라 옷을 차려 입었고, 김낙균은 갑옷을 입고 있었다.

제주는 이필제가 맡았고, 이필제가 지은 축문을 김진균이 읽었다. 천제를 마친 뒤 이필제가 말했다.

"나는 정가가 아니라 이일회(李一會)다."

그 말을 들은 도인들은 모두들 놀랐다. 하지만 이미 주사위는 던져졌고, 뒤로 물러설 퇴로가 없었다. 수운의 교조신원운동이 시작된 것이다.

1871년 3월 10일 영해도호부 관아는 언제나처럼 조용했다. 태풍전야(颱風前夜)라서 그랬을까? 이필제를 비롯한 동학도들은 저녁 7시경 영해부를 향해 쳐들어갔다. 그때 강사원이 동학도들은 청(靑), 일반인들은 홍(紅)이라는 군호를 정했다. 우정골 주막에 도착한 봉기군은 조총과 죽창을 거머쥐고 20여 리를 내달려서 9시 무렵 영해부성의 서문과 남문에 도착했다. 도착해서 조금 기다리자 성문이 열리고 성안에서 두 명이 나왔다. 이필제가 먼저 들어가자 그중 한 사람이 말했다.

"모두들 잠들었으니 마음 놓고 들어와라."

그중 한 사람은 영해부의 이방인 신택순이라고 하였다. 계획대로 일이 진행되고 있음을 확인한 이필제는 공격명령을 내렸고 봉기군들은 서문과 남문 안으로 물밀듯 들어갔다. 성을 지키고 있던 수교 윤석중과 포수가 별안간 봉기군이 고함을 지르며 성안으로 쳐들어오자 앞뒤도 가리지 않고 발포하였다. 총소리에 놀란 봉기군은 성 밖으로 후퇴했다.

"뜻밖에 포성이 울리자 겁을 먹은 괴수는 놀라 무리와 더불어 성 밖으로 물러났다. 모든 무리들이 원망하기를 한 방의 포소리에 겁을 먹고 이 지경이 되었으니 어찌 큰일을 할 수괴라고 하겠는가? 그제야 적괴는 다시 무리들을 이끌고 들어왔다고 한다." 『교남공적』에 실린 글이다.

별포들은 다시 들어오는 봉기군들을 향해 발포를 했고, 그때 장기에 사는 장씨라는 도인이 즉사했으며, 강사원도 옆구리에 총을 맞았다.

"김창덕, 정창학, 한상엽 등이 분대를 거느리고 앞장섰다. 김천석, 이기수, 남기진 등은 서로 다투어 군기를 탈취하고 약탈하였다. 그리고 신화범은 동헌으로 들어가 문을 부수었고, 권석두는 포도청으로 달려가 동정을 살폈다"고 했다.

드디어 관아를 점령한 봉기군이 담장 이엉에 불을 지르자 동헌은 순식간에 불길에 휩싸였다. 부사 이정은 앞뜰에 꿇어앉았는데 『나암수록』에는 다음과 같이 그 당시가 기록되어 있다.

"부성으로 쳐들어오자 부사는 뙤창문 구멍으로 막 도망치려다가 잡혀서 해를 입었다."

이필제는 김낙균과 함께 대청에 올라서 관인을 빼앗아 강사원에게 넘겨준 뒤 부사 이정을 징치하였다.

"너는 나라의 녹을 먹는 신하로서 정사를 잘못하여 세상을 어지럽혔다. 백성을 학대하고 재물을 탐하기가 저와 같았으니 네거리에 방이 나붙게 되었고, 시중에는 원성이 높아지게 되었다. 이것이 읍내의 실정이니 네 죄가 어디 가겠는가? 용서하려 하지만 탐관오리인 부사는 살해하는 것이 마땅하다." 『최선생문집도원기서』에 실린 글이다.

이정은 삼척부사로 재임 시에도 탐관오리의 악정을 펼쳐서 악명이 높았고, 1870년 봄에 영해부사로 와서는 더욱더 큰 악행을 저질러 모든 사람들로부터 원성이 자자했다.

"이정이 영해읍을 다스릴 때 비할 데 없이 부정하게 재물을 탐했다. 생일에 경내에 있는 대소민들을 불러다가 잔치를 베풀고 떡국 한 그릇에 30금씩 거두어 들였다"고 했다.

영해민란이 일어나던 당시의 조선은 삼정(三政, 전세·군포·환곡을 거두어들이는 일)이 문란해져 조정에서는 악질토호들과 결탁하여 탐학이 극성을 부리던 시절이었다. 그러한 상황 속에서 이필제와 최시형이 교조 최제우의 신원운동을 연결시키면서 민란이 일어난 것이다.

"이제발이 군기를 탈취하고 바로 동헌으로 들어가 강사원을 시켜 이정을 잡아다 항복을 받으려 하였다. 그러나 이정은 그들에게 굴하지 않고 꾸짖어댔다. 이제발은 서울에 사는 김진균에게 명하여 그를 칼로 찔러 죽게 하였다"고 『교남공적』에는 이렇게 실려 있다. 그러나 『고종실록』에 실린 기록은 크게 다르다. "영해부사 이정은 인부(印符)를 굳게 지키며 의로 항거하다가 변을 당했다"고 하였다. 그러므로 부사 이정을 높게 평가한 뒤 그에게 이조판서를 추서했다고 한다. 동학의 무리를 인정하지 못했기에 영해부사를 옹호한 것이다.

3월 11일 날이 밝았다. 이필제는 영해부에 있는 공전 150냥을 털어서 영해읍의 5개 동민들에게 분배했다.

"이필제가 궤를 열고 150냥의 돈꾸러미를 취한 뒤 날이 밝자 영해부민들에게 나누어주고 술 3동이를 사다가 군사를 먹이고 훈유했다. 동민에게는 '이번 거사는 탐학무도한 부사의 죄를 성토하는 데 있기 때문에 절대 백성들을 상하게 하지 않을 것이다. 너희들은 걱정하지 말라'고 하였다."『나암수록』에 실린 글이다.

중요한 것은 동학도들 5백여 명이 참여해서 일어난 이 영해민란에 그 어디에도 해월의 이름은 나오지 않았다. 그뿐만 아니라 교조 수운 최제우의 신원에 대한 이야기는 언급되지 않은 것을 보면 이필제는 이 민란을 자기 자신이 추구한 혁명의 도구로 사용했음을 알 수 있다. 하지만 승리의 기쁨을 제대로 만끽하기도 전에 비상상황이 벌어졌다. 영해부에서는 부사의 생사와 관인의 행방이 묘연하자 곧바로 경상감영에 고했다.

"급하게 사신을 보낸다. 3월 10일 밤 10시쯤 전체 숫자가 몇 명인지 알 수 없는 무뢰배들 수백 명이 머리에 갓을 쓰고서 손에 죽창과 조총을 들고 갑자기 영해부에 들어왔다. 그들은 군의 무기를 빼앗고 관사에 불을 질렀다. 본관 부사의 생사를 알 수가 없고, 관인이 어디에 있는지 알 수가 없다." 1871년 3월 11일 새벽 경상감영에 보낸 『영해부적변문축』에 실린 글이다.

영해부로부터 그 소식을 접한 경상감영에서는 곧바로 관군을 투입했고, 3월 13일부터 관군들이 반란군을 진압하기 위해 몰려왔다. 관군들의 기세에 눌린 이필제와 동학도들은 겁을 먹고 달아나면서 양반 부호의 집에 불을 질렀다.

매천 황현은 『매천야록』에서 영해민란을 이렇게 수록했다.

"기사년 봄인 1869년 고종 6년에 지방에서 일어난 도둑떼(土寇)가 공양을 함락하였는데, 곧 현감 윤영신에게 붙잡혔다. 신미년(1871) 봄에는 영해에서 난을 일으켜 부사 이정이 달아나다 죽었다. 이때 민심이 동요하여 난을 일으키려는 자가 많았던 모양이다. 윤영신은 낫 놓고 기역자도 모르는 사람인데 본디 호탕하고 멋을 부려 운현대감(대원군)의 칭찬을 들었는데, 이날에 이르러 공을 인정받아 통정대부에 올랐다. 이정은 문정공 이재의 후손인데, 인척들 중 현달한 이가 많았던 까닭에 그가 절의를 지키다 죽은 것으로 과장되어 증직되고 시호가 내려졌으며, 그의 아들도 기용되었다."『매천야록』1권 상에 실려 있다.

영해민란은 이렇게 허망하게 막을 내렸다. 하지만 그 여파는 컸다. 『교남공적』에 따르면 그때 참가했던 동학교도들은 경주, 울진, 흥해, 영덕, 영양, 연일, 상주, 대구, 안동, 청하, 울산 등지에서 몰려온 사람들로서 5백여 명에 이르렀다. 그 5백여 명 중 32명이 목이 잘린 채 효수되었고, 2백여 명이 죽거나 체포되고 정배되었다고 한다. 그때 살아남은 3백여 명은 관군들의 가혹한 탄압으로 뿔뿔이 흩어지고, 영해의 동학교도들은 치명적인 상처를 입고 말았다.

"내가 이름을 바꾸고 처음 체포되었을 때, 우리가 바라는 새로운 세상이 온다는 것은 머금고 있는 자취를 깨뜨리고 나온다는 것이다. (…) 잠시라도 우리 동학교인들이 바라는 후천개벽으로 우주만물의 이치에 따라 인간의 존엄과 차별 없는 평등으로 행복을 누리며 살게 되는 것에 도달하게 될 뿐이다." 이 글은 영해민란에 참여했던 권석중이라는 사람이 혁명의 당위성을 당당하게 밝힌 내용이다.

영해민란을 두고 정부에서는 영해적변(寧海賊變)이라고 규정하였고, 학계에서는 '이필제의 난'이라고 보았다. 동학의 입장에서 보면 조선 정부에게 동학을 용인해줄 것을 촉구했던 것과 달리 이도저도 아닌 병란으로 끝난 것이 영해민란이었다.

영양의 일월산으로 숨어 들어간 봉기군은 뒤따라온 관군과 맞섰다. 하지만 관군의 위력을 막아내지 못하고 패퇴하고 말았다. 여기저기를 숨어 다니던 이필제와 최시형이 그해 3월 말경에 찾아간 곳이 김낙균의 친구인 정기현이 사는 충청도 단양(丹陽)이었다.

이필제는 서로 의기투합한 정기현에게 다음과 같이 말했다.

"그대는 정몽주의 후손으로 큰 복이 있을 것이다. 300일 동안 기도를 하면 불에 들어가도 타지 않고, 물에 들어가도 빠지지 않으며, 전장에서 일을 벌여도 한 가지 실수가 없을 것이다. 때에는 이르고 늦은 것이 없는지라, 온갖 일이 뜻대로 될 터이니 거사를 걱정하지 말라."『우포도청등록』에 실린 글이다.

이필제는 정기현을 두고 '계룡산 주인' 또는 '조선의 주인'이라 부르면서 다시 한 번 혁명을 준비한다. 그로부터 4개월이 지난 1871년 7월 5일 이필제는 다섯 번째 역모계획을 세웠다. 서원을 철폐한 대원군에게 항의하기 위해 문경새재 안의 '초곡에서 유희(遊戲)를 갖는다'는 통문을 돌리고 문경, 상주, 괴산, 연풍, 충주에 사는 유생들을 끌어모은 뒤에 다음과 같이 구상하였다.

첫째, 영남대로의 요충지인 문경(聞慶)의 요새인 조령관(鳥嶺關)을 습격하여 무기를 빼앗는다.

둘째, 대원군의 서원 철폐 때문에 조정에 불만을 품은 유생들을 모아 반란군을 조직하여 한양으로 진격해 궁궐을 장악한다.

셋째, 곧바로 중국으로 쳐들어가 청나라를 무너뜨린 뒤 나라를 세운다.

하지만 거사는 처음부터 꼬이기 시작했다. 거사를 시작하기로 한 8월 2일 새벽부터 비가 억수처럼 쏟아졌다. 수상한 흐름을 눈치챈 문경관아의 포졸들이 순식간에 출동하여 그들을 체포하기 위해 들이닥쳤다.

이필제는 어두운 밤중에 어디로 가는지도 모르고 달아나다가 조령 제1관문 옆 시냇가에서 붙잡히고 말았다. 이필제는 자신의 이름을 진명숙이라고 둘러댔다. 하지만 미리 잡혀온 다른 동조자들이 이필제라고 고자질을 해서 정체가 드러났다. 정기현 역시 점막(店幕)을 빠져나와서 칠흑 같은 길을 달리다가 다리에서 떨어져 붙잡혔다. 문경새재를 지키고 있던 조령(鳥嶺)별장이 급히 사태를 상부에 보고하였다.

"초 2일 수상한 사람 오륙십여 명이 본동 점막에 와서 머문다고 하기에 포졸을 보내 어둠 속에서 포를 쏘며 군기를 지키게 하였습니다. 밤중에 위의 괴한들이 소리를 질러대며 군기고로 달려들었는데 김태일이라는 자가 다리에서 떨어져 동민들이 붙잡았습니다. 김태일을 문초하였더니 함께 작당한 자가 수천 명이었는데 새재에 모여서 군기를 탈취하여 거병하고자 계획한 지가 오래되었다고 합니다. 또 후환을 염려하여 다시 캐물어서 매복한 곳을 뒤져 군기고를 엿보던 도둑을 연달아 잡아들인 것이 44명입니다." 고종 8년인 1871년 『일성록』에 실린 그때의 상황이다.

한평생의 삶을 『돈키호테』속 주인공보다도 더 허황한 논리를 펴고 살았던 이필제나 그 논리에 동의한 일행들을 우리는 어떻게 평가하는 것이 옳을지.

조선 후기의 혁명가인 이필제는 그가 하고자 하는 일을 했고, 그래서 실패하고 역사 속으로 사라졌어도 그가 꿈꾸었던 그 꿈은 사람들에게 그대로 전해지고 있다. 어두운 시대에 태어나서 새로운 세상을 꿈꾸었던 이필제는 때가 이르지 않아 실패하고 만 혁명가로 알려져 있다. 물론 그 거사 방법도 어설프기 짝이 없었다. 그 사건으로 처음에 잡힌 사람이 44명이었고 그 뒤에 20~30여 명이 더 잡혔다. 주모자인 최응규, 이필제, 정기현, 정옥현, 정직현은 8월 15일에 서울로 호송해서 정기현 최응규는 좌포청에, 이필제와 정옥현은 우포청에 가두었다. 그해 29일부터 심문을 시작하여 12월 22일에야 의금부에 넘겨졌다. 그리고 12

월 24일에 이필제는 무교동 앞에서, 정직현은 서소문 밖에서, 정옥현은 서소문 밖에서 능지처참을 당했다.

경상감영에 수감되어 있던 죄수 17명은 정배를 보내거나 석방하였으며, 충청감영에 수감되어 있던 죄인 12명 중 5명은 정배 보내고, 나머지는 석방했다. 4개월간에 걸쳐 진행된 이 사건을 문경변란 또는 문경작변이라고 부른다.

"성명을 이리저리 바꾸고 몸을 날려 숨겨서 도당을 긁어모아 난을 일으키려 한 것은 무슨 심보인가? 한 번 굴러서 호중(충청북도)을 선동하였고 두 번 굴러서 영남에서 옥사를 일으켰고, 영해에까지 손을 뻗쳐 작변하였으니 지극히 끔찍하다. 또 독한 말은 간담을 흔들어 놓는다. (…) 그가 난을 일으킨 곳은 진천, 진주 영해인데 몸을 바꾸는 게 헤아릴 수가 없었다. 그 이름을 '명숙, 성칠, 제발'로 바꾸었는데, 동에 번쩍 서에 번쩍 헤아릴 수가 없었다. (…) 이미 오래전에 도마 위에 오른 고기였는데 그물을 빠져나간 고기가 아직도 목숨을 붙이고 있으니 오래 신인(神人)이 다 같이 분을 참지 못하는 바이다. 또 조령에서 도둑 무리를 매복시켜 흉측한 계획을 품었다가 죄악이 꽉 차서 저절로 잡혀온 것이라. 밝은 천도 아래 어찌 감히 속이랴!" 『추안급국안』에 실린 글이다.

죽음에 임하는 순간까지도 이필제는 당당하게 자신의 뜻을 피력했다. 20여 년이 넘게 동에 번쩍, 서에 번쩍하며 삼남 지방을 누비다가 체포된 이필제는 4개월 후인 1871년 12월 24일 반역 죄인으로 목이 잘려서 처형당했다. 그의 나이 마흔일곱 살이었다.

그가 살면서 사용한 이름은 기록에 나타난 것만으로도 열다섯 개나 된다. 그는 자기의 목적을 위해 그때그때 임기응변으로 상대를 설득시키거나 선동하였다. 그는 일단 한 지방에 잠입하면 제일 먼저 자기와 뜻을 같이할 인물을 찾았고, 그 지방에서 덕망이 높고 영향을 끼칠 인물을 알아내 기어코 동조자로 만들었다.

영해도호부에서 이필제가 천명했던 동학의 교주 수운의 교조신원운동은 이렇게 실패로 돌아갔다. 하지만 영해민란은 동학 도인들이 처음으로 조직적으로 움직여서 정부를 상대로 대적했던 역사적인 사건이라고 볼 수 있다.

수운으로부터 동학의 법통을 이어받은 최시형의 본격적인 잠행이 시작된 것은 영해민란 이후였다. 조선의 돈키호테이자 직업적인 혁명가 이필제는 조선과 중국, 그리고 일본까지 지배할 포부를 품으며 동양의 천자(天子)를 꿈꾸었다. "항상 꿈을 꾸게나. 꿈은 공짜라네"라는 말과 같이 세상을 뒤흔들 큰 포부를 지녔던 그의 큰 꿈이 미완으로 막을 내린 것이다.

8장

해월 최시형 다시 동학 재건에 나서다

영해민란 이후 이곳저곳을 숨어 다녔던 해월은 이필제가 일으킨 문경변란의 여파가 진정되자 다시 동학 재건에 나섰지만 어디 한 군데 출구가 없었다. 태백산 일대에서 근근이 연명해 가던 그 당시 해월의 상황을 『최선생문집도원기서』를 통해서 보자.

"때는 9월이요, 가을이라 모름지기 길을 떠나 높은 곳에 오르고, 또 아래로 내려가 계곡을 건너고 절벽을 오르니, 단풍이 소슬하고 누런 가을 잎이 바람에 나부낀다. 한편으로는 무릎이나마 간신히 펼 수 있는 바위를 찾아 이파리를 쓸어내고 자리를 만들고, 풀을 엮어 초막을 지었다. (…) 아무것도 입지 못해 헐벗은 몸으로 어떻게 할 것인가? 말소리는 나무에 걸려 있고, 기운은 숙연하여 사람으로 하여금 생각하게 하는 천고의 가을에 생각을 기대어 이를 곳이 없으니, 손을 들어 절벽에 올라 돌아보며 서로 일컬어 말하기를 '두 사람 중 누가 먼저 하고 누가 뒤에 할꼬, 끌어안고 떨어져 죽는 것이 좋겠구나.'"

얼마나 사는 것이 힘들고 막막했으면 절벽에서 뛰어내려 죽을 것을 서로 논하였겠는가. 그래도 세월은 흐르고 삶은 계속되었다. 그런 상황 속에서도 한 줄기 빛이 들어오는 것처럼 그해 11월에 경상도 순흥에 살고 있던 박용걸의 형이 찾아와 입도식을 올렸고, 두 형제가 해월과 강수에게 옷 한 벌씩을 바쳤다. 특히 박용걸의 가장 친한 친구인 지달준이 영월관아의 수리로 있어서 여러모로 도움이 되었다. 그들의 후원에 힘입어 마음의 인정을 찾았던 그때의 상황이 『해월선생문집』에 다음과 같이 실려 있다.

"임신년 정월에 이르렀다. 포청의 우두머리로서 박가 성을 가진 사람이 감히 불순한 마음을 품고 말하기를, 작년 8월에 최경상, 강사원 두 죄인이 남면 직동리 박씨 집에 숨어 있다는 조정의 지시가 있으니, 금명간 포졸을 풀어 체포하려 한다 하였다. 아전의 우두머리인 지달준은 이를 알고 행수를 불러 꾸짖었다. 이미 체포하라는 명령이 철회되어 무사한 이 고을에 어찌 시끄러운 일을 일으키려 하는가. 또한 네 마음인들 어찌 편하겠는가 하며 금지하라고 엄히 단속하여 큰 화를 면하게 되었다. (…) 지달준은 그 무과에 급제하여 삼척 영장이 되었다.

그해 12월 중순부터 강원도 정선군 남면과 동면에 살고 있던 도인 10여 명이 꽃꺼끼재(花折嶺, 아녀자들이 봄날 배가 고플 때 백운산에 올라 진달래를 꺾어서 따 먹었다는 곳)를 넘어 해월을 찾아와 공부를 하였다.
해월은 그들에게 대인접물(待人接物)의 법설을 강론하였다.
"무릇 때와 일에 임하여 우(愚), 묵(黙), 눌(訥) 세 가지의 생활방식을 용(用)으로 삼으라. 만약 경솔하게 남의 말을 듣고 말하면 반드시 나쁜 사람의 속임수에 빠지느니라. 이로써 실행해

서 나아가면 공은 반드시 닦는 데로 돌아가고 일은 반드시 바른 데로 돌아갈 것이다. (…) 사람이 찾아오면 한울님이 강림했다고 생각할 것이며, 생물을 대할 때 함부로 학대하지 말고 공손한 마음으로 대하라고 가르쳤다. 또한 어떤 일을 처리할 때 우직(愚直, 고지식하게)하고, 둘째로 묵중(默重, 신중하게)할 것이며, 셋째로 눌직(訥直, 어눌하나 정직하게)하게 행하라."

그 어려웠던 해인 1871년이 가고, 임신년 1872년을 맞은 뒤 해월은 1월 5일에 박용걸의 집에서 이필제의 꼬임에 빠져 교조신원운동을 했던 것을 뉘우치는 제사를 지냈다. 그 뒤 영해민란 이후 숨어 다닐 때 수운의 두 아들로부터 괄시를 받았는데도 불구하고 수운의 아내 박씨 부인을 찾아가 위로했다. 그때 박씨 부인은 진심으로 고마워했다. 이어서 해월은 영월에서 여러모로 신세를 진 지달준에게 북어 한 꿰미를 들고 찾아가 사례를 했다. 지달준은 그때 '사람으로서 사람을 구한 것'이라고 하면서 오히려 '노자 두 꾸러미와 붓 두 자루, 먹 한 정을 주었다'고 하였다. 『해월선생문집』에 실린 글이다.

해월은 그 뒤 순흥에 들어가 숨어 살았는데, 그 무렵에 여러 일이 일어났다. 수운의 큰아들인 최세정이 양양으로 끌려갔고, 수운의 둘째 딸과 세정의 처 강릉 김씨는 인제 교졸에게 끌려가 인제 감옥에 수감되었다. 그 소식을 들은 해월은 수운의 둘째 아들 세청을 데리고 양양으로 향했다.

1872년 3월 20일경 양양에 가서 여러 경로로 탐문해 보니 그때까지도 세정이 심문을 받고 있는 중이었다. 할 수 없이 세청의 처가가 있는 인제군 남면의 무의매리로 넘어가 세청의 처 당숙인 김광문(김병내)과 조우했다. 마침 그들도 그곳에서 살길이 막막했던지라 소백산 쪽으로 이사하려고 고심하던 차에 해월은 소백산 가는 길을 안내하게 되었다. 그 무렵 3월 25일은 훗날 동학에 큰 역할을 할 구암 김연국이 해월을 만나 동학에 입도를 하였다. 그리고 해월이 김병내 일행을 영춘 의풍까지 안내하기 위해 길을 떠난 것은 3월 28일이었다.

4월 5일 박용걸의 집에서 창도기념제례를 올렸다. 그러나 그때 수운의 둘째 아들 세청이 오지 않자 박씨 부인이 역정을 내면서 다음과 같이 말했다.

"이 사람도 한울님, 저 사람도 한울님 하는데 내 어찌 한울님을 알겠는가? 제례를 올리든지 안 올리든지 나와는 상관이 없다."

그날 오지 않았던 세청은 그다음 날에 나타났고, 박씨 부인은 무척 기뻐했다. 그러나 그 기쁨도 잠시 다음 달인 5월 12일 수운의 큰아들 최세정이 양양의 감옥에서 장형을 받다가 매에 못 이겨 생을 마감했다. 동학의 창시자인 수운을 죽음에 이르게 한 조선 정부는 그의 아들까지도 죽음에 이르게 한 것이다.

그 뒤 수운의 아내 박씨도 옥에 가두기 위해 혈안이 되어 영춘 관아에서 지목하고 있다는 소식이 들렸다.

해월은 박씨 부인을 어디로 모실 것인가 의논하여 정선으로 모시기로 결정하였다. 『최선생문집도원기서』에 실린 그때의 상황이다.

"아! 사모님의 신세가 이리도 측은할까. 앉았다가 일어나 걷기를 수없이 되풀이하며 고갯길을 올라갔다. 마루턱에 이르자 걸음은 더욱 더디었다. 해는 이미 기울어졌고 발이 부르터서 보폭은 짧아져 억지로 걸었다. '하늘은 진실로 무심하구나. 어찌 나를 괴롭히는가'라고 박씨 부인은 소리 내어 통곡하였다. 저녁 늦게 유인상의 집에 도착한 박씨 부인은 3일 후 다시 30리 산길을 걸어 화암리 싸내(米川)로 가서 자리를 잡았다."

여러 가지 복잡한 일들을 수습한 해월은 정암사 위쪽에 있는 적조암에서 49일간 기도를 하기로 결정했다. 그해 10월 보름쯤 해월이 강수와 유도원, 전중삼, 김해성과 함께 양식을 짊어지고 찾아간 정암사는, 신라의 고승 자장율사가 중국 오대산에서 공부하고 돌아올 적에 가지고 온 석가모니의 진신사리가 모셔진 5대 적멸보궁 중의 한 곳이다. 해월이 공부를 했던 그 당시는 고적하기 그지없는 산골이었지만 현재는 그때와 달리 바로 그 아래에 강원랜드가 들어서 있다. 또한 태백으로 가는 길목이라 교통이 편리한 곳이기도 하다.

정암사에서 1km쯤 고갯길을 올라가다 보면 나타나는 암자가 적조암인데, 적조암의 주지스님은 계룡산 동학사에 머물다가 이곳으로 온 철수자(哲首子)라는 스님이었다. 해월이 그곳에 도착하자 주지스님은 감자를 삶아 놓고 기다리고 있었다.

적조암에서 49일간의 기도를 마친 그때가 섣달 초닷새, 양력으로 1월 초사흘이었다. 날씨는 청명했으며 온 산이 하얀 눈꽃으로 눈 세상을 만들었고, 겨울바람이 나뭇가지들을 흔들고 있었다. 그때 해월이 시 한 수를 읊었다.

"태백산에서 49일간 독공을 할 때
여덟 마리 봉황새 받아 주인을 각기 정해 주었네.
천의봉상 온 누리에는 눈꽃이 피었고,
쪼고 갈아서 구슬을 완성하니 오늘에야 청아한 오현금 소리를 내는구나.
티끌세상 훌쩍 벗어난 적멸궁에서 49일간 기도를 잘 마쳤구나."

기도를 마친 뒤 나흘간을 더 머물다가 하산하려는 해월과 그 일행들에게 주지는 다음과 같은 덕담을 남겼다.

"후세에 반드시 선도와 불도가 합쳐서 시작할 때가 있을 것입니다. 그때 소승의 가는 길을 홀대하지 말아 주십시오. 생원님들이 만일 선접(先接)이 되면 소승은 당연히 후접이 될 것입니다. 소승이 나이가 많은 까닭에 생원님들께 앞일을 부탁하는 것입니다."

주지의 말을 들은 해월이 물었다.

"넓고 큰 천지에 거처를 정할 곳이 없으니 장차 어떻게 하면 좋겠는가?"

"단양 도솔봉 아래 거처를 정할 곳이 있습니다."

해월은 49일간의 기도를 무사히 마치긴 마쳤지만 갈 곳이 없는 자신의 신세를 한탄해서 갈 길을 물었고 주지스님은 그때 해답을 전해준 것이다.

"나 이외는 모두가 나의 스승이다."

부처가 입적하시기 전에 하신 말씀을 해월과 주지스님이 행동으로 보인 것이다. 그 뒤 1년간 강수는 단양의 서당에서 아이들을 가르치며 보냈고, 해월 역시 나라 안 여러 곳을 돌아다녔다. 1875년 정선 지방을 순회하며 법설을 하던 해월 선생이 무은담(霧隱潭)에 있는 유인상의 집에 도착했다. 그때 그곳에서는 제사를 지내기 위해 소를 잡고, 각종 음식물을 준비하느라 난리가 아니었다. 그 광경을 지켜본 해월이 제사의 본래 의미보다는 형식과 명분을 중시하는 데서 오는 폐해를 보며 간소하면서도 실제적인 제사를 지내라고 하였다.

방시학이 물었다.
"제사 지낼 때에 절하는 예는 어떻게 합니까?"
해월이 대답했다.
"마음으로 절하는 것이 옳으니라."
"제물 차리는 것과 상복은 어떻게 하는 것이 옳습니까?"
해월이 대답했다.
"만 가지를 차려 벌려 놓은 것이 정성이 되는 것이 아니요, 다만 청수 한 그릇이라도 지극한 정성을 다하는 것이 옳으니라. 제사를 차릴 때에 값이 높고, 싼 것을 말하지 말고 물품이 많고 적은 것을 말하지 말라. 제사를 지낼 시기에 이르러 흉한 벗을 보지 말고, 음란한 소리를 듣지 말고, 나쁜 말을 하지 말고 싸움을 하지 말라."

그리고 맑은 물(淸水) 한 그릇을 떠 놓고 제상을 차리는, 제사법에 대하여 다음과 같이 말했다.

"이제부터는 일체 의식에 청수 한 그릇만 사용하라. 그 성질이 맑고 움직이는 것이며, 또 어느 곳에나 있지 않은 곳이 없는지라. 참으로 만물의 근원이라 이를 것이니, 내 이로써 의식의 표준을 정하노라."

오래전의 말인데도 옳은 말이라 아니할 수 없다. 살아서는 효도도 하지 않는 사람들이 부모가 죽은 뒤에 자신과 후손들의 발복을 위해, 거금의 돈을 주고서 묏자리를 잡는 사람들이 얼마나 많은가? 그뿐만 아니라 형식에만 그쳐서 상차림을 호화롭게 차리기 위해 그나마 없는 살림살이를 축내는 그 폐단을 해월 선생은 고치고자 하였던 것이다.

마음속에 삿된 마음이 없이 맑은 마음으로 청수, 즉 맑은 물 한 그릇 떠 놓고 지내는 제사가 좋지. 체면을 위해서, 남들의 평가를 기대하고서 산해진미를 차려 놓은들 어떤 조상이 어떤 귀신이 그러한 상차림을 기뻐하고 복을 주겠는가?

마음이 중요하다. 사람을 만나는 것도, 세상을 사는 것도 맑은 마음을 가지고 살아갈 때 떳떳하지. 아무리 흐리고 탁한 세상이라 할지라도 흐린 마음, 얄팍한 마음을 가지고 산다면 어디 마음이 편할 날 있겠는가? 중요한 것은 나를 깨닫고 나를 위하여 살되, 그것이 나도 위하지만 세상을 위하는 것일 때 나도 기쁘고 세상도 이익이 되는 것이다. 그런 의미에서 해월 선생의 말은 의미심장하다.

"'멀리 구하지 말고 나를 닦으라' 한 것도 나요, '내 마음을 그 땅에 보내라' 한 것도 나요, '내 마음의 맑고 밝음을 돌아보라' 한 것도 나요, '내 몸의 화생(化生)한 것을 헤아리라' 한 것도 나요, '말하고자 하나 넓어서 말하기 어렵다' 한 것도 나요, '이치가 주고받는데 아득하다' 한 것도 나요, '내가 나를 위하는 것이요, 다른 것이 아니다' 한 것도 나요, '나의 믿음이 한결같은가 헤아리라' 한 것도 나니, 나 밖에 어찌 다른 한울이 있겠느냐. 그러므로 말씀하시기를 '사람은 한울 사람이라' 하신 것이다."

그해가 저물어 가는 12월 10일 유인상의 집으로 가자 슬픈 소식이 기다리고 있었다. 수운의 아내 박씨 부인이 영양실조로 세상을 떠났다는 것이다. 도인들에게 알리지도 못해서 정식 장례를 미루었는데, 그사이 적조암의 주지스님도 돌아가시고 말았다.

해월은 주지가 말한 단양 도솔봉 아래를 찾아갔다. 그곳이 대강면 사동 절골이었다. 그 골짜기 안쪽에 풍기로 연결되는 묘적령이 있다. 단양군 남면 도솔방 아래 장정리에 자리 잡은 해월은 수많은 설법을 하는데, 그중 대표적인 것이 '때를 살려서 쓸 것'을 강조한 '용시용활(用時用活)'이다.

"대저, 도는 용시용활 하는 데 있나니, 때에 짝하여 나아가지 못하면 이는 죽은 것이나 다름이 없다. 하물며, 우리 도는 오만 년의 미래를 표준함에 있어서 앞서 때를 짓고 때를 쓰지 아니하면 안 될 것은 선사의 가르치신 바라. 그러므로 내 이 뜻을 후세 만대에 이어지도록 하기 위해서 특별히 내 이름을 고쳐서 맹세하노라."

이 설법을 마친 해월은 그때까지 경상으로 불렸던 것을 '때 시(時)' 자를 넣어 최시형(崔時亨)이라고 고쳤다. 자(字) 역시 '살릴 활(活)' 자를 넣어 고쳤다. 이렇게 고친 이유는 아무리 훌륭한 가르침일지라도 현실이나 미래에 잘 적용하지 않는다면 그것은 죽은 것이나 다름없다는 것을 강조한 것이다.

해월이 처음 말했을 때는 하루 열두 시간을 잘 살려서 쓰라는 의미였다. 그러나 나중에는 넓게 풀이해서 시간과 시기, 그리고 그 시대를 잘 알고 신속히 활용하라는 뜻으로 활용되었다. 이는 『최선생문집도원기서(崔先生文集道源記書)』에 실려 있다.

단양에 온 해월은 김연순의 집에서 생활했다. 이때 해월의 옹색한 생활을 보고 제자들이 재취를 권했다. 그 이유는 손씨 부인의 행방을 3년이 지나도록 알 수 없으니 더 기다릴 것이 없다는 것이었다. 그때 마침 중매하려는 사람이 있었고, 제자들도 권유를 하자 안동 김씨와 재혼하게 되었다. 해월은 그해 4월 초에 예를 올렸고, 김씨 부인의 일가인 권명하는 사동에 새집을 마련할 돈을 내놓았다. 새집을 마련한 해월은 제자인 김연순과 김연국도 불러서 같이 살았으며 그해 10월에는 강수도 와서 기거하였다.

1878년 7월 25일 유시헌(劉時憲)이라는 접주의 집에서 도인들이 진리를 토론하는 모임인 개접(開接)을 열면서 개접의 의미를 다음과 같이 밝혔다.

"우리 도의 개접이라는 것은 무엇을 말하는 것인가? 선생님이 계실 때에 파접(罷接)의 이치가 있었고, 그런 까닭에 지금에 와서 개접을 하는 것이다. 이는 문사의 개접이 아니다. 천지의 이치는 음과 양이 서로 합하여 일월과 밤낮의 나뉨이 있고, 또 열두 때가 있어, 이로써 원형이정(元亨利貞)의 수가 정해지는 것이다. (…) 선생께서 하늘에서 도를 받았기 때문에 행하는 것도 하늘로부터 하였고, 닦는 것도 하늘로부터 하는 것이다. 이러하기 때문에 하늘에게 개(開)하고 하늘에 접(接)하는 것이니, 하늘에서 운(運)을 받고 하늘에서 명(命)을 받는다는 개접의 이치를 이루는 것이다. 어찌 마땅한 것이 아니겠는가?"

해월이 말한 개접은 '하늘로부터 도가 열리고, 그 한울님으로부터 그 도를 받는다'는 원대한 의미가 담겨진 것이라고 말한 뒤 도인들에게 다음과 같이 말했다.

"사람은 한울님을 모시고 태어났으므로 모든 사람은 한울님처럼 존엄하다. 그러므로 인내천, 즉 사람을 섬기기를 한울님처럼 해야 한다."

해월이 강조한 '사인여천(事人如天)'이라는 설법은 인간에게 귀천(貴賤)의 구별이 있을 수 없으므로 잘못된 신분제도를 타파해야 한다는 것이었다.

1879년 3월 26일 해월은 강시원과 함께 영서 지방으로 길을 나섰고, 4월 21일 의풍을 거쳐 영월군 하동면 거석리에서 하룻밤을 머물 때 수운 선생을 만나는 꿈을 꾸었다.

"선생님이 북문으로 가서 '천문개탁자방문(天門開坼子方門)'이라는 일곱 자를 세 번 구송하고 손으로 세 번 북문을 두드리니 우레와 같은 소리가 났다. (…) 또 '한(寒)' '온(溫)' '포(飽)' 세 글자를 써주면서 추우면 온 자를 사용하고, 굶주리면 포 자를 사용하고, 더우면 한 자를 사용하라 하셨다."

이 말이 무엇을 뜻하는지는 분명하지 않다. 하지만 동학의 맥을 이은 지도자는 춥고, 배고프고 굶주리며 덥고 찬 것을 어떤 경우든 참아 낼 줄 알아야 한다고 알려준 것이 아니었을까?

1879년 4월 초순 단양의 송두둑의 집에서 해월은 동학의 역사에 한 획을 그은 중요한 것 중의 하나인 인등제(引燈祭)를 구상했다.

'가난한 집 제삿날 돌아오듯 한다'고 일 년에도 여러 차례 치러야 하는 제사를 지낼 때 음식을 많이 차려야 하므로 경제적인 부담이 적지 않았다. 물론 그전에도 제사에 대한 여러 문제점들이 많이 드러났기 때문에 해월이 그 폐단을 고치자고 한 것이다.

"을해년 8월에 정선 도인들이 성출하여 주인의 집에서 대의(大義)를 다지는 제례를 올렸다. 그때 제사에 참석한 이는 유인상과 전성문, 단양 사람 박규석과 김영순이었다. 이전에 선생이 마련한 의례에 따라 쇠고기를 써서 음식을 마련하여 제상을 차렸다. 막 제사를 올리려던 참에 갑자기 주인께서 쇠고기를 쓰지 말라는 강화지교가 있었다 하여 곧 고기를 물리치고 제례를 모셨다. 이번에 비로소 만든 것은 전일에 주인께서 동정의 기미를 보이고 있었다. 그래서 이러한 제례법을 창설한 것이다." 그 당시 제례에 참례했던 강수가 『최선생문집도원기서』에 기록한 글이다.

해월은 음식을 올리지 않고 생쌀과 천으로 대신하는 것이 가장 효율적인 것이라고 생각한 뒤에 제례를 그렇게 지내보니 간편하고 비용도 덜 들자 다들 좋아했다. 그때부터 시작된 인등제는 해마다 10월과 11월, 그리고 4월이 되면 올려졌지만 제례의 절차는 전해지지 않고 있다. 대개 밤에 올렸고 장소는 집 안에 장독대가 있는 곳이었다고 한다.

"신사의 명을 승(承)하사 공주 가섭사 은암(隱庵)에 제단을 설하시니 대등(大燈) 7개를 단 전면에 걸고 목기(七合器) 일조를 새로 만들어 그릇마다 제수를 성(盛)하였다. 청수는 단 전면에 봉전하고 그 후열로 13승입(升入), 목기에는 백미 13승을 가득하게 담은 후에 백목(白木, 무명) 13척으로 그릇을 싸서 놓았으니 이것은 주문 십삼 자를 의미하여 (…) 또 건시 7개는 그대로 놓았다. 주문(13), 구성(9), 팔괘(8), 칠성(7), 오행(5), 사시(4), 삼재(3)의 수를 합하면 49가 된다. 목기 7개에다 49승미(升米)를 분배해 놓은 것은 7의 수를 응용하여 49를 의미한 것으로 볼 수 있다. 시간으로 보아서는 아무리 일차의 인등제가 일야뿐이라도 49일 기도를 의미한 것이다."『천도교회월보』에 실린 이 글은 춘암상사가 공주 가섭사(迦葉寺)에서 봉행한 기록이다.

1880년(庚辰) 1월에는 인제 지역의 김연호 집에서 해월과 강시원, 김연국, 전시황(全時晄)이 참여해서 인등제가 봉행되었다. 초기의 인등제는 집단적으로 봉행하는 예가 많았으나 이후부터는 각자가 자기 집에서 봉행하는 쪽으로 바뀌어 갔다.

강원도 인제에서 최초로『동경대전』을 간행하다

1880년에 이르러 전국 각처에서 인등제를 봉행하게 되자 도인들의 결속력이 강화되었다. 동시에 자금 동원력도 강해졌다. 해월은 4월 하순에 가까이 있는 도인들과 협의하여 각 접에서 비용을 모아 동경대전을 간행하기로 하였다. 그해 5월 9일 강원도 인제군 남면 갑둔리(임진왜란 때 군사들이 진을 쳤다는 곳) 김현수의 집에 간행소를 설치하고 판각 작업에 착수하였다. 그때 만든 초판 동경대전은 원본이 전해지지 않고 있지만 그때 만든 「별공록(別功錄)」에 다음과 같은 글이 실려 있다.

"아, 스승님의 문집을 간행하려 한 지도 오랜 세월이 지났다. 이제 나는 경진년을 맞아 강시원, 전시황 및 여러분과 더불어 판각을 간행하려고 발론하게 되었다. 각 접 중에서 다행히 내 뜻에 찬동하여 각소를 인제 갑둔리에 정하고 뜻한 대로 일을 마치니 비로소 스승님의 도(道)와 덕(德)을 적은 편저를 펴낼 수 있게 되었다. 이 어찌 흠탄하지 않으랴. 각 접 중에서 비용을 성출한 이들에게 특별히 별록을 만들어 그 공을 차례대로 기록한다. 경진년 중하에 도주 최시형이 삼가 기록한다."

그 뒤 오랜 세월이 지난 뒤인 인제군은 2016년 12월 6일에 남면 갑둔리 351·375번지의 동경대전 간행터를 강원도 기념물 제89호로 지정했다.

1881년 6월에는 『용담유사』를 간행하였는데, 그때의 비용은 인제접에서 전담하였다.

"신사년 6월에 본읍 천동에 사는 여규덕의 집에서 가사(歌詞) 수백 권을 간행하여 각처에 반포하였다"는 글이 『해월선생문집』에 실려 있다.

고종 19년인 1882년 6월 9일 임오군란이 일어났다. 그 당시 조선은 1876년에 맺어진 한·일수호조약(일명 강화도조약)으로 인해 대원군이 취한 쇄국정책이 무너진 뒤 개화파(開化派)와 수구파(守舊派)가 날카롭게 대립하고 있었다. 이때 고종의 친정으로 정권을 내놓은 대원군은 척족인 민씨 일파를 몰아낸 뒤 다시 집권할 기회를 노리고 있던 참이었다.

그런데 신식군대를 양성하는 별기군(別技軍)은 급료와 보급에서 좋은 대우를 받았다. 그러나 구식군대인 무위영(武衛營)과 장어영(壯禦營) 등 2영의 군졸들은 13달 동안 봉급미를 받지 못했는데, 한 달 치의 급료를 받게 되었다. 그것마저 선혜청(宣惠廳) 창고지기의 농간으로 말수가 턱없이 부족했던 데다 그나마 모래가 반쯤 섞여 있었다. 이에 크게 분노한 구식군졸들이 칼을 빼서 땅에 꽂아 놓고 다음과 같이 소리쳤다.

"굶어 죽으나 얽혀 죽으나 죽는 것은 같지 않은가. 차라리 죽일 놈을 죽이고 한번 분을 풀어보는 것이 좋지 않겠는가?" 그 당시 상황을 두고 황현이 『매천야록』에 쓴 글이다.

이 사건으로 다시 정권을 손에 넣은 대원군은 반란을 진정시키고 군제를 개편하는 등 군란의 뒷수습에 나섰다. 그러나 민씨

일파의 청원을 받아들인 청나라가 재빨리 군대를 파견함으로써 그의 재집권은 단명에 그치고 말았다. 대원군은 청나라의 원세개에 의해 천진으로 끌려가고 임오군란은 33일 만에 막을 내리게 되었다.

임오군란의 여파는 그것으로 끝나지 않았다. 일본과 불평등 조약인 제물포조약과 수호조규속약(修好條規續約)에 날인했고, 결국 일본의 세력들을 불러들이게 된 것이다.

'임오년 6월 군란이 일어난 후에 이경하가 찾아왔다. 이때 각지 도인들이 찾아오니 그 수가 적지 않았다.' 임오군란 이후 나라가 어지러워지자 나라 곳곳의 의식 있는 사람들이 불안감을 느끼고 있던 차에 동학에 대한 이야기를 듣고 입도했는데, 그중에 한 사람이 송암 손천민(孫天民)이었다.

그는 법정최후진술인 '유서(遺書)'에서 다음과 같이 진술했다.

"26세 때인 임오 납월(臘月)에 이 도에 들어갔다."

그다음 해인 1883년 2월에 해월은 천원군 목천에서 『동경대전』 100부를 중간(重刊)하였다.

"계미 2월에 신사 간행소를 충청도 목천군 구내리 김은경의 집에 중설하고 『동경대전』 1천여 부를 간행했다"고 『천도교서』에 실려 있고, 『동학란』 기록에는 "김용희는 포 중에서 6천 냥을 거두어 100권을 개간하여 그중 30권은 최시형에게 보내고 70권은 그와 김용회가 반분하였다"고 실려 있다.

"아, 선생께서 포덕 하실 그때 성덕에 잘못됨이 있을까 염려하여 계해년에 이르러 친히 시형에게 늘 출판하라는 말씀이 있었다. 뜻은 있었으나 이루지 못한 채 이듬해로 넘어왔다. 갑자년에 불행을 당하자 도의 운세가 쇠락하고 쇠퇴하여 세월은 오래되어 십팔 년이나 되려고 한다. 경진년에 이르러 그 교명(教命)을 극진히 생각하여 삼가 뜻을 같이하는 사람들과 의견을 모아 다짐하고 출판의 공을 이루게 되었다. 글에 빠진 것이 많음을 한탄하다가 목천 접 중에서 찬연히 복간하여 비로소 무극대도의 경편(經編)을 드러내게 되었다."〈규장각〉에 있는 '동학문서' 중 필사본『동경대전』의 발문이다.

『동경대전』이 새롭게 간행되면서 청주나 충주 지방에서 많은 도인들이 모여들었다.

"각처에서 찾아오는 도인들이 헤아릴 수 없었다. 계미년에는 서인주와 황하일이 찾아왔고, 그 후 손천민도 찾아왔다"고『해월선생문집』에 실려 있다. 이후 1883년 5월에는 공주 접의 발의로 교주 수운의 고향인 '경주판'『동경대전』이 간행되었고, 그해 8월에는『용담유사』가 간행되었다.

1884년 3월 수운순도기념제례에는 수많은 도인들이 참여했다. 하지만 단양관아의 움직임이 심상치 않았다.

익산 미륵산의 사자암에서 4개월을 머문 해월

해월은 그해 6월 고산 접주 박치경(朴致京)의 주선으로 가족들을 남겨 둔 채 전라도 익산군 금마면의 미륵산 중턱에 있는 사자암으로 몸을 숨겼다. 이 사자암은 일연스님이 지은『삼국유사』에 의하면 무왕과 선화공주가 불공을 드리던 절로 미륵사지에서 미륵삼존불을 보고 미륵사를 창건했다는 암자다.

"6월에 신사(해월)가 관의 지목의 심해져 익산 사자암에 은거하실 때, 박치경의 주선으로 약 넉 달 동안을 계시다가 박치경이 상주에 있는 전성촌에 가옥 삼간을 사서 신사댁을 이접케 했다."『천도교회사』에 실린 것과 같이 약 4개월 정도 머물며 기도

해월 최시형이 머문 익산 사자암

에 전념했다. 수운이 남원 교룡산의 은적암에서 8개월을 머물
며 수도에 전념했던 것처럼 해월도 전라도의 익산 미륵산 사자
암에서 한 시절을 보낸 것이다.

해월은 1884년 10월에 사자암을 떠나 공주 마곡사 북서쪽에
있는 가섭암(迦葉庵)이라는 암자로 들어갔다. 이곳의 산세도 특
이하여 산 아래에서는 암자를 바라볼 수 없게 지어졌다. 이 암
자에서 10월 4일부터 24일까지 21일간 기도를 했는데 손병희
에 대한 일화가 남아 있다.

해월은 암자에 도착하자 손병희에게 솥을 걸게 하였다. 손병
희는 스승이 시키는 대로 진흙을 파다가 찬물로 이겨서 솥을 걸
었다. 제대로 걸은 솥을 해월은 다시 뜯고 다시 걸라고 하였다.
다시 걸면 다시 뜯어내라고 하고, 고쳐 걸라고 하고, 그러기를
몇 차례 되풀이했다. 하지만 손병희는 스승이 자기를 시험하는
것이라 여겨 묵묵히 계속 뜯고 걸기를 반복하였다. 그러자 해월

익산 미륵사지

은 손병희의 사람됨이 그만하면 훌륭하다고 칭찬하고 솥 걸기를
마치게 했다.

　가섭사에서 기도를 마친 날 해월은 세 종류의 강서와 주문을
새로 지었고, 육임제(六任制)라는 제도를 처음으로 구상하였다.

김옥균 갑신정변을 일으키다

　해월이 공주의 가섭사에서 기도에 몰두하던 1884년 10월 17
일 김옥균을 중심으로 하는 개화파가 갑신정변을 일으켰다. 청
나라의 오만한 지배권에서 벗어나 자주독립을 하고자 했던 개화
파의 정변은 우정국 낙성식을 이용하여 성공하였다. 정권을 장
악하고 고종의 마음까지 움직인 개화파는 12월 5일 저녁부터 다
음 날 새벽까지 김옥균의 주도하에 밤을 새워 가며 회의를 열어
혁신정강 14조를 제정했는데 그 내용은 이렇다.

1. 대원군을 조속히 귀국시키고 청에 대한 조공의 허례를 폐지할 것.

2. 문벌을 폐지하고 백성의 평등권을 제정하여 재능에 따라 인재를 등용할 것.

3. 전국의 토지 세금 제도를 개혁하고 간악한 관리를 근절하며 빈민을 구제하고 국가 재정을 충실히 할 것.

4. 내시부를 폐지하고 재능 있는 자만을 등용할 것.

5. 간악한 관리와 탐관오리 중 죄상이 뚜렷한 자를 처벌할 것.

6. 각 도에서 정부에 상환해야 하는 쌀을 영구히 면제할 것.

7. 규장각을 폐지할 것.

8. 시급히 순사를 설치하여 도적을 방지할 것.

9. 혜상공국(惠商公局, 특권 상인인 보부상과 관속 상인을 관할하던 관청)을 폐지할 것.

10. 유배 또는 옥에 갇힌 죄인을 다시 조사하여 석방시킬 것.

11. 4영을 합하여 1영으로 하고 영 가운데서 장정을 뽑아 근위대를 급히 설치할 것. 육군 대장은 왕세자로 할 것.

12. 일체의 국가 재정은 호조에서 관할하고 그 밖의 재정 관청은 금지할 것.

13. 대신과 참찬은 날을 정하여 의정부에서 회의하고 정령(政令)을 의정, 집행할 것.

14. 정부 6조 외에 불필요한 관청을 폐지하고 대신과 참찬으로 하여금 이것을 심의, 처리하도록 할 것.

이날 오후 고종이 이를 추인했고 개화파가 의도한 대로 조선의 국정 전반에 대개혁이 이루어지는 듯했다. 하지만 청나라가 보수 세력과 결탁하면서 사태는 급반전되었다. 10월 19일(양력 12월 6일) 청나라 군사 6백 명과 친청파 9백 명이 선인문과 돈화문으로 들어오면서 대세가 기울었다. 갑신정변의 주역들 중 김옥균, 박영효, 서광범, 서재필 등 9명은 인천으로 가서 일본으로 망명했다. 이로써 근대 조선을 뒤흔들었던 혁명 갑신정변은 삼일천하로 막을 내리고 말았다.

'담대하고 명쾌하며 좀스러운 것에 구애되지 않고, 옳은 일을 자기 몸처럼 소중히 여기고 호방하게 군중을 포용하는 것은 그의 성품이었다. 드높은 영웅심, 자기 발로 일어서는 자립심, 백절불굴하고 천만 번 다시 도전하는 투지는 그의 기백이었다.'

이 글은 구한말의 정치가이자 개혁 사상가인 김옥균의 인품을 묘사한 것이다. 그러나 성공한 지 3일 만에 막을 내리면서 '삼일천하'라는 말을 회자시키고 역사의 그늘 속으로 사라져 갔다.

갑신정변의 여파가 남아 있던 1894년 겨울 수운의 탄신제례를 올리면서 해월은 새로운 제례법을 정했다.

"삼색의 비단을 각각 3자 3치씩 마련하여 놓고 밥과 떡을 빚을 쌀은 일곱 번 찧어 쓰게 하였다. 과일과 소채는 한 말들이 그릇에 담도록 하였고, 연료는 생나무 말린 것을 쓰도록 하였다. 참배자는 목욕재계하도록 하였고, 새로 빤 옷을 입게 하였다. 그리고 법관(法冠)과 법복(法服)을 입도록 하였으며, 초학주문과 강령주문과 본주문을 세 번씩 읽은 후, 축문도 지어 한울님에게 고하게 하였다."

그 이전보다 조금 평온하게 보내던 시절도 잠시 1885년에

정부에선 심상훈을 충청관찰사에 임명했고, 최희진이 단양군
수로 임명되면서 다시 동학도들을 잡아들이기 시작했다.

9장

베를 짜는 며느리가 한울님이다

해월은 김연국에게 후사를 맡겨 놓고 충청도 보은의 장내리로 내려간 뒤 보은과 청주 그리고 진천 지역을 순회하며 도인들을 가르쳤다. 그러던 어느 날이었다. 진천에 있는 금성동을 다녀오던 해월이 청주 북이면 금암리에 있는 서택순(徐垞淳)의 집에 들렀다. 그는 청주에서 포덕 하여 수많은 도인들을 입도시킨 사람이었다.

'내가 어느 날 청주 서택순의 집을 지난 일이 있다. 마침 그의 며느리가 베를 짜는 소리가 들려왔다. 점심상을 물리고 나서도 베 짜는 소리가 계속 들리자 해월이 서택순에게 물었다.
"지금 베를 짜고 있는 사람이 누군가?"
서택순이 대답했다.
"며느리가 베를 짜고 있습니다."
해월은 웃으며 말했다.
"며느리가 베를 짜는가, 한울님이 베를 짜는가."

해월의 물음에 서택순은 어리둥절하였다.

"어찌 서 군뿐이겠느냐. 무릇 천지는 귀신(鬼神)이요, 귀신은 또한 조화(造化)다. 그러나 귀신이니 조화니 하는 것은 다만 일기(一氣)에서 유래할 뿐이다. 그러니 어찌 사람만이 하느님을 모셨으랴. 천지만물이 다 하느님을 모셨으니 이천식천(以天食天)은 우주의 상리(常理)이다. 그러나 여러분이 오직 하나의 생물이라도 함부로 살해한다면 이것은 하느님을 상해하는 것이다. 대자대비하여 만물에 순응하는 길에 능통해야만 참된 이치를 알았다고 할 수 있다.

도가(동학을 믿는 집)에서 어린아이를 때리는 것은 곧 하느님의 뜻을 상하는 것이므로 삼가야 한다. 사람이 오면 '손님이 왔다'고 말하지 말고 '하느님이 강림하셨다'고 말하여라. 사람의 마음을 떠나서 따로 하느님이 없고, 하느님을 떠나서 따로 마음이 없다, 이 이치를 깨달아야만 도(道)를 깨달았다고 말할 수 있다. 사람들이 모두 저 푸른 하늘을 우러러 보고 그것을 하느님(天)이라고 믿는데, 이것은 참된 하느님을 알지 못하기 때문이다. 내가 보고 듣고 말하는 것이나 나의 굴신동정(屈神動靜)이나 이 모든 것이 귀신(鬼神) 아닌 것이 없다.

우리 선생님(수운)의 가르침을 내가 어찌 꿈엔들 잊으리오. 선생님은 어느 때, '하느님을 섬기듯이 사람을 섬기라(事人如天)고 가르치셨다. 그러므로 나는 비록 부인(婦人)과 소아(小兒)의 말이라도 하느님의 말씀으로 알고 여기서 배울 것은 배운다. 지금 자존(自尊)하는 사람이 많다.' 1885년에 간행한『해월법설』에 실린 글이다.

'한울님이 베를 짜신다'는 해월의 이 말은 노동의 성스러움을 강조한 설법이다.

고금으로부터 신분제 사회에서는 노동은 천민들이나 하는 것으로 여겼던 것을 해월은 가장 고귀한 것, 사회를 구성하고 문화를 창조하는 수단이자 가장 성스러운 일로 보고 다음과 같은 강론을 하였다.

　　해월이 이 세상에서 높이고자 했던 것이 며느리만이 아니었다.

　　"도를 닦는 부인은 한 집안의 주인이다. 내외가 화합하지 못하고 어찌 한 집안을 화하게 하며 (…) 부인이 혹 남편의 말에 따르지 않으면 남편은 정성을 다하여 절하라. 온순한 말로 이해시키며 한 번 절하고 두 번 절하면 비록 도척과 같은 악한이라도 반드시 감회하리라." 『천도교서』에 실린 글이다. 이 세상의 절반인 여자들에 대한 강론도 많이 한 수운은 '사인여천'의 중요성과 실천에 대해서 강론을 했다.

　　1886년 동학에 새로운 바람을 불어넣어 줄 젊은 사람들이 줄을 지어 찾아온다. 서인주, 황하일, 박도일, 손천민, 권병덕, 송여길, 권도관, 권윤좌 등이 그들이었다. 그들에게 동학을 가르치는 동시에 나라 곳곳에서 악질이 일어날 것을 염려하여 도인들에게 특별히 위생수칙을 제시했다.

　　"묵은 밥을 새 밥에 섞지 말고, 묵은 음식은 새로 끓여서 먹도록 하라. 침을 아무 곳에나 뱉지 말며, 만일 길이면 땅에 묻고 가라. 대변을 본 뒤에는 노변이거든 땅에 묻고 가라. 흐린 물(가신 물)을 아무 곳에나 버리지 말라. 집 안을 하루 두 번씩 청결히 닦도록 하라." 『천도교창건사』에 실린 이 말은 오늘날에도 필요한 말인데, 그 말을 한 뒤에 꼭 지키도록 강조하면서 한마디 덧붙였다. "한울님이 지나다가 부엌이 깨끗해야 복을 두고 간다." 해월은 부엌을 청결히 하는 데 힘쓰도록 하였다.

그의 예언이 들어맞아서 6월 하순부터 전국에 콜레라가 크게 유행하여 많은 사람들이 속수무책으로 병사하였다. 동학의 일부 도인들도 콜레라는 피해 가지 못했다. 그해 7월 임천에 사는 임덕현이 해월을 만나러 오다가 보은 관기점에 이르러 병에 걸려 사망하였다. 하지만 해월이 가르친 위생수칙을 제대로 지킨 도인들의 집에서는 유행병에 걸리지 않았다. 해월이 살고 있던 봉촌동 일대의 40여 호도 아무 탈 없이 지나갔다. 그런 연유로 '동학을 하면 전염병에 걸리지 않는다'는 소문이 퍼졌고 가을이 되면서 충청도와 전라도 그리고 경상도와 경기도 일대에서 많은 사람들이 해월을 만나기 위해 전성촌으로 왔다.

21세기 과학과 의학이 발달한 현대에도 코로나19로 온 세계가 큰 난리를 겪고 있다. 그런데, 그 난리가 날 것을 미리 예감하고 예방수칙을 가르친 해월이야말로 그 당시 사람들의 눈에 보면 예언자와 허준을 능가하는 의학자가 아니었을까? 이곳에서 해월은 '사람을 하늘로 섬긴다'는 동학의 핵심 사상을 설파했다.

최시형은 고종 22년인 1885년에 다음과 같은 설교를 했다.

"'천지만물이 모두 한울을 모시고 있다. 그러므로 이천식천(以天食天)은 우주의 상리(常理)이다'라고 주장했다. 사람들이 흔히 먹고 있는 음식도 한울의 일부이기 때문에 사람이 한울의 일부인 음식을 먹는 것은 바로 '한울로서 한울을 먹는 것'이 되는 셈이다"라고 설파한 것이다. 이런 맥락으로 보아 최시형이 1881년에 7년 전부터 신도들에게 금하여 오던 어육과 주초(酒草)의 사용을 해제시킨 것으로 이해할 수도 있다.

"내 항상 말할 때에 물건마다 한울이요, 일마다 한울이라고 하였나니 만약 이 이치를 옳다고 인정한다면 모든 물건이 다 한울로서 한울을 먹는 것 아님이 없을지니, 한울로서 한울을 먹는 것은 어찌 생각하면 이치에 서로 맞지 않는 것 같으나, 그러나 이것은 사람의 마음이 한쪽으로 치우쳐서 보는 말이요, 만일 한울 전체로 본다면 한울이 한울 전체를 키우기 위하여 같은 바탕이 된 자는 서로 도움으로써 서로 기운이 화함을 이루게 하고, 다른 바탕이 된 자는 한울로서 한울을 먹는 것으로써 서로 기운이 화함을 통하게 하는 것이니.

그러므로 한울은 한쪽 편에서 동질적 기화로 종속을 기르게 하고, 한쪽 편에서 이질적 기화로써 종속과 종속의 서로 연결된 성장발전을 도모하는 것이니, 합하여 말하면 한울로서 한울을 먹는 것은 큰 한울의 기화 작용으로 볼 수 있는데, 대신사께서 모실 시(侍) 자의 뜻을 풀어 밝히실 때에 안에 신령이 있다 함은 한울을 이름이요, 밖에 기화가 있다고 하는 것은 한울로서 한울을 먹는 것을 말씀한 것이니, 지극히 묘한 천지의 묘법이 도무지 기운이 화하는 데 있느니라."

해월은 이 가르침을 두고 "한울로서 한울을 먹여 기른다"라고 풀어 말했는데, 그것은 만물이 모두 하느님을 모시고 있다는 뜻이다. 그러므로 만물 속에 하느님 곧 신이 있다는 범신론적 사상을 나타낸 것이라고 해석할 수 있다.

1887년은 여러모로 해월에게 뜻이 깊은 해였다. 2월 초에 부인 김씨가 병을 얻어 세상을 떴고, 2월 그믐쯤에 보은 장내리로 나와서 첫째 부인 손씨와 살림을 합쳤다.

그해 3월 21일은 해월의 환갑날이었다. 각 포의 도인들이 장내리에 모여 회갑연을 베풀었다. 그러나 해월의 마음은 편치 않았다. 평생을 고생만 하던 부인 김씨가 세상을 떠나고, 마음도 복잡해지자 세속과 떨어진 곳에서 잠시 머물고 싶었다. 그때 생

정선 정암사 수마노탑

각난 곳이 정선의 정암사였다. 해월이 서인주, 손천민을 데리고
찾아갔던 그 당시를 유시헌의 큰아들 유택하가 글로 남겨 놓았
다.

"1887년 3월에 서인주와 더불어 태백산 갈래사(정암사) 공부시 주승은 청암이요, 과량 등유 등절을 다 준비하시고 부친께서 당부하기를 잡인이 분주케 말라 하시다. 각처 도인들이 자연 알고 혹 밀밀 상봉하더니 4월에 이르러 손천민이 내도하야 왈 태백산 공부할 곳을 정하여 주면 감자로 양식하고 지내기를 청하거늘 부친이 동거하여 해월 선생께 알현하시고 근처 능이 암자의 주승 전수자로 부탁하여 감자 과량으로 지내게 하시다."

이 글을 보면 그 당시에는 절에 들어갈 때 등에 불을 밝히는 기름을 가져가야 했고, 각자가 먹을 양식도 가지고 갔음을 알 수 있다. 지금도 강원도에서 감자가 유명한데 그 당시는 감자가 대개 주식이었음을 알 수 있다.

49일간의 기도를 마친 해월은 시 한 편을 지었다.

"뜻하지 않은 사월에 사월이 오니 금사 옥사 또 옥사로다. 오늘 내일 또 내일 무엇을 알고 또 무엇을 알리. 날이 가고 달이 오고 새날이 오니 천지 정신이 나로 하여금 깨닫게 하는구나." 금세 변하고 변하는 세상 앞에서 더욱더 새로워져야 하는 마음의 무상과 자신의 다짐을 노래한 시라고 볼 수 있다.

1887년 5월 하순경 해월은 다시 보은 장내리로 돌아왔다. 해월이 돌아왔다는 소식을 들은 도인들이 다시 찾아오기 시작하자 해월은 동학의 조직을 새롭게 짜기로 결심하고 가섭암에서 구상했던 육임제를 실행하기로 했다. 장내리에 동학의 본부라고 할 수 있는 대도소를 지었고, 비서라고 할 수 있는 봉교(奉敎)를 임명했다.

"두목은 조석으로 집에서 돌담에 출입하였는데, 좌우에 죽 늘어서서 호위하고 오갔다." 훗날 보은 집회 당시에 보은의 관리가 정부에 보고한 글로 그 당시 해월의 상황을 엿볼 수 있는 글이다.

"장내리의 모습을 둘러보니 산천은 험악하고 형세는 크게 열렸으며, 동리들의 모양은 즐비한데 새로 지은 큰 집 한 채가 주산(옥녀봉) 아래 있었다. 이 집은 최법헌의 처소라고 한다." 동학농민혁명이 발발했다가 실패로 돌아간 1894년 10월 14일 동학군을 토벌하기 위해 출동했던 장위령 관령 이두황(李斗璜)이 이 지역의 형세를 보고 기록한 글이다.

이곳 장내리에서 해월은 육임소를 설치했다.

"도인들이 갈수록 밀려들어 응해줄 수가 없었다. 해월은 육임소를 설치하여 매월 1회씩 각 포 두령들을 도소에 오게 하여 강론을 듣고 돌아가도록 하였다. (…) 도인들이 장석을 배알하려면 육임소의 인가를 받도록 만들었다." 『시천교종역사』에 실린 글이다.

『천도교회사초고』에 의하면 "육임원은 매월 2회씩 교대하도록 하였고, 북접법헌(北接法軒)이라고 쓴 첩지(帖紙)를 만들어 '해월장(海月章)'이라 날인을 한 뒤에 육임에게 반포하였다"고 하였다.

1887년 가을, 해월은 남도 지역으로 순행을 나섰다. 익산에 있던 남계천, 김정운, 김집중의 집에서 포교를 하다가 이듬해 1888년 1월 호남 북부 지방 도인들의 요청에 따라 해월은 전주와 삼례 일대로 다시 순회에 나섰다.

전주에서는 서문 밖에 있는 박공일이라는 도인의 집에서 기도식을 거행하고 삼례역으로 갔는데, 그때의 상황이 다음과 같이 실려 있다.

"1월에 신사 전주에서 기도식을 필하시고 도제 10여 명과 더

불어 삼례리 이명로 집에 왔다."『천도교서』에 실린 글과 같이 호남 북부 지방을 순례한 후 해월은 보은으로 돌아갔다.

그해 제자들은 해월에게 손씨 부인이 많이 아프니 재혼을 하라고 권한다. 해월은 거절했다. 환갑을 지낸 나이였고, 김씨 부인이 돌아간 지 겨우 1년이 넘었는데 새 부인을 맞는 것은 도리가 아니라며 거절하였다. 손병희는 스승의 승낙을 기다리지 않고 3월 초 어느 날 청주에서 누이동생을 가마에 태워 보은으로 데려와 해월에게 인사를 드리게 하였다.

"무자년 3월에 스승님은 그 부인(손씨)을 걱정하였다. 손씨 부인은 점점 나이가 많아져 주인을 수발하기가 어려운 처지에 있었다. 육임직들은 뜻을 모아 새 부인으로 밀양 손씨를 맞으라고 강청하였다. 손씨는 손병희의 누이동생이었다."

결국 제자들의 강권에 못 이겨 3월 손씨 부인을 맞아들였는데, 그때 손씨 부인의 나이는 26세였다.

1888년에 전라도와 충청도 지역에서 동학에 입도하는 사람들이 크게 늘었다. 그러나 삼남 일대에서 큰 가뭄이 들어 대부분 농사를 망쳐버렸다. 그 상황을 안타깝게 여긴 해월이 도인들에게 통문을 띄웠다.

"우리 도인들은 다 같은 연원에 몸담고 있는 마치 형제처럼 친한 사이이다. 형이 굶주리는데 동생만 배부르면 되겠는가."

이 통문을 받은 도인들은 서로 양식을 나누고, 죽이라도 나누어 먹는 일들이 여러 지역에서 일어났다고 한다.

1989년 정선에서는 군수 이규학의 폭정을 견디지 못한 농민들이 민란을 일으켜 관인을 빼앗고 군수를 축출시켰다. 정부에서는 이천 군수 정리섭을 안핵사(按覈使)로 내려보내 주동자 3명을 효수하였다.

정선민란이 가라앉기도 전에 인제에서도 민란이 일어나자 정부에서는 동학을 주시하기 시작했다. 해월은 그해 7월에 대도소 육임소를 파한 뒤 괴산의 신양동으로 거처를 옮겼다. 이때부터 해월은 여러 곳을 전전하게 된다. 인제군 갑둔리로, 충청도 음성으로, 다시 인제로, 양양의 간성으로, 양구읍 죽곡리에 있다가 정부의 감시가 조금 풀리자 인제 갑둔리 옆 마을에 있는 이명수의 집으로 돌아간 것은 1890년 7월이었다.

그해 어느 날 새 우는 소리가 들리니 해월이 제자들에게 물었다.

'선생이 장한주, 김연국에게 저 새들의 울음이 무슨 소리냐고 물으니, 두 사람은 알지 못하겠다고 대답하였다. 선생은 "시천주(侍天主)의 소리이니라. 사람과 생물이 숨을 쉬는 것도 모두 천지, 우주의 기운에 근원한 것이기 때문이다"라고 하였다.'

그 무렵에 1889년 10월 29일 밤 왕명으로 체포되었던 서인주가 유배를 살다가 풀려났다. 해월은 제자들에게 "나는 밥을 먹을 때마다 서인주를 위하여 기도하니 군들도 나와 같이 하라"고 말한 것을 보면 해월이 얼마나 끔찍하게 서인주를 아꼈는가를 알 수 있다.

1890년 11월에 해월은 김천시 구성면 복호동의 김창준의 집에 가서 여러 날 묵었다. 그때 여자 도인들을 위한 「내칙(內則)」과 「내수도문(內修道文)」을 지어 발표하였다.

해월은 「내칙」에서 어머니의 배 속에 있는 아이들을 위해 구체적이고도 상세한 행위 규범을 제시했는데, 오늘날의 태교에도 적용할 수 있을 것 같다.

"기운 자리에 앉지 말 것, 잠잘 때 반듯이 자고 모로 눕지 말 것, 떡 등을 기울게 썰어 먹지 말 것, 지름길로 다니지 말 것,

남의 말 하지 말 것, 경한 것이라도 중한 듯이 들 것, 너무 뜨거운 것이나 찬 것을 먹지 말 것, 기대서거나 앉지 말 것, 비켜서지 말 것, 남의 눈을 속이지 말 것."

사소하다고 지나치기 쉬운 생활 속의 모든 일에서 출산을 앞둔 어머니가 지녀야 할 바른 자세를 설명한 글이다.

수운이 세상을 뜬 뒤부터 오랫동안 나라 곳곳을 숨어 다니면서 민중들의 삶을 보고 느꼈던 해월은 그 당시 대다수의 여성들이 겪고 있던 차별을 절감했다. 그 차별을 철폐하고, 여성들이 삶을 영위할 수 있는 실천사항을 교리(教理)로 만들어 낸 것이 「내수도문」이다.

내수도문(內修道文)

"부모님께 효를 극진히 하오며 남편을 극진히 공경하오며 내 자식과 며느리를 극진히 사랑하오며, 하인을 내 자식과 같이 여기며, 육축이라도 다 아끼며 나무라도 생 순을 꺾지 말며, 부모님 분노하시거든 성품을 거스르지 말고 웃고 어린 자식 치지 말고 울리지 마옵소서.

어린아이도 한울님 모셨으니 아이 치는 것이 곧 한울님 치는 것이오니, 천지를 모르고 일행 아이를 치면 그 아이가 곧 죽을 것이니, 부디 집안에 큰 소리를 내지 말고 화순하기만 힘쓰옵소서. 이같이 한울님을 공경하고 효성하오면 한울님이 좋아하시고 복을 주시나니 부디 한울님을 극진히 공경하옵소서. (…)

먹던 밥 새 밥에 섞지 말고, 먹던 국 새 국에 섞지 말고, 먹던 침채 새 침채에 섞지 말고, 먹던 반찬 새 반찬에 섞지 말고, 먹던 밥과 국과 침채와 장과 반찬 등절은 따로 두었다가 시장하거든 먹되, 고하지 말고 그저 '먹습니다' 하옵소서. (…)

천지조화가 이 내칙과 내수도문 두 편에 들어 있으니 부디 범연히 보지 말고 이대로만 밟아 봉행하옵소서."

그해 11월에 김천에서 올라온 해월은 금성동에 있는 집에 들었다가 신유년인 1891년 봄에 공주군 신평에 있었는데, 이때 많은 신도들이 찾아왔다.

해월이 물었다.

"여러분은 강화의 가르침이 무엇인지 아는가."

손병희가 대답했다.

"사욕(邪慾)을 버리고 순수한 마음으로 말하면 그 말은 곧 하느님의 말입니다. 하느님의 말과 사람의 말은 오직 공사의 구별이 있을 따름입니다."

잠자코 듣고 있던 해월이 다시 물었다.

"천(天)이란 무엇인가?"

김연국이 대답했다.

"날아다니고 걸어 다니며 살고 있는 모든 동식물이 다 하늘입니다."

해월이 다시 물었다.

"하늘(天) 마음(心) 기운(氣)은 어떻게 다른가?"

손천민이 대답했다.

"마음은 곧 하늘이요, 하늘은 곧 마음이므로 마음 밖에 하늘이 없고, 하늘 밖에 마음이 없습니다."

그 말을 듣고 잠자코 있던 해월이 말했다.

"여러분의 전도가 유망하니 더욱 힘써야 하네. 무릇 궁을(弓乙)은 우리 도의 부도(符圖)인데 수운 선생이 처음으로 도를 깨달을 무렵에 세상 사람들이 하늘이 있다는 것만 알고 하늘이 곧 마음이라는 것을 모르기 때문에 이 궁으로써 마음을 상징하였다. 이렇게 함으로써 세상 사람이 모두 저마다 '하느님을 모시고 있다는 것'을 가르쳐 주셨다. 그러므로 내 마음은 곧 상제의 궁전(宮殿)이다. 만일 상제의 유무(有無)를 의심한다면 먼저 자기의 유무를 의심해야 한다. 상제가 계시는 옥경태(玉京台)를 찾아가고 싶으면 먼저 자기 마음의 신묘함을 깨달아야 한다." 『천도교서』에 실려 있다.

해월은 제자들과의 문답을 통해서 '마음이 곧 하느님이다'라고 말했다. 새소리, 물고기의 헤엄도 곧 하느님이고, 짐승과 풀 그리고 돌멩이 하나까지도 다 하느님이라고 말했다.

1891년 3월에 호남의 도인들이 공주의 신평으로 해월을 찾아왔다. 남계천과 김영조, 김낙철, 김낙봉, 김낙삼 중에 한 사람이 무장 접주 손화중이었다. 훗날 동학농민혁명 당시 세 명의 지도자 중 한 사람으로 활약한 손화중은 그 당시 32세였다. 그는 정읍과 부안, 고창 무장 지역의 많은 도인들을 지도하고 있는 호남 지역의 유능한 도인이었다.

손화중은 본관이 밀양이고 이름은 정식, 자는 화중, 호는 정읍의 옛 이름인 초산이었다. 그는 1861년 정읍현 남일면 파교리(현 정읍시 파교동)에서 아버지 손호열과 어머니 평강 채씨의 장남으로 태어났다. 어려서는 아버지 슬하에서 한문을 공부하였고, 20대 초반에 처남 유용수를 따라 십승지를 찾아서 지리산 청학동으로 들어갔다.
그 무렵 호남 지방에서는 동학이 요원의 불길처럼 번져 가고 있었다. 동학이란 새로운 사상을 접한 손화중이 그의 동료들과

이곳에 온 것이다. 그들이 해월을 찾아온 것은 큰 문제가 생겼기 때문이다. 부안군 동진면 내기리 신리마을에 사는 전라 우도 편의장 윤상오와 익산군 오산면 남전리 남참마을에 사는 전라 좌도 편의장 남계천 사이에 알력이 생겼다.

윤상오를 따르는 사람들은 남계천이 천민 출신이기 때문에 지도자가 될 자격이 없다고 비난하였고 남계천을 따르는 도인들은 윤상오 측 사람들을 비난하면서 분쟁이 생겼다.

해월이 그들에게 말했다.

"우리 도인은 나무에 비할 수 있다. 나무는 서로 비비대면 불이 나게 되어 있다. 화합해야 한울님이 감응하신다. 목침을 세워 놓고 이것이 두령이라 해도 한결같다면 도는 저절로 이루어질 것이다"

해월의 간곡한 말에도 윤상오 측이 따르지 않자 윤상오를 편의장에서 물러나게 한 뒤 남계천을 전라 좌·우도장으로 임명하였다. 하지만 그 파장이 가라앉지 않아 해월이 1891년 5월 전라도의 지도급 사람들을 윤상오의 집으로 모이게 한 뒤 다음과 같이 말했다.

"양반 상놈을 가르는 것은 나라를 망치게 하고 적서를 가르는 것은 집안을 망치게 한다. 스승님께서는 종을 하나는 며느리로, 하나는 수양딸로 삼으셨다"

그리고 다시 말을 이었다.

"우리나라 안에 두 가지 폐풍이 있으니 하나는 적서의 구별이요, 다음은 반상의 구별이다. 적서의 구별은 집안을 망치는 근본이요, 반상의 구별은 나라를 망치는 근본이니 이것이 우리나라의 고질이다. 우리 도중에는 두목 아래 백배 나은 큰 두목이 있게 마련이니, 그대들은 삼가 공경하기를 주로 하되 층절(層節)을 하지 말라."

수운이 노비를 해방시키고 적서의 차별을 금하자고 한 지가 오래되었는데도 불구하고, 도인들까지도 따르지 않는 것을 두고 해월이 타이르듯 말한 것이다.

1891년 5월 초는 동학의 역사에서 운명적인 시기였다. 우리나라 근현대사의 출발점이라고 할 수 있는 동학농민혁명의 지도자들인 김개남, 손화중과 동학의 2대 교주인 해월 최시형이 전라도 순회길에서 만났기 때문이다. 윤상오와 남계천의 갈등을 해결한 해월은 큰 비가 오는 5월에 부안 옹정에 있던 김영조 집으로 갔고, 고부를 거쳐 태인 동곡리 김낙삼의 집에 도착했다.

그것은 이번 호남 순회길에 많은 동학의 지도자들을 만나기 위해서였다. 『해월선생문집』에 "태인 김낙삼의 집에서 교임(校任)을 차출하였다"라고 실려 있는데, 교임이란 접주와 육임을 아울러 칭한 말로 그때 전봉준도 김덕명의 추천으로 접주 임첩을 받았던 것으로 추정된다. 그 뒤 곧바로 해월은 태인의 지금실(정읍시 산외면 동곡리)의 김기범의 집으로 옮겨 10여 일간을

정읍 김개남 생가

머물렀다. 김기범이 훗날 동학의 삼대 지도자가 된 김개남이다.

오지영이 지은『동학사』에는 이때에 "김영조, 김낙철, 김낙봉, 김낙삼, 남계천, 손화중, 김필상, 박치경, 옹택규, 김기범, 조원집 등이 선생을 모셨다"고 하였고, 이때 김개남과 김덕명이 해월 선생에게 여름옷을 여섯 벌씩 지어 바쳤다고 한다.

해월은 정읍시 산외면 동곡리 지금실에서 10여 일을 머물렀다가 6월 보름쯤에 김제시 금산면 원평의 용계마을에 있는 김덕명의 집으로 넘어가 며칠간을 지냈다.

1891년 6월 20일에 원평을 떠난 해월은 남계천, 서영도, 장경원과 같이 전주의 최찬규의 집에서 한 닷새간 머물다가 공주에 있는 집 동막골로 돌아갔다. 해월은 전라도 순회길에서 전라도 동학의 흐름을 파악할 수 있었고, 무엇보다 큰 소득은 전라도의 이름난 동학의 지도자를 만날 수 있었다는 것이다. 7월 초순 집으로 돌아온 해월은 시 한 편을 지었다.

'한 기운을 통해서 바른 마음자리를 꿰뚫어 보았다.'

그러나 『시천교종역사』에는 '개탄하기를 도를 아는 이가 드물다'라고 쓰여 있는 것으로 보아 해월이 순회를 통해 여러 가지를 느끼고 돌아갔음을 알 수가 있다.

그해 9월 해월은 청주에 살고 있는 서택순의 주선으로 공주 동막골에서 청주에 있는 금성동으로 집을 옮겼다. 현재 행정구역이 진천군 초평면 용산리인 이 집에서 1891년 10월 생활실천 지표인 10개 조항을 발표했다.

첫째 윤리를 밝힐 것, 둘째 신의를 지킬 것, 셋째 업무에 부지런할 것, 넷째 일에 임하여 지극히 공평할 것, 다섯째 가난한 이를 서로 도울 것, 여섯째 남녀의 직분을 엄밀히 구분할 것, 일곱째 예법을 존중할 것, 여덟째 연원을 바르게 할 것, 아홉째 진리를 강구할 것, 열째 잡스러운 행위를 금할 것 등이다. 해월은 그 당시 도인들에게 이론적인 설교보다는 실생활에 역점을 둔 도의 이치를 가르쳤다.

1891년 12월 초에 해월은 충주 외서촌 보뜰 신재련의 집 근처로 다시 이사했다. 그때 겨울철에 찬물로 흙일을 하던 신재련이 해월에게 물었다.

"발 뻗고 동학할 세상이 오기는 옵니까?"

해월이 대답하기를 "모든 산이 검게 변하고 모든 길에 비단이 깔리고 만국과 더불어 통상할 때가 오면 된다. (…) 내 말은 백년 뒤에나 가서 가히 그 뜻을 알게 되리라"고 하였는데, 그때가 어느 때인지는 아무도 모른다.

1892년이 밝아오자 충청도 관찰사 조병식이 다시 동학 탄압에 나섰다. 그는 여러 차례 탐학과 폭정을 일삼다가 유배를 가고 벼슬에서 파직했던 전형적인 탐관오리인데, 그가 경기감사를 거쳐 다시 충청감사로 부임한 것이다.

"1892년(고종 29년) 조병식이 충청감사로 부임하여 동학교문에 대한 탄압과 기찰을 강화하고 그에 따라 이속, 포교와 영졸배(營卒輩)의 발호가 심해져서 교인 신도들의 신변과 재산을 위협당하게 되니, 한때는 해월 자신도 진천, 상주 등으로 본거를 이동하며 피신할 수밖에 없었던 터이다." 이선근이 『민족의 섬광』에서 그 당시를 기록한 글이다.

해월은 조병식의 탄압을 피해 숨어 있던 진천군 초평면 부창리에서 근래에 도인들이 함부로 경전을 대한다는 소식을 듣고 1월 19일 자로 통문을 돌렸다.

"도인들은 대전과 가사를 혹은 누워서 보거나 혹은 옆으로 앉아 읽거나 혹은 허리춤에 끼어 읽거나 혹은 더러운 침상가에 던져두니 불경스럽기 그지없다. (…) 소문을 들으니 혹은 땅에 파묻고 혹은 불살라버리고 혹은 찢어버린다고 하니 한울님에 방자하고 스승님을 모욕함이니 이 어찌 참으랴. (…) 접주의 집 청결한 곳에 받들어 모셨다가(奉置) 만일 청강하기가 어려움이 있다면 도포를 입고 접주 집에 가서 병풍과 탁자를 마련해 놓고 분향 4배 한 다음 무릎을 꿇고 가르침을 받아야 한다. (…) 동경대전과 가사는 곧 우리 스승님께서 수도하여 참되게 깨달아 천명을 받고 천리를 공경하는 심오한 도리가 담긴 요지의 글이다. 따라서 경전을 취급할 때는 경건하게 다루기를 바란다."

그로부터 며칠 후인 1892년 1월 25일에 도인들의 생활 자세를 어떻게 하면 좋을 것인가에 대한 조목을 「통유문」에 지었다.

"사람은 한울 사람이요, 도는 스승님의 무극대도이다. 따라서 한울님을 공경하고 스승님을 높이는 도가 되어야 한다. 비록 날마다 먹고 입는 일이지만 추호도 어긋남이 없도록 해야 한다. 어육주초(魚肉酒草)는 천성을 상하게 하며 몸의 원기를 없어지게 하는 것이다. 의복이 사치스러우면 스스로 꾸지람을 듣게 되니, 검소히 하라는 훈계를 어기지 말라. 만일 이를 내버려 두면 그 폐해가 어찌 되겠는가."

이렇게 제자들에게 가르침을 전한 해월은 수행과 변혁의 긴 노정을 '서울로 가는 길'에 비유하면서 다음과 같은 글을 남겼다.

"비하건대, 먼 지방 사람들이 장차 서울에 갈세 단장을 하고 길에 오르면 혹 물에 임해서는 건너기가 어렵고, 혹 영(嶺)을 만나면 넘기 어려우며, 갈랫길을 보면 의심이 생기고, 관문에 이르면 두려움이 생겨 머뭇거리면서 나아가지 못하고 물러가는 것은 곧 마음이 서지 못한 자요. 또 혹 물에 임하여 능히 건너고 영을 만나 능히 넘으며 갈랫길을 보고 능히 나아가며 관문을 당하여 능히 나아가나 그러나 날이 오램으로 견디지 못하여 중로에 돌아가는 자는 이것은 뜻이 정성되지 못한 자라. 그중에는 날이 오래됨을 꺼리지 않고 노고를 관계하지 않으며 행하고 또 행하여 마침내 서울에 이르는 자도 있으니, 이것은 마음이 굳고 뜻이 독실하여 능히 대업을 성취하는 자라." 이는 『천도교백년약사』에 실린 글이다.

해월은 다시 3월 1일부터 100일 기도를 시작하라는 글을 돌리면서 3월 10일에 올리는 수운의 순도제례를 금년에는 잠시 정지한다고 하였다. 기도 방식은 오로지 맑은 물(淸水) 한 그릇으로 기도하라고 통유하면서 기도 시간도 한밤중에서 9시로 바꾸었다. 그것은 도인들이 농사일에 지장이 없도록 하려는 세심한 해월의 배려였다.

해월은 다시 상주군 공성면 효곡리 윗왕실마을로 이사를 했다. 그 이유는 그가 살고 있던 곳이 진천관아에서 너무 가까웠기 때문이다. 해발 400미터의 높은 곳에 자리 잡은 이 마을은 북쪽은 화령과 보은으로 통하는 곳이고, 동쪽은 옥산, 남쪽은 충청도 황간으로 연결되었다. 서쪽은 영동과 용산으로 연결되는 사통오달의 요지였다. 이곳에서 해월은 공주와 삼례, 그리고 광화문에 이어 보은 집회까지 지도 감독을 할 수 있었다. 해월은 이곳에 있으면서 자신을 찾아오는 도인들에게 '주문 열세 자가 곧 사람의 본성이라면 식도(食道)는 곧 한울이다'라는 설법을 하였다.

1892년 봄 조선의 운명은 바람 앞에 흔들리는 등불 같았고, 나라 곳곳에서는 지방 관료들의 탐학이 절정에 달했다. 충청도의 영동, 옥천, 청산의 수령들이 백성들의 재물을 빼앗는 데 혈안이 되었고, 전라도에서는 김제와 만경, 정읍과 여산 지역의 수령들이 탐학에 몰두했다.

10장

전국 각처에서 동학의 교조신원운동이 벌어지다

1892년 봄부터 동학의 지도자들은 새로운 돌파구를 찾아야만 하는 중대한 기로에 직면했고 중지를 모았다. 지방 관리들의 폭정으로 인해 살길이 막막했던 동학도들이 길 위로 나선 것이다. 충청도의 동학도들은 보은의 장내리로 전라도의 동학도들은 김제, 원평으로 모여들었다.

그 당시 원평에는 김덕명이라는 큰 접주가 있었으며, 보은에는 서장옥을 비롯한 여러 접주들이 있었기 때문이다. 가만히 기다리고 있다가는 모두 굶어 죽을 것 같은 위험을 감지한 동학도들에게 유일한 해결 방법은 좌도난정의 죄목으로 처단된 교주 수운 최제우를 조선 정부로부터 사면 받는 방법밖에는 없다고 여겼다.

동학의 지도자들이 해월을 찾아가 교조신원운동을 벌일 것을 요청했다. 그러나 해월은 실패한 영해민란 때문에 엄청난 시련을 겪었던 일들이 떠올랐기 때문에 그들의 요구에 응하지 않았다.

우리나라 안에서 최초로 개설된 길인 충주 하늘재(계립령)의 미륵사지 석불

"7월 그믐에 서인주, 서병학이 대선생 신원운동을 일으키자고 다그쳤다. 선생은 순순히 그 방법이 성공하지 못할 것을 걱정하여 끝내 허락하지 않았다."『해월선생문집』에 실린 내용이다. 해월도 그 방법 외에는 다른 뾰족한 수가 없다는 사실을 잘 알고 있었다. 하지만 그 당시는 추수기를 앞둔 농사철이라서 망설일 수밖에 없었다.

그 무렵 1892년 8월, 전라도 무장의 선운산에서 동학 역사에 아주 중요한 사건이 일어났다. 선운사 도솔암의 마애불 배꼽 속에는 신비스런 비결이 하나 숨겨져 있었고 그 비결이 세상에 나오는 날에는 한양이 망한다는 전설이 끈질기게 전해져 왔다.
그 비결을 꺼낸 사람들이 손화중이 접주로 있던 무장현의 사람들인데, 동학에 참가했던 오지영(吳知泳)이 지은 『동학사(東學史)』중「석불 비결」에 다음과 같이 실려 있다.

'선시(先是) 임진년(壬辰年) 팔월간의 일이다. 전라도 무장현 선운사 도솔암 남쪽 편에 수천 보쯤 되는 곳에 오십여 장이나 되는 층암절벽이 있고, 그 절벽 바위 전면에는 큰 불상 하나가 새겨져 있었다. 전설에 의하면 그 석불은 3천 년 전에 살았던 검단선사(黔丹禪師) 진상이란 것으로 그 석불의 배꼽에는 신기한 비결이 들어 있다고 하며, 그 비결이 나오는 날에는 한양이 망한다는 것이다.

그 증거로 지금으로부터 103년 전 전라감사로 부임한 이서구(李書九)라고 하는 사람이 도임하고 며칠 만에 망기(望氣, 나타나 있는 기운을 보고 무슨 조짐을 알아냄)를 보고 남으로 내려가 무장 선운사에 이르러 석불의 배꼽을 떼고 그 비결을 내어 보다가, 그때 마침 뇌성벽력(雷聲霹靂)이 일어나므로 그 비결책을 못다 보고 도로 봉해 두었다 하며, 그 비결의 첫머리에 쓰여 있되, 전라감사 이서구 개탁(開坼)이라는 한 글자만 보고 말았다는 것이다. 그 후로도 어떤 사람이 열어보고자 했으나 뇌성벽력이 무서워서 못 한다고 말하는 것이었다.

어느 날 손화중의 접중에서는 선운사 석불 비결의 이야기가 나왔다. 그 비결을 내어 보았으면 좋기는 하겠으나, 벽력이 또 일어나면 걱정이라 하였다. 그 좌중에 오하영(吳河泳)이라고 하는 도인이 말하되, "그 비결을 꼭 보아야 할 것 같으면, 벽력이라고 하는 것은 걱정할 것이 없는 것이다. 그러한 중대한 것을 봉해서 둘 때에는 벽력살(霹靂殺)이란 것을 넣어 택일하여 봉하면 후대인이 함부로 열어보지 못하게 되는 것이라고 하는 말을 들었다. 내 생각에는 지금 열어보아도 아무런 일이 없으리라고 생각한다.

이서구가 열어볼 때에 이미 벽력이 일어나 없어졌는지라 어떠한 벽력이 또다시 일어날 것인가. 또는 때가 되면 열어보게 되나니 여러분은 그것은 염려 말고 다만 열어볼 준비만을 하는 것이 좋다. 여는 책임은 내가 맡아 하겠다"고 하였다. 좌중에서 는 그 말이 가장 이치에 합당하다 하여, 청죽(靑竹) 수백 개와 새끼 수십 타래를 구하여 부계(浮械)를 만들어 그 석불의 전면 에 안치하고, 석불의 배꼽을 도끼로 부수고 그 속에 있는 것을 꺼냈다. 그것을 꺼내기 전에 그 절 중들의 방해를 막기 위하여 미리부터 수십 명의 중들을 결박하여 두었는데, 그 일이 끝나자 중들은 뛰어가서 무장관청에 고발하였다. 전날 밤에 동학군들 이 중들을 결박 짓고 석불을 깨뜨려 그 속에 있는 것을 도적질 하여 갔다고 하였다. 그리하여 수백 명이 잡히었는데, 그중 괴 수로 강경중(姜敬重), 오지영, 고영숙(高永叔) 세 사람이 지목 되었다.

무장현감은 여러 날을 두고 취조하게 되었는데, 첫 문제가 비결 책을 바치라는 것이요, 손화중(孫華中)과 기타 주모자 두 령들이 있는 곳을 대라는 것이었다. (…).'

현재 보물 1200호로 지정되어 있는 도솔암 마애불의 비결을 손화중이 꺼냈다는 소식이 알려지자 조선이 망하고 동학의 세 상이 될 것이며, 손화중이 왕이 될 것이라는 말들이 밥 짓는 연 기처럼 퍼져 나갔다. 무장 접주 손화중의 집에 사람들이 구름처 럼 몰려들었고, 그들이 훗날 동학의 중심 세력이 되었다. 그 당 시를 두고 황현이 지은 『오하기문』에 쓴 글을 보자.

"처음에 최복술(최제우 아명)이 처형당하자 그의 조카 최시 형(저자의 오기)이 보은의 어느 산속에 숨어서 요술을 몰래 전 파했는데, 이를 동학이라고 했다. 그는 다음과 같은 뜬소문을 퍼뜨렸다. '세상에 큰 환난이 올 텐데 동학이 아니면 살아남을 수가 없다. 진인이 나타나 계룡산에 도읍을 정하고 장수와 재상이 새 임금을 도울지니, 모두 동학교인 가운데서 나온다.' 이렇게 백성들을 선동하고 유인하니, 어리석은 백성들이 학정으로 괴로워하다가 기꺼이 모여들었다. 그 세력이 충청도와 전라도에 가득했다."

황현의 말이 어느 정도는 맞았다. 1892년 10월 중순 농사일이 어느 정도 끝나자 해월은 지도자들을 불러 교조신원운동을 벌이기로 협의했다. 첫 번째 집회는 충청감사를 상대로 공주에서 열기로 하고, 두 번째는 전라감사를 상대로 전라도에서 집회를 열기로 했다.

첫 번째로 청주의 손천민의 집에 도소를 설치하고 준비를 시작했다. 그때 해월을 도운 사람들은 손병희, 김연국, 손천민, 임규호, 서인주, 서병학, 황하일, 조재벽, 장세원 등이었다.

"10월에, 신원할 일을 청하는 자가 많아 여러 사람의 뜻을 좇아 허락을 하고 입의문을 지어 효우했다." 『동학사』에 실린 글과 같이 제1차로 충청감사에게 제출할 의송단자(소원문)를 집필하도록 하고 '입의통문'을 지었다.

"삼가 다음과 같이 통기하는 바이다. 이 세상에 큰 도는 셋이 있으니, 큰 도인 유도는 삼황오제 때부터 공자에 이르자 위로는 인륜을 밝혀내고 교화를 하게 되었다. 불도는 한나라 명제 때부터 중국에 들어오기 시작하여 중생을 고해로부터 구제하기 위해 대자대비의 가르침을 폈다. (…)

세상은 말세의 풍습에 떨어졌으나 다행히 선생께서 큰 도를 받아 새로운 심법으로 포덕천하 하려 하였다. 불행히 갑자년 봄에 사도로 모함을 받아 화를 당하니 어찌 분통치 않으랴. 이후 지목으로 원통히 죽은 이가 얼마인가. 벌써 30년이 되었으니 제자 된 자 황천에라도 따라가서 의리를 다해야 한다. 두려워 말고 스스로 수인사대천명 해야 한다."

10월 20일 드디어 1천여 명의 동학도들이 공주에 모였고, 21일 서인주와 서병학이 동학의 대표로 의관을 정제하고 충청감사 조병식에게 의송단자를 올렸다. 그들은 수운의 신원만을 요청한 것이 아니고 외국세력인 오랑캐를 몰아내야 한다는 반외세(反外勢)도 그 내용에 담았다.

동학이 이 세상에 창도한 이래 동학도들이 한 지방의 감사에게 의송단자를 제출한 것은 처음 있는 일이었다. 충청감사 조병식은 당황했다. 조용했던 충청감영이 있는 공주에 동학도 1천여 명이 나타나 교주의 신원을 요구하다니?

예전 같으면 이단이라고 당장 감옥에 가두어 둘 텐데 충청감영에서는 정중하게 그들에게 제사를 내렸다.

"동학을 금하고 금치 않는 것은 자신의 권한 밖이며 조정에서 하는 일이니 그대들은 조금 기다려라."

조병식은 책임을 조정에 떠넘기며 당시의 상황을 모면하고서 다시 감결(甘結)을 내렸다.

"무고한 백성들을 살게 해야 한다. 이제부터 아전들에게 명하여 일체의 횡포와 침탈을 못 하게 하여 편히 생업을 이어가게 하라."

감사로부터 정중한 대답을 받은 동학도들은 24일 공주를 떠나 제자리로 돌아갔다. 해월과 동학의 지도부들은 공주 교조신원운동을 성공시킨 뒤 곧바로 전라도에서 그 운동을 벌이기로 결정했다. 1892년 10월 25일 이명로가 접주로 있는 삼례가 그 대상이었다. 삼례는 통영대로와 삼남대로가 나뉘는 삼례도찰방이 있던 곳으로 전라도의 교통의 요지였다.

삼례 기포의 현장

"알고도 모임에 오지 않는 사람은 어찌 수도하고 오륜을 익혔다고 하겠는가. (…) 통문을 보낸 후에도 달려오지 않으면 응당 별단의 조치를 마련할 것이다. 머지않아 하늘의 죄를 구할 것이니 다시 무엇을 바랄 것인가?"

해월은 동학도들에게 이러한 통문을 띄워서 참석을 촉구하였고, 그 통문을 받은 도인들이 몰려들기 시작했다.

"11월 1일 각지의 두령이 포 내의 도인들을 인솔하고 삼례역에 부(赴)하니 그때 모인 자가 수천이라." 『천도교서』에 실린 글이다.

최영년이 지은 「동도문변(東徒問辯)」에는 '임진년 가을에 모여 수운 선사 신원과 탐관오리 제거, 교당 설치 허가 등의 요구 사항을 내걸었다'고 실려 있다.

그때가 11월 1일, 양력으로 12월 19일이었다. 추운 겨울이었고 수천 명의 도인들이 모였다. 그런 연유로 도인들의 양식과 잠자리를 만드는 것도 쉬운 일이 아니었지만 호남 지역 동학의 지도자들이 다 모인 것은 뜻깊은 일이었다. 해월 최시형 또한 이곳에 참석하기 위해서 오던 중 말에서 떨어져 참석하지 못하게 되자 글을 지어 보냈다.

"이 늙은 것이 각 접에 통문을 돌려 계속 나아가도록 하고 추후에 가려 했으나 중로에서 낙상하여 노환이 도져 뜻과 같이 가지 못했으니 부끄러울 따름이다. 송구함을 어찌 다 말할 수 있으랴."

삼례에 모인 수많은 동학의 지도자 중에 전봉준이 있었다고 한다. 전봉준은 '동학의 접주도 아니었고, 도인도 아니었다'는 말이 있다. 하지만 『남원군동학사』에 실린 글에는 그때 상소장을 전라감영에 전봉준이 제출한 것으로 실려 있다.

"전주 삼례역에 관리 압박의 위엄으로 인하야 소장을 고정할 사람이 없어서 주저하고 방황 중에 우도에 전봉준, 좌도에 유태홍 씨가 자원 출두해서 관찰부에 소장을 제출했다."

그때 전라감영에 보낸 상소문을 보자.

"동학과 서학은 얼음과 숯과 같은 관계인데, 서학의 여파로 지목하여 열읍의 수령들은 빗질하듯 잡아 가두고 매질로써 전재를 토색하니 연달아 죽어 간다. 시골의 호민들도 제멋대로 침해하고 업신여기며 집을 헐고 재산을 탈취하니 연달아 탕패산업하고 떠돌이가 되었는데도 그저 이단을 금하는 것이라 하고 있다. (…)

지금 서양의 학과 왜놈의 우두머리들의 해독을 보면 외진에 들어와 제멋대로 날뛰고 있으며, 도리를 어기고 거슬리는 짓을 임금님 수레 밑에서 벌이는 것이다. 이 점은 곧 우리들의 절치

부심을 일으키는 바이다. (…) 밤낮으로 한울님께 축원하는 바는 광제창생과 보국안민의 대원이다. 어찌 털끝만치라도 바르지 못한 이치가 있겠는가? (…)

열읍에서 지목은 날로 심해 가고 청천백일하에 억울함을 견디지 못하여 피눈물로써 엎드려 비는 바이다."

동학도들은 자신들의 도인 동학을 서학으로 내몰아 이단으로 취급하는 것이 부당하다고 하면서 교조신원과 탐관오리들을 척결해 줄 것을 요구했다.

그러나 전라감사 이경직은 충청감사와 달리 정치적으로 해결할 생각은 하지 않고 그들을 초반에 제압할 생각만 하면서 차일피일하고 있었다. 소장을 보낸 지가 엿새나 지났는데도 일말의 해답을 받지 못하자 동학의 지도부가 다시 독촉하는 글을 보냈다.

"저희들이 엎드려 의송단자를 올린 지 이미 6일이나 지났다. 합하의 처분을 삼가 고대하면서 연일 찬바람을 맞아 가며 길가에서 노숙하고 있으며, 굶주림과 추위에 떨고 있다. 날마다 간절히 바라는 것은 합하의 하늘 같은 혜택뿐이다. 수많은 도인들은 돌아갈 곳이 없으니 어찌하란 말인가. (…) 임금님께 상소하여 선생의 숙원을 풀게 해주시고, 각 읍에도 공문을 보내서 아전과 간교한 향리들의 행패를 엄금토록 하여 수많은 중생들이 집으로 돌아가 생업에 힘써 편히 살도록 하여 주신다면 하늘 같은 합하의 덕을 평생 잊지 않겠다. 임진년 11월 7일." 이렇게 다시 소장을 보내자 전라감사 이경직은 다음과 같은 제사를 보냈다.

"너희들의 학은 바로 나라에서 금하고 있다. 이미 사람의 성품을 갖추었는데 어찌 정학(正學)을 버리고 이단을 추종하여 스스로 금법의 죄를 불러들이는가. 이번 소장의 내용은 동학을 널리 펴기를 바라고 있으니 어찌 말이 되는가. 심히 놀라운 일이로다. 곧 물러가서 모두가 새사람이 되어 감히 미혹되는 일이 없도록 하라."

이 계서를 받은 동학도들은 분노하고 더 이상 물러날 데가 없다고 천명하였다. 감사는 영장 김시풍에게 300여 명의 군졸을 주어 동학도들을 해산시키라고 명령하였다. 김시풍은 김개남의 친척이었다. 그가 삼례 남쪽의 만경강까지 와서 동학의 대표자인 서인주를 만났다. 김시풍이 서인주에게 말했다.

"어찌 무리를 모아서 태평성세를 어지럽히고 있는가?"

그러자 서인주가 김시풍에게 대답했다.

"탐학한 관리들이 도인들을 상해하기 때문에 억울함을 이기지 못해 감사에게 의송을 알리려고 모였다. 이 일이 어찌 민심을 현혹케 하는 일이라 하겠는가?"

서인주의 말을 들은 김시풍이 칼을 뽑아 들며 화를 냈는데, 그때 김시풍의 나이가 60세였다. 서인주는 그런 김시풍을 바라보며 요동도 하지 않자 한 발 물러섰다.

김시풍과 서인주와의 만남이 『남원군동학사』에 다음과 같이 실려 있다.

'김시풍이 칼을 뽑아 "이 칼을 받아라" 하니 서인주가 대답하기를 "칼을 받는 것은 어렵지 않다. 칼로 치려면 쳐라."'

김시풍이 한 시간쯤을 바라보다가 칼을 거두고 말했다.

"내가 전날에 듣기로 동학이 난당이라 하기에 금하였더니, 동학도들을 만나 보니 관대한 도라는 것을 알게 되었다. 윗사람들에게 알려서 해결해 주겠다. 자기 집으로 돌아가 기도하고 집안을 잘 다스려라."

김시풍은 전라감사에게 동학도들이 해산할 기미가 보이지

않는다고 보고하였고, 동학도들이 더 불어나는 것을 보고 전라 감영에서 감결을 내렸다.

"이른바 동학은 나라에서 금하는 바이다. (…) 이제 들으니 각 읍에 속하는 관리들이 금단을 이용하여 빈번히 전재를 약탈한다 하니 어찌 재물을 탈취할 줄을 알았으랴. 범하는 것을 금하고 죄지은 자는 죄짐에 있어 작은 사건은 읍에서 재결하고 큰 사건은 감영에 보고하여 지시를 받아 처리하라. 나라의 법대로 하면 되는데 어찌 전재를 논하게 되었는가. (…) 관속배의 모든 토색은 철저히 금할 것이며 비록 한 푼이라도 탈취하는 폐단이 없도록 하라. 감결이 도착하는 즉시 보고토록 하라. 11월 11일."

감결을 받은 동학지도부는 11월 12일에 해산을 결의하였다. 하지만 의심의 눈초리를 거두지 않았다. 그것은 정부에서 동학 금령을 철회하지 않았기 때문인데, 충청도나 전라도의 관찰사가 동학지도부에게 그런 감결을 보낸 것은 시일을 지연시키기 위한 눈속임에 불과했다.

동학지도부는 11월 19일 다시 교조신원운동을 해야 한다는 결론에 도달했고, 그 소식을 접한 전라관찰사는 다시 감결을 내렸다.

"동학의 여류(餘類)들에게 편안히 자리 잡고 살도록 해주라는 감결을 이미 내렸는데 자리를 못 잡고 다시 소란을 피우게 되었다. 혹 처음부터 알아듣게 타이르지 않아 그렇게 되었는가? (…) 사(邪)를 버리고 편안히 살게 하고 고을 아전들은 토색을 엄금하라. 이 감결을 언문으로 변역하여 베껴 마을마다 붙여서 한 사람의 백성도 알지 못하는 폐단이 없도록 하라. 임진 11월 21일."

이 무렵 서학을 하는 사람들이 설상가상으로 동학도를 비난

하기 시작했다. 그때의 상황이 오상준의 『본교역사』에 다음과
같이 실려 있다.

"서학 하는 자들이 있는 말, 없는 말을 보태어 함부로 남을
비방하며 동학을 배척하여 이르기를 서도에는 신통한 묘술이
있어 공중에 누각도 지을 수 있다고 하는가 하면 천지를 진동시
키는 대포로 능히 온 동학도인들을 섬멸할 수 있다는 유언을 파
다하게 퍼뜨렸다."

이 소문을 잡한 동학의 지도부에서는 11월 하순경에 "서도
를 하는 사람도 역시 착한 본성이 있는데 어찌 공연히 근거 없
는 말로써 동서의 교를 서로 해치려 하랴. 이러한 말들은 필시
뜬소문일 것이다. 서학과 대립하는 일이 없도록 하라"는 경통을
발송하면서도 서학에 대한 비판을 잊지 않았다.

"서학을 하는 사람들은 하느님을 위하는 척하면서도 속 알맹
이가 없다."

"도무지 하느님을 위하는 속심이 없고, 오직 제 몸을 위한 길
만을 기도할 뿐이다."

충청도와 전라도 관찰사에게 교조신원운동과 동학도들에 대
한 침해를 호소했지만 그들의 뜻이 관철되지 않자, 동학의 지도
부들은 서울에 올라가 정부를 상대로 교조신원운동을 벌이기로
결의했다.

그들은 먼저 정부에 소장을 올리기로 한 뒤 12월 초에 소장
을 만들어 제출했으나 정부에서는 아무런 조치가 없었다. 그때
동학의 지도부가 정부에 제출했던 「도소조가회통(都所朝家回
通)」이 규장각에 남아 있다.

"백성을 괴롭혀 재물을 탈취하는 자가 자칭 유도니 장학이니
하니 이는 옛날에 이른바 유도의 이름 아래 묵적(墨狄)을 행한

자들이라도 도열에 서기를 또한 부끄러워하리라. 오히려 동학하는 이가 지성으로 경천하며 그 본심을 속이지 않는 것을 이단이라 하니 어찌 동학하는 이로서 우습고 한심스럽지 않으랴. (…)

영동, 옥천, 청산의 수령은 백성을 괴롭혀 재물을 탈취하니 각 고을마다 많은 수가 가산을 탕진하고 고향을 떠나 흩어지고 나머지들도 또한 그런 처지에 있다. 전라도에는 김제, 만경, 무장, 정읍, 여산 등지에 치우쳐서 탐관오리의 화를 입어 장사 지내는 이가 그치지 않으니 서로 환난에서 구하고자 스승님의 신원을 이루려고 하는 것이다."

동학의 지도부에서 정부에 제출했던 소장은 그대로 반려되었고 그 소식을 접하자 곧바로 서울로 올라가 교조신원운동을 벌이기로 했다. 1893년 1월 10일 제소문안을 완성한 손천민은 20일에 전국 각도의 교령들에게 서울에 모여서 집회를 열자는 경통을 띄웠다. 거사 날짜는 2월 11일이었다. 동학의 지도부가 그렇게 날짜를 정한 이유는 2월 8일에 왕세자 탄신일을 맞아 별시를 치르기 때문이었다.

전국 각 지역의 유생들이 과거를 보기 위해 서울로 상경하였고, 동학도들 역시 과거를 보는 선비로 가장하여 서울로 상경을 시작했다. 봉소도소는 한성 남서 남소동(南小洞) 최창한의 집에 정하였다. 2월 1일에 사병학을 필두로 한 선발대가 먼저 서울로 들어갔다. 관의 동정과 민심의 동향을 살피고 복합상소의 구체적인 일정을 마련하기 위해서 상경한 것이다. 해월은 연로하여 참석지 못하였고 도차주 강시원이 올라와서 진두지휘했다.

그때 전국에서 올라온 동학도들의 숫자는 1천여 명에 이르

경복궁 근정전

렀다. 〈일본신문〉에는 '서울 성곽의 낙산에 3백여 명이 모였
고, 동대문 옆 이문동에도 수백 명이 모였다'고 실려 있다. 동
학의 지도부에서는 경복궁의 광화문 앞에 모여 복합상소를 하
기로 결정하였다. 그때의 상황이 〈일본신문〉에 다음과 같이 실
려 있다.

"동학도들은 광화문 쪽으로 자리를 깔고 가지런히 앉아 봉
정할 한 통의 상소문을 붉은 보자기에 싸서 앞에다 놓고 이를
전달할 방법을 구하기가 4일간이었다."

그들은 차가운 길바닥에 앉아 정부에서 해결책을 제시할 것
을 기다렸다. 그러나 정부에서는 답신을 보내지 않았고, 오후
다섯 시가 되면 철수하여 숙소로 돌아갔다. 그러던 2월 13일
정부의 관리가 나타나 다음과 같이 말했다.

"너희들은 집으로 돌아가 그 업에 임하라. 그러면 소원에 따
라 베풀어주리라."

그 한마디만 남기고 관리는 돌아갔다.

2월 26일 자 〈동경조일신문〉에 실린 그 당시의 상황을 보자.

"작금 동학의 세력은 날로 강대해지고 있으며, 앞서 전라도 감사에게 요청한 세 사건에 대한 답변을 얻지 못하게 되었다. 드디어 이번에는 궐하(闕下)에 엎드려 소원을 관철시키기로 결의하고 결사대 천여 명의 총대인 30여 명이 2월 12일 상소문을 받들고 비답을 받는다면서 왕궁의 문전에 꿇어앉은 채 마치 죽으려는 듯이 머리를 땅에 떨어뜨리고 배례하고 있었다. 관리가 여러모로 제지했지만 조금도 물러서려는 모습은 없었다. 3일이 되어도 물러가려 하지 않자 정부는 비답과 처리 방법이 궁하여 연일 중신회의를 열었다."

동학지도부가 정부에게 보낸 광화문 복합상소의 상소문의 핵심은 다음과 같다.

"스승의 억울함을 풀어주시고, 감영이나 다른 고을에서 벌받고 있는 동학도들을 풀어 달라."

그러나 그들의 간절하고도 절박한 소원은 이루어지지 않았다. 오히려 정부에서 관리들을 풀어 동학도들에게 체포령을 내리고 색출작업에 나섰기 때문이다. 그때 체포된 사람이 1백여 명에 이르렀고, 나머지는 서울을 무사히 빠져나갔다. 대부분의 동학도들은 서울 광화문 집회를 마치고 지방으로 돌아가긴 했다. 하지만 돌아갈 곳이 없는 도인들은 전라도 금구의 원평이나 충청도 보은의 장내리로 돌아갔다.

원평 집회와 보은 집회가 열리다

1893년 3월 초 보은군 장내리에 수백여 명의 동학도들이 모였다. 동학농민혁명이 끝난 뒤 1920년대에 보은 선씨 선정훈이

보은 장내리

라는 사람이 나라 안의 가장 빼어난 목수들을 데려다가 지은 아름다운 집 한 채가 장내리에 있다. 그 집에서 만든 간장 한 병이 5백만 원을 호가하는 선정훈의 집에서 지척 거리에 있던 동학 도들이 모인 것이다.

갈 곳이 없는 동학도들이 운집하고 있다는 사실을 직시한 해월은 청산현에서 지도자들과 회의를 한 뒤 이제부터 '척왜양창의(斥倭洋倡義)'의 기치를 내걸고 운동을 벌이기로 하였다. 해월은 팔도의 도인들에게 보은 장내리로 모이라는 「통유문」을 돌렸다.

"우리 모두는 망해버릴 것이니 설사 평안히 살려 하여도 어찌할 수 있으랴. 생각다 못해 다시 큰 소리로 원통한 일을 진정하고자 이제 포유하니 각 포 도인들은 기한에 맞추어 일제히 모이라. 하나는 도를 지키고 스승님을 받들자는 데 있으며, 하나

는 나라를 바로 도와 백성을 편안하게 하는 계책을 마련하자는
데 있다."

1893년 수운 최제우의 신원을 요구하며 보은 집회가 열렸던
곳이 보은군 외속리면 장내리다. 그 당시 보은 지방에는 "보은
장안이 장안이지 서울 장안이 장안인가"라는 말이 유행했다 한
다. 지금은 한적하기 그지없는 장내리마을에 2만에서 8만 명에
이르는 사람들이 1893년 3월에 북적거렸다.
　동학교도들은 각 접주들의 인솔하에 질서정연하게 보은 장
안에 모여 석성을 쌓았고, 척왜양창의 대기(大旗)와 오방(五方)
을 각각 꽂아 세웠다. 또한 또 각접(各接)을 표시하는 중기와
소기를 내걸었다.
　"3월 15일 법헌 해월이 보은 장내에 오시니 각 포 도인들이
마치 바람이 일며 조수가 솟구치듯, 구름처럼 메이고 안개처럼
모여들어 뜻밖에 수십만이 되었다." 『동학도종역사』에 실린 글
이다.
　그때 그들은 만 사람이 한 사람같이 일사불란하였고 상인의
음식값은 반드시 지불하였으며, 배설물은 땅에 묻었고 복장은
단정히 하였다고 한다.
　동학교단은 3월 11일 다음과 같이 보은관아의 삼문 밖에 격
문을 붙였다.
　"무릇 인사로서 어려운 일이 셋 있으니, 절개를 세우고 충성
을 다하여 나라를 위해 죽는 것이 죽음의 어려움이고, 힘을 다
하고 효도를 성실히 하여 어버이를 섬기는데 죽는 것이 자식의
어려움이고, 정조를 지키고 뜻을 고상히 하여 지아비를 따라 죽
는 것이 아내의 어려움이다. 삶도 있고 죽음도 있는 것은 사람
의 상도이고 일이 있고 없는 것은 시세의 이치이다. (…) 지금

왜양의 도적 떼가 나라 한복판에 들어와 크게 어지럽힘이 극에 이르렀다. 진실로 오늘의 국도를 보건대 결국은 이적의 소굴이다. (…) 우리들 수만 명은 힘을 모아 죽기를 맹세하고 왜양을 타파하여 나라의 은혜에 보답하고자 하니 각하께서도 힘을 모아 협력하여 충의한 선비를 모아 선발하여 함께 국가를 보존할 것을 간절히 바란다."

위의 통문에 나타난 것을 보면 종교 문제는 이미 떠나 있고, 왜양과 맞서 나라를 구하려는 의도가 다분히 숨겨져 있었다. 사태의 심각성을 우려한 보은군수는 이 사실을 즉각 조선왕조에 알렸다. 옥녀봉 장안마을에 수많은 집들 중에 가장 큰 집에 동학도소가 설치되었다. 그때의 그 기와집은 허물어져 흔적이 없이 논으로 변해버렸다.

"산 아래 평지에 돌성을 쌓았는데 길이는 일백여 걸음이고 넓이도 일백여 걸음이며 높이는 반장 정도로 사방에 출입문을 내었다." 여러 기록에 실린 글처럼 동학교도들은 삼가천에 있는 돌을 주어다 성을 쌓았고, 낮에는 천변에 있다가 밤에는 부근 마을에서 흩어져 잤다. 그때 장안마을에 모여 있던 동학교도가 2만 7천 명 정도 되었다고 하고, 일본 외교문서에는 2만 3천 명이라고 실려 있으며, 황현의 『오하기문』에는 8만여 명으로 실려 있다. 김윤식이 지은 『속음청사』에는 2만 7천 명이라고 기록되어 있다.

그때 모인 사람들의 성분을 어윤중은 '장계'에서 다음과 같이 보고했다.

"지략과 재기가 있으나 뜻을 얻지 못한 사람, 탐관오리의 횡포를 막아보려는 사람, 오랑캐 등이 빼앗는 것을 통절히 여긴 사람, 오리(汚吏)에게 침탈되고 학대받았으나 호소할 데 없는 사람, 경향에서 억누름을 피할 길이 없는 사람, 죄를 지고 도망한 사람, 속리(屬吏)에서 쫓겨난 사람, 곡식이 떨어진 농민과 손해를 본 장사꾼, 들어가면 살 수 있다는 풍문을 들은 사람, 빚 독촉을 참지 못한 사람, 상민과 천민에서 몸을 빼려는 사람들이 동학을 따랐다."

보은 집회가 열릴 그 당시, 전라도 여러 곳에서 산발적으로 집회가 열리고 있었다. 3월 10일, 조정에서 전라감사 이경직(李耕植)을 면직시키고 새로 김문현(金文鉉)을 감사로 임명하였다. 전라감영으로 떠나기 전에 김문현에게 고종 임금이 물었다.

"호남에서도 금구에 동학이 가장 많다고 하니 전주에서 얼마나 떨어져 있는가. 먼저 그 소굴을 격파하여 끊어버릴 방책을 삼으라."

김문현이 대답했다.

"전주에서 30리가량 떨어져 있는데, 금구 원평에 가장 많은 동학도인들이 있습니다."

고종을 배알한 김문현은 3월 22일에 남대문을 나서 26일에 전라도 초입 여산에 도착하였고, 전라도 초입 황화정에서 전라도 신구 관찰사끼리 관인을 주고받으며 임무 교대를 하는 교구 의식을 마친 뒤 27일 삼례에 도착했다.

그때의 상황이 최영년이 지은 「동도문변」에 실려 있다.

"전 감사 이경직으로서는 수습할 수 없음을 걱정하여 결국 소청에 따라 면직되고, 김문현을 전라감사로 임명하여 길을 떠나라고 재촉하였다. 공은 감격하여 임금에게 인사한 후 삼례역에 이르렀다. 수레 앞과 좌우에 죽창을 들고 길가에 수천 명이나 나열하였다. 공은 비장으로 하여금 부드러운 말로 '어째서 모였는가?' 하고 물었다."

그 당시 전라도나 경상도 지역에 있는 동학도인들이 보은 집회의 현장으로 가지 못하고 지역에 머문 것은 식량 공급이 원활하지 않았기 때문이다. 금구현 원평에도 많은 도인들이 모여 집회를 열었는데, 『일성록』에는 그 수가 1만여 명을 넘었다고 실려 있다.

포의 이름을 정하고 대접주를 임명하다

3월 20일 최시형은 포의 이름을 정하고 대접주를 임명했다. 금구 대접주 김덕명, 태인 대접주 김기범 등 동학농민혁명의 주요 인물들이 보은 집회에서 나타났는데, 그때 해월이 다음과 같이 말했다.

"지금 왜양(倭洋)의 적이 심복에까지 들어와 있으니 어지러움이 극도에 이른지라 진실로 오늘의 서울 형편을 보면 마침내 오랑캐의 소굴이 된지라 (…) 하물며 왜적은 도리어 회한의 마음을 두어 화단의 씨를 품고 방금 그 독을 펴려 하니, 위태로움이 조석에 있으되 이것을 개연히 보아 편안하다고 이르니 지금 형편이 마치 불더미 위에 앉은 것과 무엇이 다르랴."

이 말을 풀어 말하면 해월은 보은 집회의 성격을 왜적으로부터 조선을 지키기 위한 것이라고 규정지은 것이다.

동학도들이 계속 모여들자 보은관아에서는 그들의 동태를 살펴서 보고하도록 하였다.

"13일부터 근처 동학도들이 모여들어 낮에는 장내리 뒤쪽 천변에 머물렀다가 밤이 되면 본동 민가나 부근 민가에서 잠을 잤고 날마다 모여드는 사람이 끊이지 않았다."

보은군수 이중익은 그러한 사실을 16일 충청감사에게 보고하였고, 그 보고를 받은 정부는 크게 놀라 호조참판 어윤중(魚允中)을 양호선무사로 임명하여 보은 현지로 보낸다. 보은 봉비

리가 고향인 양호선무사 어윤중은 임명장을 받고 보은으로 내려가면서 동학도들에게 효유문(曉諭文)을 보냈다. 그리고 다음과 같은 주문을 하였다.

"조정에서 이 사람을 도 어사로 임명 특파하여 타이르도록 하였다. 창의라 하니 이루어진 바를 알고 응해야 하는데 과연 어디에 근거한 창의란 말인가. 내가 가서 만나 효유하겠지만, 두령으로서 사리를 아는 사람을 뽑아 진정할 사유들을 알차게 갖추었다가 나와의 면담(面談)을 기다리도록 하라."

어윤중이 내려오기 전에 장내리에 동학도들이 머물렀던 곳에 떠돌았던 말들을 보자.

"내일 읍으로부터 군대가 온다."

"겁이 나서 돌아가려는 사람은 떠날 것이며, 그렇지 않은 사람은 남도록 하라. 비록 천만 명의 군병이 병기를 들고 오더라도 이를 막아낼 수 있다."

어윤중을 보냈는데도 보은에 수많은 동학도들이 모여 있다는 소식을 접한 고종은 3월 25일 정승과 원임대신들을 모아 놓고 대책회의를 열었다.

영의정(領議政) 심순택(沈舜澤)이 아뢰었다.

"연이어 전라도(全羅道)와 충청도(忠淸道) 도신(道臣)의 전보(電報)를 보고, 계속하여 충청감사(忠淸監司) 조병식(趙秉式)과 병사(兵使) 이용복(李容復)의 '장계'에 대한 등보(謄報)를 보니, 허망한 무리들이 날로 더욱 무리를 불러 모아 전라도와 충청도에 깃발을 세우고 서로 호응하고 있는데, 그들의 자취가 매우 헤아릴 수 없으므로 결코 타일러서 귀화시킬 수 없는 자들입니다. 비록 각 해도(該道)의 도신(道臣)들이 어떤 조치를 취했는지는 알 수 없으나, 지금 우환을 미리 막을 대책에 대해 그럭

저럭 날짜만 끌 수 없으며, 오직 단속하고 방비하는 데 달렸으니, 다시 관문(關文)을 보내 통지하여 며칠 이내로 해산시켜 보낸 후에 등문(登聞)하게 하는 것이 어떻겠습니까?"

고종이 하교했다. (…)

"요즘 동학당(東學黨)의 소란은 몹시 놀랍고 통분할 일이다. 지난번에 이 무리들이 상소를 올린다고 할 때에 즉시 엄하게 징계하였으면 혹 오늘날같이 창궐하는 폐단은 없지 않았겠는가?"

심순택이 다음과 같이 말했다.

"이 무리들이 패거리를 모아 한곳에 웅거하고 여러 날이 지나도록 흩어지지 않고 있으니, 지극히 통탄스럽습니다."

그때 고종은 '청(淸)나라 군사들을 데려다가 난을 평정하자'는 말을 꺼냈고, 정범조가 다시 아뢰었다.

"청나라 군사를 빌려 쓰는 것은 비록 다른 여러 나라와는 다르다고 하여도 어찌 애초에 빌려 쓰지 않는 것보다 더 나을 수 있겠습니까?"

고종이 청나라 군사를 빌려다가 동학도들을 해산시키고자 했지만 영의정 심순택을 비롯한 세 정승이 차병론을 강력하게 반대한 것이다.

3월 23일 동학 조직에서 뽑은 허연, 이중창, 서병학, 이희인, 손병희, 조재하 등과 면담을 가졌다. 그때 제기된 동학교단의 입장은 다음과 같았다.

"저희들은 선왕조의 덕하로 살아온 백성이며 천지지간에 무고한 창생이옵니다. 수도하여 오륜과 삼강의 밝음을 알고 마음속에는 중화와 오랑캐를 구별함이 있습니다. (…)

감사의 병폐는 이미 심해져서 저 무고한 창생들로 하여금 모두 도탄에 들어가게 하니 목숨 귀하기는 같은데 어찌 이렇게 잔

인합니까? 또 왜양이 우리 임금을 위협함이 극에 달했으나 조정에서는 이를 부끄럽게 여기는 사람이 없으니 임금이 욕되면 신하는 죽음으로 막는다는 의리는 어디에 있습니까?"

고종의 명을 받고 선무사로 내려온 어윤중은 동학의 교세와 도인들의 성향 내지는 실상을 비교적 자세히 알고 있었다. 척양척왜를 외치며 들떠 있는 동학도들에게 위압보다는 설득을 통하여 해산을 유도하고 있었다. 3월 27일 어윤중은 동학도를 만난 경위와 그들의 주장을 아래와 같이 '장계'로 올렸다.

"그들의 본뜻은 다만 한마음으로 척양척왜하여 나라에 충성을 다하려는 것뿐인데 방백과 장리들이 비류로 대하여 침탈하고 학대함이 끝이 없다고 합니다. (…) 오직 바라는 것은 우리들의 실정을 조정에 알려서 적자로 인정한다는 임금님의 밝은 뜻을 얻도록 하는 것이며 그리하면 마땅히 물러가서 생업에 힘쓰겠다고 말하였습니다."

'장계'를 올린 날 보은군수 이중익은 장안마을에 다시 찾아가서 "왜 즉시 해산하지 않고 깃발도 내리지 않느냐"고 추궁하였다. 동학도들은 그래도 흩어질 기미를 보이지 않고 경향 각지에서 수백여 명씩 계속 몰려들었다. 동학의 지도자들은 군수의 말에 이렇게 답변하였다.

"각 접의 인원수가 많아서 돌아가려고 하면 식별하기 어렵기 때문에 깃발을 걷지 못했다. 앞으로는 등불에다 접의 이름을 쓰는 것으로 바꾸겠다. 오늘 노약자를 먼저 돌려보냈으나 각 군현의 경계 지점에서 군교를 배치해서 막고 있기 때문에 돌아왔다. 나라에서 회신이 오는 것을 기다려 일제히 돌아가겠다."

이것은 엄밀한 의미에서 정부의 퇴산령을 거부한 것이나 다름없었다.

정부는 3월 28일 장위병 영장 홍계훈에게 병력 6백 명을 주어 보은으로 내려가기를 명했다. 3월 30일에는 기관포 3문을 가진 경군이 청주에 도착하였고, 4월 1일에는 1백 명의 군대를 거느린 청주 영장이 보은에 도착했다. 보국안민과 척양척왜의 주장을 외치는 동학도들을 조선왕조는 회유와 군대로 막으려 한 것이다. 동학교단의 지도부는 정면충돌과 해산, 두 가지 중 한 가지를 선택하지 않으면 안 될 기로에 섰다. 그러나 그 사정을 아는지 모르는지 동학교도들은 계속 집으로 돌아가기도 하고 찾아오기도 했다. 4월 1일 선무사 어윤중은 청주진 영장 백남석 및 보은군수와 함께 장안마을로 찾아와 강경한 고종의 윤음을 읽어주고 해산을 명령했다.

"너희들은 감히 돌을 쌓아 진을 만들고 깃발을 높이 달며 창의라 칭하고 글발을 띄우거나 방을 내붙여 인심을 선동하고 있다. 너희들은 비록 사리에 어둡고 완고하다고 하나 어찌 나라에서 약속한 것을 듣지 않고 천하의 대의라고 버티는가.

무엇 때문에 화를 남에게 전가시키고자 하며 가산을 탕진케 하며 농사를 망치게 하는가. (…) 너희들은 부모의 말과 같이 들으면 감동이 북받쳐 오를 것이니 서로 알려서 해산하도록 하라. 너희들은 모두 양민이라 스스로 물러가는 자는 또한 전산을 마땅히 추환하여 안업케 할 것이니 의심하거나 겁내지 말라. 만일 이 타이름을 들은 후에도 계속 뉘우치지 않고 해산하지 않으면 나는 마땅히 큰 처분을 내릴 것이다."

그 말을 듣고 초기 동학의 강경 지도자였고 훗날 변절하고 만 서병학은 다음과 같이 말한 것으로 기록되고 있다.

"제가 불행하게도 여기에 들어와 사람들의 지목을 받은 지가 오래되었습니다. 마땅히 이곳에 모인 내력을 상세히 말씀드리지요. 지금 호남의 원평에 모인 무리들은 예사로 보면 같으나 종류가 다릅니다. 통문을 내고 방문을 붙인 것은 모두 그들이 한 짓이니 실정이 매우 수상합니다. 원컨대 공께서는 자세히 살피시어 결단하되 이들 무리와 혼동하지 말고 옥석을 구분해 주십시오."

그 말을 한 서병학과 교주 최시형을 비롯한 동학의 지도자들은 밤을 틈타서 도주하였다.

양호선무사 어윤중과 동학의 대표자들이 나눈 대담을 적은 『취어(聚語)』에 실린 글이다.

"최도주, 서병학 등은 2일에 밤을 타서 도주하였고, 도당 수만도 모두 흩어져 돌아갔다. 남아 있는 사람은 병자와 밥값을 내지 못해 붙잡혀 있는 자들이었다."

지쳐 있었던 동학교도들도 각기 고향을 향해 출발하고 말았으니 보은에서 모여 집회를 연 지 20여일 만이었다. 양호선무사 어윤중은 전라도 원평에 모인 동학도들의 해산 책임도 같이 지고 있었기에 보은 집회의 해산 과정을 '장계'로 올리고 전라도로 향하였다. 보은 집회가 해산하던 날 같은 날인 4월 3일에 원평 집회도 해산하고 말았으므로 안심하고 전라도로 향했다.

조선의 마지막 선비인 매천 황현이 지은 『매천야록』에는 '어윤중이 동학교도들을 편들다'라는 글이 실려 있다.

"동학 적당들이 드디어 해산하고 홍계훈이 군사를 이끌고 돌아오자, 조정에 축하하는 빛이 있었다. 그러나 적당들이 숨어 있어 근심은 그때부터 비로소 커졌다. 전라도와 충청도의 사대부들은 모두 어윤중이 실책을 저질렀다고 했다. (…) 윤중은 본래 풍수지리에 현혹되었는데, 스스로 풍수지리설에 정통하다고 생각했다. 윤중은 전후(前後)로 올린 '장계'에서 동학을 가리켜 비도라고 하지 않고 민당(民黨)이라고 하였으며, 서양의 민권주의자들과 같은 점이 있다고 하였다. 그러나 식자들은 그가 실언을 했다고 탓했다."

매천은 실학자로 국가로부터 녹을 받는 벼슬을 한 것은 아니지만 조선왕조에서 한 치도 벗어날 수 없는 유학자였다. 그런 연유로 동학을 불순한 무리로 본 것이고, 어윤중은 시대를 앞서 나간 그 시대에 통용되지 못한 지식인이었음을 알 수 있다.

반봉건, 반외세의 입장을 분명히 드러내고 전면적 항쟁에 나서려 했던 보은 집회에서 서병학과 교단의 지도자들이 도망갈 수밖에 없었던 이유를 무엇이라고 설명할까. 여러 가지 이유가 있을 것이다. 2만여 명에 이르는 동학도들이 먹어야 하는 곡식을 마련할 수가 없었고 3월 29일에는 6백여 명에 이른 정부군이 청주에 파견되었으며, 청주 영군 백여 명이 장내리에 도착하여 주둔하고 있었다. 하지만 그보다 더 중요한 것은 해월이 끊임없이 잠행하며 이루어 놓은 교단이 무너지는 것을 염려했을 것이다. 또한 아직도 그들이 기다리는 시기가 이르지 않았다고 생각했을 것이다.

그러나 서병학은 내심, 동학혁명의 성공과 실패의 갈림길에서 또 다른 길을 예비했었음이 훗날 그의 행적을 통하여 검증되고 만다.

'척왜양창의'의 기치를 내걸고 일어섰던 보은 집회와 원평 집회를 해산시킨 정부에서는 4월 10일(양력 5월 25일) 동학의 지도자들을 체포하라는 영을 내렸다.

"서병학의 입을 통해 발문을 짓고 방을 붙인 자들의 이름이 밝혀졌으니, 당연히 이러한 사실을 조사해야 할 것이다. 각 도신(道臣)은 호서의 서병학, 호남의 김봉집과 서장옥을 체포하여 조사한 후 보고하라." 『일성록』에 실린 글이다.

서장옥은 공주와 삼례 교조신원운동 때 활동했던 인물이기는 하지만 원평이나 보은 집회에는 그 이름을 올리지 않았던 사람이고, 김봉집은 그 어느 곳에도 이름이 들어 있지 않은 사람이다.

4월 2일 보은 집회 현장에서 동학도들에게 해산 명령을 내린 해월은 아들 최덕기와 김연국을 데리고 인동현을 거쳐 칠곡의 율림리 곽우원의 집으로 내려가 3개월간 머물렀다. 7월에는 김천의 어모면에 있는 편사언의 집으로 갔고, 그때 다시 서병학이 찾아와 교조신원운동을 벌이자고 했지만 해월은 거절했다. 8월에는 현재 옥천군 청산면이 된 청산에 사는 김성원의 집으로 이사를 갔고, 그곳에서 해월의 아들인 덕기가 열아홉 살의 나이로 세상을 떴다.

그해 11월 해월은 김연국에게 구암(龜庵)이라는 도호를 내렸고, 그때 전라도 고부 일대에서는 동학으로 입도하는 사람들이 밀물처럼 밀려들었고, 그 틈을 타서 세상을 뒤흔들 일이 일어나고 있었다.

"노비로 도둑을 따르는 자는 말할 것도 없거니와 비록 도둑을 따르지 않는 자도 모두 도둑들에 묶여 상전을 겁주었다. 그래서 노비문서를 불태워 강제로 해방시킨 뒤 양인으로 만들게 하였다. 혹은 그 주인을 결박해서 주리를 틀고 매질을 하였다. 노비를 둔 자들은 지레 겁을 먹고 노비문서를 태워 그 화를 풀었다. 순박한 노비들은 더러 태우지 말기를 원하였다. 하지만 그 세가 원체 드세어서 노비의 상전들이 더욱 두려워하였다. 혹 사족이나 노비 상전들이 노비와 함께 도둑을 따르는 자들은 서로 접장이라 불러 그 법을 따랐다. 백정 재인들이 평민 사족과 맞절을 하자 사람들은 더욱 이를 갈았다." 매천 황현이 『오하기문』에 수록한 것처럼 반상의 차별이 없어지고 세상이 새롭게 열리고 있었다.

11장

전라도 고부에서 동학농민혁명이 일어나다

"1893년(癸巳) 11월 15일에 전라도 고부, 전주, 익산 등 각 군에서 마치 약속이나 한 듯이 민란이 한꺼번에 일어난 일이 있었다. 횡포, 탐학, 강압으로 가결전(加結錢), 가호전(家戶錢), 무명잡세며, 국결환롱(國結幻弄)과 백지징세(白地徵稅), 유망(流亡), 진결, 은결, 허복, 불효, 불목, 불경, 독신, 상피 등 죄목으로 옭아매어 백성들을 들들 볶아 먹는 까닭이라." 오지영의 『동학사』에 실린 글이다. 그와 같이 지방에 파견된 조선의 관리들은 온갖 방법들을 만들어서 백성들을 들볶았다.

그중 고부군수 조병갑의 탐학은 타의 추종을 불허했다. 안핵사 이용태가 열거한 조병갑의 만행을 보자.

1. 이결(移結)하면서 착복하고 2. 운반할 때 손실되었다는 명목으로 다시 부족미를 거두어 착복했으며 3. 도망친 농민의 결세(토지세)를 나누어 물게 하여 착복했으며 4. 버려진 논을 개간하게 한 다음 세금을 매겨 착복했으며 5. 만석보와 팔왕보 수세를 각각 가두어 착복했다.

그 당시 호남평야는 내리 3년간 가뭄이 들어 그 일대 고을 사람들은 먹고살기도 막막했다. 호남평야는 넓은 강이 없어서 물이 부족했다. 그렇기 때문에 농사철에 하늘에서 내리는 비가 없으면 농사를 지을 수 없는 천수답(天水畓)이 대부분이었다.

조병갑은 동진강 상류 만석보 밑에 필요도 없는 보를 쌓으며 재산가들에게서는 경비를 거두어들이고 빈민들에게는 보수도 없이 일을 시켰다. 보를 쌓는 데 필요한 재목은 주변의 주민들 선산에서 마구 베어왔다. 보를 쌓으면 가을걷이 때 절대 수세를 물리지 않겠다고 약속했다. 하지만 이 말은 지켜지지 않았다.

1893년 11월 고부 일대의 농민들이 조병갑의 탐락을 진정하는 합법적인 등소를 올린다. 오지영은 『동학사』에서 등소 과정을 이렇게 적고 있다.

"고부의 백성들은 극도의 격분이 생겨 고부 16면 수백 동리에 있는 수만 명의 인구들은 일시에 일어났다. 그 백성 중에 장두(狀頭)로 나선 사람은 전창혁(全彰赫, 전봉준의 아버지: 인용자), 김도삼(金道三), 정일서(鄭一瑞) 등 세 사람이며 세 사람 중에는 전창혁이 수장두(首狀頭)가 되었다. 고부 백성들은 이 여러 가지 원통한 사정을 들어 본군수(本郡守) 조병갑에게 등소를 하였다. 군수 조병갑은 이것을 난민이라고 하여 장두 세 사람은 곧 때려 가두고 전라감영에 보장(報狀)을 올려 장두 세 사람을 감영에 이수(移囚)하게 하고 여러 백성들은 두들겨 몰아냈다. 이때 전라감사 김문현(金文鉉)은 장두들이 많은 백성들을 충동시켜 난을 일으킨 것이라 하여 엄형으로써 장두들을 징벌한 후 다시 영을 내려 고부 본옥에 이수하고 엄형납고 하라 하였으므로 장두 세 사람은 모두 고부군에 내려와 중장을 맞고 옥중에서 체수하였던 바, 수장두 전창혁은 마침내 옥중에서 죽고 말았다."

드디어 전봉준을 비롯한 농민들은 고부면 신중리 주산부락 송두호의 집에 모여 그 유명한 사발통문을 작성했다.

"민중(民衆)들은 처소(處所)에 모여서 말하되 '낫네 낫네 난리(亂離)가 낫서' '에이 참 잘 되얏지 그냥 이대로 지내서야 백성(百姓)이 한 사람이나 어디 나머 잇겟나' 하며 기일(期日)이 오기만 기다리더라. (…)

1. 고부성(古阜城)을 격파(擊破)하고 군수(郡守) 조병갑(趙秉甲)을 효수(梟首)할 사(事)

2. 군기창(軍器倉)과 화약고(火藥庫)를 점령할(占領)할 사(事)

3. 군수(郡守)에게 아유(阿溜)하야 백성을 침탈(侵奪)한 탐관오리(貪吏)를 징벌(擊懲)할 사(事)

4. 전주성(全州營)을 함락(陷落)하고 서울(京師)로 직행(直行)할 사(事)"

사발통문을 작성하고 치솟는 울분으로 고부관아를 쳐들어갔다. 하지만 조병갑은 도망을 가고 없었기에 무리들을 해산하고 귀추를 주목하고 있었다. 그런데 해가 바뀐 1894년 정월 초 고부군수 조병갑이 다시 부임해 왔다. 전봉준을 비롯한 고부 농민군들은 조병갑의 재부임에 감정이 폭발하였다. 1월 10일 밤 수천 명의 농민군들이 손에 손에 죽창을 들고 말목장터에 모여들었다.

"아녀자와 노약자를 제외하고는 이곳을 떠나지 말라. 이 기회를 놓치면 영원히 후회하게 된다. 탐관오리를 물리치고 마음 놓고 살기 위해 고부관아로 쳐들어가자."

말목장터 감나무 아래에 있던 농민들은 새벽을 틈타 고부관

말목장터 감나무

아를 들이쳤다.

조병갑은 이미 도망가고 없었다. 농민군들은 원성의 표적이
된 만석보를 허물어버렸고 일부 농민들이 백산으로 달려가 백

산성을 쌓았다. 새 군수 박원명의 회유책에 농민군은 해산하였다. 그러나 안핵사 이용태는 상상도 못 할 만행을 저지른다. 전봉준은 태인 접주 김개남, 무장 접주 손화중, 원평 접주 김덕명과 무장봉기를 준비한다.

전봉준은 3월 13일 부하 50여 명만을 거느리고 무장으로 내려와서 무장의 손화중을 만났다. 그들은 세상을 바로잡고 일본군을 물리치기 위해 1894년 3월 20일 무장현 동음치면(현 공음면 구암리 구수마을) 당산에서 포고문과 함께 행동 지침을 포괄하는 4대 명의를 발표하였다.

본격적인 동학농민혁명의 시작이었다. 무장기포를 통하여 세력을 키운 동학농민군은 곧바로 백산으로 진격했다. 해발 47.5미터의 작은 산, 그러나 사방 몇십 리 안에서 가장 큰 산이 백산이다. 계화, 김제, 배들의 너른 평야가 한눈에 들어오는 천연의 요새 백산, 126년 전 이곳에는 보국안민의 기치를 내건 농민군의 봉화가 솟구쳤고, 반봉건의 핏발 서린 격문(檄文)이 벅찬 감동으로 이 나라 민중들을 일깨웠다.

"우리가 의를 들어 이에 이름은 그 본의가 결코 다른 데에 있지 아니하고 창생을 도탄 속에서 건지고 국가를 반석 위에 두고자 함이다. 안으로는 탐학한 관리의 머리를 베고 밖으로는 횡포한 강적의 무리를 구축하고자 함이다. 양반과 부호 앞에서 고통을 받는 민중들과 방백과 수령 밑에서 굴욕을 받는 소리(小吏)들은 우리와 같이 원한이 깊은 자라 조금도 주저하지 말고 이 시각으로 일어서라. 만일 기회를 잃으면 후회하여도 돌이키지 못하리라. 갑오 삼월 호남창의대장소 재백산."

중의에 따라 대장에 전봉준, 총관령에 손화중, 김개남, 총참모에 김덕명과 오시영, 영솔장에 최경선, 비서에 송희옥과 정백

현이 추대되었다. 동학농민군은 본격적으로 보국안민·척양척왜로 무장하고서 농민군 4대 강령을 선포했다.

1. 사람을 함부로 죽이지 말고 가축을 잡아먹지 말라
2. 충효를 다하여 세상을 구하고 백성을 편안케 하라
3. 왜놈을 몰아내고 나라의 정치를 바로잡는다
4. 군사를 몰아 서울로 쳐들어가 권귀들은 모두 없앤다

혁명의 불길은 나라 전역으로 끝도 모르게 번져 갔다. 깜짝 놀란 정부에서는 영관 이경호를 비롯한 감영군과 보부상 부대 2천여 명을 급파했다. 동학농민혁명사에 분수령을 이루는 황토현 전투의 시발이었다.

4월 7일 농민군들은 화호나루에 있는 감영군을 백산 쪽에서부터 유인했다. 부안 쪽으로, 평교리로, 고부로, 잡힐 듯 잡힐 듯 도망가는 농민군들을 쫓기에 지친 감영군들은 그날 밤 술에 취한 채 여자들과 함께 잠들었다. 그사이 봉홧불이 올랐다. 북소리가 둥둥 울렸다. 총이 불을 뿜었다. 영관 이경호가 죽고 영군 482명, 보부상 162명과 농민군 6명이 죽었다. 그 안개 짙은 밤 처절했던 황토현의 싸움을 오지영은 『동학사』에서 이렇게 적고 있다.

"선발대(전봉준이 감영군에 보낸 위장 보부상 부대: 인용자)들은 건장한 걸음으로 기운 있게 내달아 바로 중봉을 향하여 올라서며 일성의 대포 소리를 발하였다. (…) 그 밤으로 돌아서서 그 산 전후좌우 요긴처에 몇천 명씩 매복하였던 그 군사들이라. 궤산(潰散)하던 관병과 부상군은 다 죽어버리고 살아 돌아간 자는 불과 수십 명이 되지 못하였다."

동학군이 넘나든 정읍과 장성 사이의 갈재

동학란이라고 부르던 그날의 그 역사를 '동학혁명'이라고 부르게 된 것은 박정희가 집권한 제3공화국 때였다. 이곳에 황토현 기념탑이 세워진 것은 전두환 정권 때였다. 황토현 기념탑 뒷면에는 '가보세 가보세 을미적 을미적 병신 되면 못 가리'라는 참요(讖謠)가 새겨져 있다. 갑오(1894), 을미(1895), 병신(1896)년 절호의 기회를 놓치면 다시는 나라를 구할 수 없다는 농민군들의 절박한 심정을 단적으로 나타내고 있는 노래다.

황토현에서 크게 이긴 농민군은 고창과 무장으로 향했다. 남쪽으로 기수를 돌렸다. 영광과 나주를 거쳐 장성의 황룡강 싸움에서 크게 이긴 동학농민군은 삼남대로의 중요한 고개인 갈재를 넘고, 정읍, 김제, 금구를 거쳐서 마침내 전라도의 수도 전주성으로 입성했다.

동학농민군의 전주성 점령의 가장 큰 의의는 이 나라 역사에서 유일하게 민중이 승리한 쾌거였다는 점이다. 호남 최대의 관문이며 호남의 심장부인 전주성의 함락은 조선왕조에게는 치명적인 타격이었고 농민군에게는 길이 빛날 승리였으며 농민전쟁 중 최대의 승전이었다. 당시의 상황을 오지영은 『동학사』에서 이렇게 적고 있다.

"이때는 사월 이십칠일 전주 서문 밖 장날이라 무장, 영광 등지로부터 사잇길로 사방으로 흩어져 오던 동학군들은 장군들과 함께 싸여 미리 약속이 정해져 있던 이날에 수천 명의 사람들은 이미 시장 속에 들어와 있었다. (…)

서문에서 파수 보는 병정들은 어찌 된 까닭을 몰라 엎어지며, 자빠지며 도망질을 치고 말았다. 삽시간에 성안에도 동학군의 소리요, 성 밖에도 동학군의 소리다. 이때 전봉준은 천천히 대군을 거느리고 서문으로 들어와 좌를 선화당에 정하니, 어시호 전주성은 함락이 되었다."

전주성 함락 소식이 전해지자 척신파 민영준 등은 일부 대신들을 움직여, 청나라 병사들을 보내달라는 조회문을 원세개에게 보냈다.

그때 조선 땅은 이미 청·일의 각축장으로 변모하고 있었다. 민영준이 원세개에게 청명을 요청하였고, 일본은 일본대로 청의 조선 진출을 막고 일본 세력을 조선에 부식시키고자 조선으로 들어왔다. 여러 가지 복잡한 국내외의 상황이 농민군과 경군이 전주화약(全州和約)을 맺게 만드는 결정적인 역할을 했다. 홍계훈은 전주화약의 뜻을 전봉준에게 전했고 전봉준은 직속 참모들과 논의하여 폐정개혁안의 조목을 적어 홍계훈에게 보냈다. 27개의 폐정개혁안 중 지금 남아 있는 조목은 오지영의 『동학사』에 나오는 대표적인 12개 조항이다.

1. 도인과 정부 사이의 쌓인 원한을 풀고, 같이 서정에 협력

할 것

  2. 탐관오리는 그 죄목을 조사하여 일일이 엄징할 것

  3. 횡포한 부호가는 엄징할 것

  4. 불량한 유림과 양반은 엄징할 것

  5. 노비문서는 소각할 것

  6. 칠반천인의 대우는 개선하고, 백정들이 머리에 쓰는 평량
립을 없앨 것

  7. 청춘과부의 개가를 허락할 것

  8. 무명잡세는 일절 없앨 것

  9. 관리 채용에는 지벌을 타파하고 인재를 등용할 것

  10. 왜와 밀통한 자는 엄징할 것

  11. 공사채를 막론하고 기왕의 것은 무효로 할 것

  12. 토지는 평균으로 분작케 할 것

  홍계훈은 전봉준이 제시한 폐정개혁안을 받아들였다. 5월 6
일 홍계훈이 "귀화하는 자는 각 읍, 각 면, 각 리로 명령하여 해
치지 않도록 할 것이다. 해산하여 집으로 돌아가 생업에 종사하
고 새 삶을 누리도록 하라"고 하였다. 이로써 5월 7일 역사적인
전주화약이 맺어진 것이다. 그 결과 경군은 경군대로 전주성을
수복하여 체면을 세웠고, 농민군은 농민군대로 다음을 기약할
시간을 벌었다. 전주성을 점령한 농민군이 전주화약을 맺고 전
라도 53군현에 집강소를 설치하고부터 나주는 농민군과의 혈전
을 예고하고 있었다. 농민군들은 농민혁명에 참여했던 그대로
집으로 귀화했고 전봉준은 장성, 담양, 옥과, 남원, 창평, 순천,
운봉을 거쳐 집으로 돌아갔다.

  매천 황현은 『오하기문』에서 김개남을 이렇게 적고 있다.

"봉준과 기범의 나이는 모두 마흔 살쯤 되었다. 기범의 집안은 태인 지방에서 몇 대에 걸친 토호였던 까닭에 그 지방 사람들은 이들 집안을 '도강 김씨(道康 金氏)'라고 불렀다. 시풍(始豊) 또한 이들과 한집안 사람이다. 기범의 사람됨은 음험하면서도 의지가 굳은 면이 있어 자못 무력으로 사람들에게 군림하였다. 그리하여 난이 일어났던 초기에 그 집안사람들은 대부분 그를 따라 난에 참여하게 되었으며 도강 김씨 중에 접주가 스물네 명이나 있었다. 기범은 자기 스스로 "꿈에 신령이 나타나 손바닥에 '개남(開南)' 두 자를 써 주었다"고 말하면서 '개남(開南)'으로 호를 삼았다."

그러나 동학군과 관군이 맺은 약조는 지켜지지 않았다. 전봉준은 원평에서 2차 기포를 숙고했고, 9월 4일에 다시 삼례에서 기포했다. 고부의 농민봉기와 무장기포에서 전주화약까지의 1차 봉기는 반봉건 투쟁이라고 할 수 있다. 그러나 삼례에서 재기병한 2차 봉기는 한 단계 더 진전된 상황이었고 다른 민족과의 완전한 전쟁이라고 보는 것이 타당할 것이다.

대세를 지켜보던 전봉준이 전라도 각지에 격문을 띄워 동학농민군 4천여 명을 삼례에 재집결한 것은 9월 초순이었다. 오지영의 『동학사』에 의하면 전라도 27개 고을에서 모인 농민군이 11만 5천 명 정도 된 것으로 기록되어 있다. 동학농민군들은 그들 스스로를 의병이라고 불렀고, 어느 때보다도 사기가 충천했다. 황토현, 황룡강 싸움의 승리도 승리려니와 전주화약 이후 농민통치까지 경험한 그들에게 무서운 게 그 무엇이 있었으랴. 하지만 남접과 북접의 시국을 바라보는 차이를 좁히지 못한 남북접 회담은 결렬되는 것이었다.

우여곡절 끝에 해월 최시형은 북접의 각 도에 통문을 발하여 청산 집회를 소집했다.

"인심이 곧 천심이고 이는 천운이 이르는 바이다. 고로 너희들은 도중을 동원하여 전봉준과 협력, 이로써 교주의 사면을 풀고 나아가 우리 도의 대원을 실현시켜라."

농민군들은 위봉산성에 있는 무기와 화약을 실어다가 농민군의 무장을 강화하였다. 무기가 지급되지 않은 농민군을 위하여 왕궁면 왕궁리의 대나무를 베어다 죽창을 만들어 지급하였다. 모든 준비는 이제 끝났다. 내일은 논산, 모레는 공주, 그리고 글피는 서울. 이렇게 진격을 시작했다. 손화중은 광주로 갔고 김개남은 49일을 머물러 있어야 한다는 참서의 내용을 내세워 남원에서 움직이지 않았다. 농민군들은 서울로 가는 대장정에 접어들었다. 그때가 9월 중순이었고 공주에서 운명을 건 한판 싸움에 들어갔다.

공주 시내와 우금고개 견준봉 일대에서 농민군과 연합군이 사활을 건 전투를 며칠간이고 계속했다. 칼과 낫과 몽둥이를 들고 물밀듯 산으로 올라갔다가 짚단처럼 쓰러지고 또 쓰러짐을 보다 못한 아낙네들까지 치마에 돌을 날라다 주었던 그 싸움을 우리 어찌 잊겠는가. 훗날 전봉준은 『공초』에서 그때의 상황을 이렇게 말하고 있다.

"공주 감영은 산으로 둘러싸이고 강을 끼어 지리가 유리한 형세를 가진 고로 이곳에 근거하여 지키고자 하였다. 그러나 일본병을 용이하게 격파하지 못함에 공주에 들어가 일본병에게 격문을 전하여 대치코자 하였으니 사세가 접전하지 아니할 수 없는 고로 제1차 접전 후 1만여 명의 군병을 점고한 즉 남은 자가 불과 3천 명이요, 그 후 또 2차 접전 후 점고한 즉 5백여 명에 불과하였다."

공주 우금치 탑

　농민군은 11월 11일 농민군으로 변장한 관군의 기습공격에 많은 연환과 대포를 빼앗겼다. 그 전투에서부터 전의를 상실해서 더 이상 공주성 싸움 자체가 승산이 없음을 알게 된 전봉준은 11월 12일 후퇴를 명령했다.

11월 11일 금산을 출발해서 회덕을 함락하고, 11월 13일 청주성을 공격한 김개남 부대도 무참히 패배하고 말았다. 전하는 말로는 청주성 싸움에서 북접의 도인들은 총칼을 들고도 싸움에 임하지 않고 가슴에 부적을 붙인 채 '시천주조화정영세불망만사지(侍天主造化定永世不忘萬事知)'라는 동학의 본주문(本呪文)만 외웠다고 한다. 총알도 피해 간다고 믿었던 부적이나 주문이 도대체 농민군들에게 무슨 의미가 있었을 것인가. 그렇다면 우금고개 공방전이나 청주성 싸움에서 패배한 동학농민군들이 죽기 전까지 기다린 것은 무엇이었을까?

동학을 창시한 수운 최제우는 한울이 사람 속에 개화만발(開花萬發)하는 것을 '만년 나무에 천 떨기 꽃이 활짝 피어나는 만세춘(萬歲春)'이라 하였다. 즉 '영원한 봄의 성취'라고 하였다.

동학농민혁명이 끝난 그 후

1894년에 일어난 동학농민혁명으로 숨져 간 사람이 적게는 30만 명, 많게는 50만 명이 되었다. 동학지도자들의 후손들은 어땠을까? 전봉준은 후손도 없이 사라져 갔고, 김개남은 아들이 성을 박씨로 바꾸어 살아남았다가 1955년에야 도강 김씨를 되찾을 수 있었다. 손화중은 아들 하나가 이씨로 성을 바꾸어 후손들이 이어졌다.

공주의 곰나루 금강은 갑오년 겨울에 삼팔선이었고, 휴전선이었다. 그렇게 가고자 했던 서울길, 공주를 함락하고 서울로 진격해서 후천개벽 참세상을 열어 젖히리라던 동학농민군의 간절한 기원은 금강에 푸른 물살로 흘러가버리고 말았다. 갑오년 동짓달 곰나루를 건너지 못한 전봉준은 섣달에야 다리가 부러진 채 들것에 실려 금강을 건너갔고, 김개남은 그 목만 상자에 담겨

공주 금강 곰나루

건넜으며 손화중, 최경선, 김덕명은 밧줄에 묶여서 올라갔다.

1894년 11월 4일 자 『고종실록』에는 「중앙과 지방에 일본군
을 도우라고 칙유하다」라는 글이 실려 있다.

"일본(日本) 국가는 우호 관계가 중요하다는 것을 생각하고
앞장서 힘쓰면서 작은 혐의를 피하지 않고 우리에게 자립(自
立)하고 스스로 강하게 될 방도를 권하였으며 그것을 세상에
천명하였다. (…) 지난번에 우리 정부에서 일본 군사의 원조를
요청하여 세 방면으로 진격하였는데, 그 군사들은 분발하여 자
신을 돌아보지 않고 적은 수로 많은 적을 친 결과 평정될 날이
그리 멀지 않았다. 일본으로서는 절대로 다른 생각이 없고 순
전히 우리를 도와 난리를 평정하고 정치를 개혁하며 백성들을
안정시켜 이웃 국가와의 우호 관계를 돈독하게 하려는 호의라
는 것을 명백히 알 수 있다."

조선의 국왕인 고종도 그 당시만 해도 일본이 우리나라를
침략해서 속국으로 만들고자 했던 저의를 헤아리지 못했던 것

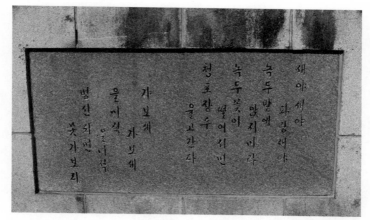

을 알 수 있다.

어지러운 세상 수난의 땅 남녘에서 태어났던 의로웠던 영웅 전봉준은 가슴에 사무치는 유시 한 편과 '새야 새야 파랑새야'만을 남기고 갔다. 그의 나이 마흔한 살이었다.

전봉준의 유시 '운명(殞命)'이다.

"때를 만나서는 천하도 힘을 합하더니(時來天地皆同力)
운이 다하여 영웅도 어쩔 수 없구나(運去英雄不自謀)
백성을 사랑하고 정의를 위한 길이 무슨 허물이냐(愛民正義我無失)
나라를 위한 일편단심 그 누가 알리(愛國丹心誰有知)"

김개남은 회문산 아래 산내면 종성리 매부 집으로 몸을 숨겼다. 그 마을에 옛 친구 임병찬이 있었다. 그는 아전 출신이었고 그 근방의 부호였다. 임병찬이 아랫마을에 있는 김개남에게 자

압송되어 끌려가는 전봉준

기가 있는 마을로 올라오라고 한 뒤 전주감영에 신고했다. 전라
감사 이도재(李道栽)는 강화 수비병의 종군이었던 황헌주와 포교
들을 보냈다.

김개남이 숨어 있던 집을 포위한 관군이 "어서 나와 포승줄을
받으라"라고 말하자 김개남은 측간에서 변을 보고 있다가 "올 줄
알았다. 똥이나 누고 나가겠다" 하고 껄껄 웃었다고 한다.

그를 잡아갈 적에 그가 혹시 도술을 부릴지 모른다며 열 손가
락 열 발가락의 손끝 발끝에 대꼬챙이를 박았다고 한다. 김개남
은 전주로 끌려가 전라관찰사 이도재의 즉결심판으로 전주 서교
장에서 효수당하여 고난에 찬 생애를 마감했다.

그 처형 상황을 황현은 이렇게 적어 놓았다.

"적 김개남이 형벌에 복종하여 죽음을 받았다. (…) 도재는 마
침내 난을 불러오게 될까 두려워 감히 묶어서 서울로 보내지 못
하고 즉시 목을 베어 죽이고 배를 갈라 내장을 꺼냈는데 큰 동이

에 가득하여 보통 사람보다 훨씬 크고 많았다. 그에게 원한을 가지고 있는 사람들이 다투어 내장을 씹었고, 그의 고기를 나누어 제사를 지냈으며 그의 머리는 상자에 넣어서 대궐로 보냈다."

그곳에서 두 사람이 모두 잡히지 않았다면 종성리에서 김개남을 만나 재기의 칼날을 갈았을 것이다.

김개남이 죽은 지 백 년이 넘은 1994년에야 전주 덕진공원에 신영복 선생이 글씨를 쓴 '개남아 개남아 김개남아'라는 추모비가 세워졌고, 그가 살았던 정읍시 산외면 동곡리 지금실마을에 '김개남 장군이 살았던 옛터'라는 유허비와 가묘를 세웠다.

"지상 천국을 건설하고자 하는 모든 기도는 비록 최고로 선한 시도에서 비롯된 것이라 하더라도 결국 '인간에 의한 인간의' 지옥을 만들 뿐이다." 칼 포퍼가 『열린사회와 그 적들』에서 말했던 것과 같이 제폭구민과 보국안민의 기치를 내걸고 일어섰던 동학농민혁명은 결과적으로 실패하고 말았지만 조선의 상황은 바람 앞에 등불 같았다.

"조선에서 서양 문명의 효모가 발효하기 시작한 것이다. 수세기에 걸친 잠에서 거칠게 뒤흔들며 깨워진 이 미약한 독립 왕국은 지금, 반쯤은 경악하고 전체적으로는 멍한 상태로 세상을 향해 걸어 나오고 있다. 이 왕국은 한 손엔 으시시한 칼을, 다른 한 손엔 미심쩍은 만병통치약을 든 낯선 세력에 휘둘리는 자신을 발견하고 있는 것이다." 이사벨라 버드 비숍의 『한국과 그 이웃 나라들』에 실린 그 당시의 조선 상황이었다.

1894년에 요원의 불길처럼 일어났던 동학농민혁명은 결국 막을 내리게 되었다. 하지만 그날의 함성이 결국 근현대사의 시작이 되었다. 그 바탕 위에서 증산교를 창시하여 화엄적 후천개벽

사상을 펼쳤던 강일순과 보천교를 창시한 차경석으로 그 맥이 이어지게 된 것이다.

12장

해월 최시형 고난의 세월 끝에 체포되다

1894년 갑오년에 일어났던 동학농민혁명은 수십만 명의 희생자를 내고 실패로 돌아갔다. 해월 최시형은 태인 전투가 끝난 후 손병희와 함께 임실·무주·영동을 지나 괴산으로 들어갔다. 괴산에서 최시형은 충주 주둔 일본 별창소에 두 차례의 글을 보냈다.

"(…) 비도의 뜻을 품은 서장옥(서인주)과 전봉준의 무리가 사문을 핑계대어 망령되이 척화라 일컫고 무지한 교도들을 선동하여 깃발을 내걸고 죽창을 든 행동이 아주 모질었습니다. 또 우리 북접을 끼고 때를 타서 함께 봉기하려 했으나 우리 북접은 각별히 스승의 훈계를 따라 굳게 따르지 아니했습니다. 저 남접이 무리를 모아 세력을 믿으며 사람을 죽인 것이 아주 많았습니다. 저희 북접은 죄를 짓지 아니했다고 생각합니다. 장차 무리를 들어 (남접을) 성토하려고 합니다." 『시천교종역사』에 실려 있다.

첫 번째 글을 보내고 뒤이어 두 번째 글을 보냈다.

"(…) 근래 한 지역이 겉으로 우리 교를 핑계대고 속으로 역적의 마음을 품고서 남접이라 자칭하고 도중을 규합하여 함부로 침폭하였습니다. 그리하여 위로는 임금에게 근심을 끼치고 아래로는 백성에게 화를 부채질하였으니 지극히 통탄스럽습니다. 또 저네 서장옥, 허운초 등은 우리 북접이 결단코 움직이지 않는 것을 원망하여 교인들을 셀 수도 없이 살해하였습니다. 이와 같은 짓이 충군, 우국하는 마음이겠습니까? 지금 우리 북접은 차마 앉아서 그 곤궁함을 당할 수가 없어서 부득이 거의성토(擧義聲討)하려고 합니다. 대중이 모이는 날 저희들은 마땅히 이해로 깨우쳐 귀순케 하겠습니다." 『시천교종역사』에 실려 있다.

해월 최시형이 이런 글을 썼던 것은, 그 당시 상황에서 남아 있는 동학도들을 구하는 길은 그것밖에 다른 방법이 없다고 여겼기 때문일 것이다.

동학농민혁명은 갑오년에 종지부를 찍었고, 해월은 다시 잠행길에 접어들었다.

1895년 1월, 해월은 손병희를 불러서 충주와 청주 지역을 순회하도록 하였다. 그 뒤 손병희, 손천민, 김연국을 부른 뒤 의암(義庵), 송암(松庵), 구암(義庵)이라는 별호를 지어주면서 다음과 같이 부탁하였다.

"그대들 세 사람이 마음을 모으면 천하의 어떠한 힘도 우리 동학을 가로막을 수 없을 것이다. 세 사람은 깊이 명심하고 부디 내 이 말을 어기지 말라."

그리고 해월은 여러 곳에서 모인 도인들에게 오래간만에 다음과 같은 가르침을 내렸다.

"산 위에 물이 있다(山上之有水兮)는 말은 우리 동학의 근원을 가리키고 있다. 이러한 깊고 참된 이치를 알아야만 비로소 동학에서 가르치는 '개벽의 운수'와 '무한한 도' 같은 것을 깨달을 수 있다. 원래 나무에 뿌리 없는 나무가 없고, 물에 근원이 없는 물이 없다. 나무나 물 따위도 이러하거늘, 하물며 고금에 없는 아주 새로 세워진 우리 동학의 전통은 더 말할 나위가 없다. 서로 전하여 받고 물려준 심법(心法)이 없이 스스로 깨달을 수는 없다. (…)

나면서부터 모든 것을 환히 아는 사람이 아닌 이상 반드시 밑으로부터 차례로 배워 올라감으로써 높이 발전할 수 있다. (…) 그러므로 부디 마음을 밝히고 덕을 닦는 데 힘쓰라! 늙은 내가 이렇게 타이르는 말을 저버리지 말고 더욱더 도를 닦고 익히는 공부에 힘쓰라."

해월 일행은 자주 그 거처를 옮기며 세상의 이목을 피해 살았다. 충주에서 음성으로, 상주로 옮겼다가 1896년 2월에는 지금의 이천인 음죽으로 거처를 옮겼다. 거처를 계속 옮기면서도 각처의 두령들에게 포교를 멈추지 않았던 해월은 1897년 4월 5일에 경기도 이천시 설성면 수산리 앵산동 마을로 숨어들었다. 마을 앞에 작은 산 하나가 있는데 밖에서 보면 그 산으로 인해 마을이 안 보이고, 안에서는 밖에서 오는 모든 사람들을 살필 수 있다. 이 마을에서 해월은 향아설위(向我設位)를 가르친다. 향아설위란 제사를 지낼 때 위패와 밥그릇을 벽 쪽에 갖다 놓았던 이제까지의 고금동서의 일관된 제사 양식인 향벽설위(向壁設位)를 바꾸어 제사 지내는 법이다. 그것은 살아 있는 사람 즉 자기 앞에 위패를 갖다 놓고 제사를 지내는 혁명적 제사를 일컫는다.

이천 앵산동

　"물론 부모의 귀신이 자손에게 전하여 왔으며 선생님의 귀신이 제자들에게 내려왔을 것으로 믿는 것은 이치에 합당하다. 그러면 내 부모를 위하거나 선생님을 위하여 제사를 지낼 때, 그 위패를 반드시 그 제사를 지내는 나를 향해서 놓는 것이 가한 일이 아니냐. 아무리 생각해 보아도 또 누가 생각한다 하더라도 죽은 뒤에 귀신이 살아 있다는 것을 믿는다면, 그 귀신은 훗날 사람의 마음과 정신을 버리고 어디에 의지하고 어디에서 배회하겠는가? 그러므로 제사 지내는 나, 즉 상제 앞으로 위패나 메밥그릇을 돌려 갖다 놓는 것은, 바로 직접적으로 한울님과 사람이 하나라는 위치를 표시하는 것이며 천지만물이 내 몸에 갖추어져 있는 그 이치를 밝히는 것이다."

　그 밤을 지내고 해월 최시형은 손병희에게 향아설위에 대하여 이렇게 말하였다.

　"내가 어젯밤에 앞으로 오만 년을 바꾸지 못할 법을 새로 만들었다."

해월 최시형 선생은 물이 흔한 앵산에서 '향벽설위'를 '향아설위'로 바꿀 것을 처음 제안했다. 해월 선생은 형식에 치우친 겉치레를 좋아하지 않았다. 그러므로 맑은 물 한 그릇으로 모든 의식을 치르기를 권고했다. 해월은 그곳에서 몇 개월을 보낸 뒤 1897년 7월에 원주로 옮겼다가 다시 홍천군 서면으로 거처를 옮겼다.

해월은 가는 곳마다 신도들에게 알기 쉬운 말로 설법을 했다.

"누가 나에게 어른이 아니며, 누가 나에게 스승이 아니라 하리오. 부인과 어린아이의 말이라도 배울 만한 것은 배우고 스승으로 모실 만한 것은 스승으로 모시노라."

"사람을 대할 때에 언제나 어린아이와 같이 하라. 항상 꽃 피는 듯한 얼굴을 가지면 가히 사람들을 융화하고 덕을 이루는 데 들어가리라."

"한 사람이 착해짐에 천하가 착해지고 한 사람이 화해짐에 한 집안이 화해지고 한나라가 화해짐에 천하가 같이 화해지리니 비가 몹시 내리듯 하는 것을 누가 능히 막으리오."

그 뒤 1898년 2월 여주의 도인 임학선의 주선으로 원주의 끝자락에 있는 호저면 고산리 송동으로 옮겼다. 그때 경무청에서는 계속 해월의 뒤를 쫓고 있으면서 정보원들을 동학교인들에게 침투시키고 있었다. 그들은 송일회라는 교인을 포섭하는 데 성공하고, 해월의 사위 집에서 머슴살이를 하고 있던 박윤대를 포섭한 뒤 해월의 거처를 알아냈다. 1898년 4월 5일은 수운의 탄신일이다. 서로 모여 기념행사를 하는 그날, 동학의 지도자들이 다 모였을 때 모조리 생포하려는 계획을 세웠다.

그 무렵 해월은 계속 불길한 예감을 떨치지 못했기 때문에 손병희와 김연국 등에게 말했다.

"내가 깊이 생각하는 바가 있네. 이번 기념일은 혼자서 지낼 것이니, 그대들은 이번 기념일만큼은 각자 집에서 조용히 지내게."

그것이 그를 따랐던 제자들에게 남긴 마지막 말로 해월의 스승 최수운도 마지막 밤 그와 같은 말을 남겼었다. 사십 년을 보따리 하나 둘러메고 도망만.다녀서 '최보따리'라고 불린 최시형은 1898년 4월 5일 치악산 근처 원주군 서면에 있는 제자 원덕여의 집에서 관군에게 붙잡혔다. 경무청에서 집을 에워싸고 다 뒤졌어도 해월 한 사람만이 있을 뿐이었다. 서울로 압송되던 길에 원주의 초입에 있는 문막을 지날 때 여주에 사는 교인 황경신이 해월이 붙잡혔다는 소식을 듣고 대기하고 있었다.

해월 선생을 본 황경신이 해월의 옷자락을 붙잡고 통곡을 하자 순검들이 황씨를 잡고서 마구 때리고 발로 찼다. 그때 해월은 호통을 치면서 그들을 꾸짖었다.

"이놈들아, 죄 없는 사람을 왜 때려! 죄 없는 사람을 때리면 도리어 그 죄를 받게 된다. 너희들은 하늘이 두렵지 않느냐."

해월은 처음에 경무청에 수감되었다가 서소문형무소로 이감되어 한 달 보름여를 지냈다. 그때 손병희를 비롯한 동학의 지도자들이 교인들과 연락하면서 해월을 뒷바라지했고, 그 뒤 고등재판소에서 재판을 받았다. 고등재판소의 판결에 따라 1898년 6월 1일 고등재판소 사형장으로 옮겨 수감이 되었다.

그때 판결선고서에 실린 해월의 죄상은 다음과 같다.

1. 그는 동학을 받아들이고, 이것을 열군(列郡) 각 도에 널리 퍼뜨렸다.
2. 그는 동학의 신도들을 모아들이고 그들을 조직하여 동학

의 교조 최제우의 신원운동을 감행했다.

3. 그는 충청도, 전라도 지방을 온통 뒤엎고 짓밟은 저 동학란의 배후 책임자였다.

그는 재판장 조병직과 조병갑에 의해 좌도난정의 죄목으로 6월 2일(양력 7월 18일) 서울의 감옥에서 교수형을 받았다. 그에게 사형을 내린 사람은 동학농민혁명을 발발하게 한 장본인 전고부군수 조병갑이었다. 다행인 것은 역모의 죄명은 추가되지 않았다. 그리고 사흘이 지난 6일 이종훈과 김준식 등의 제자들이 광희문 밖에서 스승의 시신을 찾아서 경기도 광주로 옮겼다. 그곳에서 기다리고 있던 손병희, 손천민, 김연국, 박인호 등이 광주에 사는 교인 이상하(李相夏)의 산인 지금의 여주시 금사면 주록리에 모시면서 해월은 한 많은 생을 마감했다. 해월의 나이 일흔두 살이었다.

해월이 체포된 뒤 제자들의 도피 행각이 시작되었다. 손병희와 손천민은 대부분 충청도 땅에서 활동했고, 김연국은 강원도 땅에서 활동했다. 그러던 어느 날 손병희가 큰 재를 넘어가게 되었다. 고요한 산길을 오르고 또 올라도 끝이 없었다. 배가 고픈 채로 오르다 보니 지치고 지쳐서 별생각이 다 들었다. 그래도 약해진 마음 다잡고 정상에 올랐는데, 그때 갑자기 사방이 눈에 확 트였다. 푸른 나무들에 뒤덮인 산들, 굽이굽이 흘러가는 강물들이 한 폭의 그림처럼 눈앞에 펼쳐졌다.

그러자 그처럼 배가 고팠던 것들이 다 사라지고 기운이 용솟음치는 것이었다. 흐르고 흘러 바다로 가는 강물을 굽어보면서 손병희는 시 한 수를 지었다.

"앉아서 그림 같은 강산을 보니 흐뭇하게 배가 부르다
이를 우주(宇宙) 사이에 뻗으면 천하가 다 배가 부르리"

괴테의 『파우스트』에서 메피스토펠레스에게 파우스트가 다음과 같이 말한다.

"네가 만약 나에게 어떤 아름다운 풍경을 보여준다면, 그때는 내가 너에게 '멈추어라. 순간이여, 너 정말 아름답구나' 하고 내가 경탄하는 순간, 그때는 누가 내 목을 쳐도 좋을 것이고 붙잡아가도 좋을 것이다."

일생을 살면서 그런 순간을 맞는 것이 쉬운 일이 아니다. 손병희는 구도를 통해 그 순간을 경험한 것이다.

"시천주(侍天主)의 시(侍)는 천주를 깨닫는 의식[각천주(覺天主)]이라, 천주라는 주(主) 자는 내 마음의 주인이요. 또한 의식함이다. 하늘의 뜻을 깨달으면 상제(上帝)는 곧 내 마음이니라. 천지도 내 마음이니 삼라만상이 다 내 마음의 일물(一物)이니라." 손병희가 『무체법경(無體法經)』의 「신통고장(神通考章)」에서 한 말이다.

해월은 그의 스승인 수운과 달리 그가 책으로 남긴 문장은 전해오지 않는다. 그가 동학에 입도해서 수운을 만난 것은 그의 나이 서른다섯 살이었다. 그때까지 그는 가난해서 공부를 할 여유가 없었다. 그런 연유로 수운의 가르침을 받은 그때부터 공부를 할 수 있었다. 그러나 해월이 공부를 할 수 있는 시간은 겨우 3년이었다. 수운이 1863년 12월에 관헌에게 체포된 후 해월은 숨어 다닐 수밖에 없었기 때문이다. 그가 남긴 저술이 없으므로 해월의 사상은 그의 제자들이 기억을 되살려 남겨 놓은 기록들에서 찾을 수밖에 없다.

동학 2대 교주 최시형(崔時亨, 1827~1898).
동학혁명 후기 북접(北接) 10만 병력을 이
끌고 공주(公州)에서 싸웠으나 참패, 피신
했다가 1898년 원주(原州)에서 피체 처형되
었다.

처형 직전의 해월 최시형

　"여러분은 '시(侍)' 자(字)의 뜻을 아는가? 시 자를 어떻게 해
석함이 가(可)한가? 사람이 태내에 생길 때부터 이 시 자의 의
가 성립된다고 봄이 가한가? 낙지(落地) 이후에 처음으로 시 자
의 의가 성립되는가? 입도하여 강령이 되는 날에 시 자의 의가
생긴다고 함이 가한가? 여러분은 이 시 자를 연구하라."『천도
교서』제2편에 실린 글이다.

"사람이 곧 한울이요, 한울이 곧 사람이니 사람 밖에 한울이 없고, 한울 밖에 사람이 없다"고 해월은 『법설(法說)』에서 말했다.

"하인, 어린이 및 동물들까지도 한울님처럼 대하라" 하고 가르쳤던 해월 최시형은 그렇게 세상을 하직했다.

"우리 도는 우리나라에서 나서 장차 우리나라 운수를 좋게 할 것이라. 우리 도의 운수로 인하여 우리나라 안에 영웅호걸이 많이 날 것이니, 세계 각국에 파송하여 활동하면 형상 있는 한울님이요, 사람 살리는 부처라는 칭송을 얻을 것이니라."

해월이 『개벽운수』에서 피력했던 말과 같이 동방의 한 귀퉁이에 보이지도 않게 숨어 있던 대한민국이 지금 열강의 틈바구니에서 열 손가락 안에 드는 경제대국으로 발돋움한 것은 국민 한 사람 한 사람이 영웅이자 한울님이라서 가능한 것이다.

"한울은 사람에 의지하고 사람은 먹는 데 의지하나니, 만사를 안다는 것은 밥 한 그릇을 먹는 이치를 아는 데 있느니라." 이렇게 말한 해월은 다시 "어찌 홀로 사람만이 입고, 사람만이 먹겠는가. 해도 역시 먹고 입고, 달도 역시 먹고 입느니라." 하면서 세상의 이치가 다 같은 것임을 논하였다.

"하늘의 일월과 무수한 별들, 땅에 있는 모든 것, 하찮은 미물, 이 모든 것이 하느님이 아닌 것이 없다"고 설파했다.

또한 해월은 '수심정기(守心正氣)'에서 "천지의 정신은 나로 하여금 잠에서 깨어나게 하며, 천지 정신이 총괄적으로 나 일신 가운데로 귀착한다"고 말하며, 모든 것이 "나에게서 비롯되어 나에게서 이루어진다"고 말한 뒤 다음과 같이 인간을 예찬했다.

"인간의 성령은 한울의 해와 달과 같으니 해가 중천에 이르면 만국이 자연히 밝고, 달이 중천에 이르면 무수한 강들이 자

연히 달을 반사하며, 성령이 중심에 이르면 온갖 몸체가 자연
히 평안하고, 심령이 중심에 이르면 자연히 신묘하게 자유로워
진다."

이렇듯 자연의 일부인 사람이 자연 속에서 개화만발(開花滿
發)하는 것이라고 말했던 해월 최시형은 동학농민혁명 이후 실
의와 좌절에 빠져 있던 우리 민족의 구성원들에게 큰 희망의
선물을 남겨 주었다.

13장

경상도 상주 은척, 동학사상의 빛을 잇다

애국지사들이 모여 경북 상주에 동학본부를 열다

최제우가 살았던 조선 후기 그 시대는 암흑의 시대였다. 그들이 펴고자 했던 사상은 국가적으로 보면 이단이었다. 봉건왕조, 신분 차별이 확연하던 그 시대에 모든 사람의 마음속에 한울님이 있다고 설파한 그의 사상은 얼마나 불온한 것이었던가. 결국 최제우는 대구 관덕당에서 비참하게 최후를 맞았고, 그의 사상은 최시형으로 이어졌으며 1894년 동학농민혁명으로 분출되었다. 1894년 요원의 불길처럼 타올랐던 동학농민혁명은 전봉준을 비롯한 동학의 중심 세력이 사라지면서 1894년에 막을 내렸다. 그와 달리 그때 살아남은 동학의 세력들이 마지막 결사항전을 벌인 곳은 완주군 운주면의 대둔산 자락이었다.

1895년 2월 17일 일본과 조선연합군은 특명을 받았다. '대둔산에 있는 적괴를 토벌하라'고 하였다. 새벽 5시를 기해 공격을 감행한 연합군은 그들의 근거지를 습격했고, 그곳에 남아 있던

26명의 동학군이 마지막까지 저항하다가 장렬하게 최후를 맞았다. 그 뒤 해월 최시형이 나라 곳곳을 숨어 다니며 동학을 재건하다가 1898년에 체포되어 최후를 맞았다.

또 하나의 맥이 가는 곳마다 파죽지세로 점령하고 무서운 혁명적 열기로 사방을 제패했으며 지리산을 넘어 하동, 진주까지 진출했던 동학의 세력이 김개남포의 세력인 김인배 부대였다. 영호 대접주로 진주, 광양, 순천 일대를 주름잡았던 김인배 부대가 천추의 한을 남기고 사라져 갔다. 하지만 김개남포의 잔존 세력들은 농민혁명이 끝난 후 지리산으로 숨어들었다.

그들이 결국 1차, 2차, 3차 지리산 의병전쟁의 주역이 되고 진주 형평사운동을 배후조종했으며, 고려공산당을 만든 김단야로 이어졌다. 그 뒤 증산교, 원불교, 대종교 그리고 보천교로, 민족민중운동의 중심 세력으로 오늘날까지 면면히 이어져 온 것이 동학농민혁명이었다.

"수운 최제우가 동학의 창도로 뿌린 씨앗은 그가 대구 장대에서 순도했지만 결코 죽지 않고 힘찬 개화기와 광복운동, 근대적 민족주의 운동의 정신으로서 민족의 생명력으로 근대화를 밑받침하는 민족주의의 원동력이 되었다."

신일철이 『동학사상과 동학혁명』 중 「천도교 교조 수운 최제우」라는 논문에서 갈파한 것과 같이 우리 민족에게 동학정신은 가열하게 이어졌고, 그리고 오랜 세월이 지나 경상도 땅으로 이어졌는데 경상도 상주시 은척면에서 동학의 맥을 이은 사람이 공주 사람인 김주희(金周熙)였다.

김주희는 충청남도 공주에서 태어나 할아버지인 남접 도주(南接道主) 김시종(金時宗)의 밑에서 동학을 공부했다. 김시종은 최시형(崔時亨) 등의 북접이 광제창생의 이념에 지나치게 철저한 것을 보았고, 그것이 수운 사상(水雲思想)에 어긋난다고 생각했다. 그는 최시형이 북접이라고 칭하는 것을 보고서 스스로 남접이라 말하며 경상도 안동 지방에서 포교하고 있었다.

최제우의 뜻을 후대에 이어가게 하는 것이 자신의 할 일이라고 생각한 김주희는 1904년 경상북도 상주군 화북면 장암리로 들어갔다. 하지만 교당을 세울 자금도 땅도 없어 고민하던 차 1910년 안동 사람 김낙세를 만났다. 김주희는 김낙세와 함께 1915년에 경상북도 상주군 은척면의 우복동(牛腹洞)이라고 부른 우기리의 자기 집에 동학본부라는 간판을 걸고 다시 포교를 시작했다. 이때 이곳에 김낙세를 따라온 안동 사람들이 많아서 이 마을을 안동촌이라고도 불렀다.

'인간은 만 사람이 평등하다'는 동학사상에 심취하여 평생을 동학의 재건과 포교에 힘을 기울였던 김주희는 기골이 장대했다. 김주희는 키가 8척쯤 되었고, 성품은 아주 엄격하고 괴팍했다고 한다. 며느리 곽아기의 증언에 의하면 "안채 마루에 서서 불호령을 내리며 왕죽을 내리치시면 처마가 들썩거릴 정도였다"고 하였다.

1922년 5월, 조선총독부의 공인을 얻은 김주희는 교당을 신축한 뒤 포교에 주력하였다. 1929년의 통계에 의하면 동학교당의 신자가 1천5백여 명에 이르렀다. 이 동학교당에서 1933년까지 경전 7권여 종과 가사 39권을 목판으로 발행하였다.

김주희는 동학의 정수인 『동경대전』과 『용담유사』를 변종해서 간행하였다. 그는 수운의 동학사상이 순도 뒤에 정형화되었다고 여기고 달리 해석했기 때문이고, 그 책들이 일제에 의해 불온서적으로 낙인찍혔기 때문이었다.

김주희가 판단한 한울님은 '사람 속에 내재하는 것이 아니라

상주 은척 동학교당 본소

사람의 바깥에 존재하는 외재적인 존재'라고 파악했다. 시천주를 '체천(體天)'으로, 교정일치를 '교정분리'로, 일원론적 세계관을 '이원론적 세계관'으로 대체한 사람이 김주희였다.

"본파는 영남 안동 지방에 있는 김낙세, 김주희 등의 발기로 당시 북접 도주 최시형을 상대로 남접 도주라는 명칭으로 설립한 것이다." 오지영이 1940년에 지은 『동학사』에 실린 글이다.

자신들의 도를 북접의 최시형과는 다른 남접이라고 명명했음을 알 수 있는데, 『조선(朝鮮)의 풍수(風水)』를 지은 촌산지순(村山智順)이 1935년에 〈조선총독부〉에 보고한 글에 김주희에 대한 이야기가 실려 있다.

"본교는 동학의 비조 최제우를 사사했던 김시종이 북접 도주 최시형에 대해 남접 도주라고 칭하고 1908년경부터 경북 안동 지방에 포교하기 시작하여 1915년 경북 상주군 은척면에 본거지를 열고 동문 김낙세와 협력해서 동교의 부흥과 포교에 노력하였다. 1922년 동면 우기리에 교당을 건축하고 전도사를 각지에 파견하여 교세의 확장을 꾀한 결과 1929년경에는 경북을 중심으로, 충북, 강원 등에 약 1천5백여 명의 교도를 획득했지만, 그 후에 점차 쇠퇴하여 지금은 교도 사오백 명을 헤아리는 것 같다."

또한 그에 대한 기사가 〈동아일보〉 1922년 10월 2일 자에 다음과 같이 실려 있다.

"동학의 시조 최제우의 문도였던 김주희 씨는 십여 년 동안 경상북도 상주군 은척면 우기리에 가서 그 근처 사람들에게 전도를 하였는데, 그동안 경찰의 압박으로 전도가 여의치 못하더니 지난 6월경에 그 교의 성교장(誠敎長)의 주선으로 경찰 당국의 양해를 얻어 그 교의 교서 38권 중 중요한 네 권만 발행케 하여 근일 각각 천 권씩 인쇄하여 전기 상주에 본부를 두고 노력한다 하더라."

김주희는 그곳에서 독창적인 동학사상을 정립하고, 100여 편의 동학가사를 새롭게 창작한 뒤, 1929년과 1932년 두 해에 걸쳐 경전과 가사를 상주동학교당에서 간행했다.

"도덕군자는 천리가 바뀌는 때에 천리에 순응하고 그 도덕을 어기지 않는데 비해 보통 사람들은 천리에 순응하지 않고 도덕을 어겨서 손해가 심하다."

김주희의 말이다. "그러므로 모든 사람들은 선성(先聖, 최제우)의 가르침을 어기지 말고 열성적으로 하라." 그러나 김주희가 창도한 동학본부는 지나칠 정도로 현실참여를 외면하였다.

그런데도 일제의 탄압은 한시도 멈추지 않았다. 1936년 6월, 경찰당국에서 일방적으로 상주동학교당에 해산명령을 내렸고,

그때부터 집회도 숨어서 하고 간행사업도 숨어서 했다. 그 후 1943년 10월 28일 수운 최제우가 탄생한 날 제사를 지내고 난 뒤 급작스럽게 들이닥친 일본경찰들에 의해서 교주 이하 3백여 명의 신자들이 구속되었다. 김주희는 다행히 병보석으로 풀려났다. 하지만 1944년 9월 그토록 오랜 세월 함께 동학을 재건하고자 노력했던 김낙세가 고문으로 옥중에서 사망했다는 소식을 듣고 곡기를 끊었다.

조선 후기에 태어나 일제강점기에 파란만장한 세상을 살았던 김주희는 1944년 12월 28일 오후 6시 다음과 같은 유언을 남겼다.

"때가 되면 다 된다. 걱정 마라."

그때 김주희의 나이 84세였다. '하늘에 정성을 다하고 어른을 공경하며 서로를 믿는다'라는 불실기본(不失其本)을 강조하며 동학사상을 이어갔던 김주희는 그렇게 갔다. 그 뒤 상주의 동학교당은 급속도로 쇠퇴하게 되었고, 김주희의 아들 김덕용으로 이어지다가 현재는 김주희의 손자인 김정선(金正善)이 교당을 운영하고 있다. 김주희가 간행했던 책과 상주동학교당이 보유한 289종, 11,425점의 유물은 2013년 12월 30일 국가기록물로 지정되어 오늘로 이어지고 있다.

(14장)

'동학' 민족사상으로 이어져
나라의 등불이 되다

해월 선생은 어느 날 제자들에게 십무천(十毋天)을 발표했다.

1. 무기천(毋欺天)하라   한울님을 속이지 말라.
2. 무만천(毋慢天)하라   한울님을 거만하게 대하지 말라.
3. 무상천(毋傷天)하라   한울님을 상하게 하지 말라.
4. 무난천(毋亂天)하라   한울님을 어지럽게 하지 말라.
5. 무요천(毋夭天)하라   한울님을 일찍 죽게 하지 말라.
6. 무오천(毋汚天)하라   한울님을 더럽히지 말라.
7. 무뇌천(毋餒天)하라   한울님을 주리게 하지 말라.
8. 무괴천(毋壞天)하라   한울님을 허물어지게 하지 말라.
9. 무염천(毋厭天)하라   한울님을 싫어하게 하지 말라.
10. 무굴천(毋屈天)하라   한울님을 굴하게 하지 말라.

도인들이 도인으로서 지켜야 할 십무천을 말한 해월은 동학
의 처음과 끝이 '사람=한울'이라는 점을 설파했다.

"사람이 곧 한울이니 사람 섬기기를 한울같이 하라. 내가 제군들을 보니 스스로 잘난 체하는 자가 많으니 한심한 일이요, 도에서 이탈되는 사람도 이래서 생긴다."

이 말에 동학의 전 진리가 깃들어 있다. 나도 그대도 세상의 모든 것이 다 한울이다. 단 그것을 깨달을 때에 그렇다.

나 역시 이 땅의 역사와 문화와 아름다움을 찾고자 대지를 한 발 한 발 걸어 다니며 책에서 배운 것보다, 사람들에게 배운 것보다, 더 많은 진리와 세상의 이치를 산천에서, 길에서 배웠다. 그렇게 자신 있게 말할 수 있는 것, 그 말이 동학의 2대 교주인 『해월선생문집』에 실려 있다.

"그러함을 아는 사람과 그러함을 믿는 사람과 그러함을 마음으로 느끼는 사람은 거리가 같지 아니하나, 마음이 흐뭇하고 유쾌하게 느낌이 있은 뒤에라야 능히 천지의 큰일을 할 수 있느니라."

수운과 해월의 뒤를 이어 이 땅에 새로운 민족사상을 전파한 사람이 정읍시 덕천면 신월리 손바래기(客望)마을에서 태어난 증산(甑山) 강일순(姜一淳)이었다.

1908년 1월 정읍군 입암면 대흥리에 있는 차경석(車京石)의 집에서 30대 후반의 남자였던 증산(甑山) 강일순과 고판례(高判禮)라는 여자가 '천지굿'이라는 큰 굿판을 열었다. 차경석은 동학농민혁명의 십대 접주 중의 한 사람이었고 평민 두령으로 이름을 떨쳤던 차치구(車致九)의 아들이며 강일순의 후처인 고판례와 이종 간이자 강일순의 제자였다.

강일순은 그 굿이 인류가 생긴 이래 그때까지 온갖 사회적 질곡 아래에서 숨죽이고 있던 모든 여성들의 근원적 해방을 상징하며, 후천이 개벽(開闢)이 되는 가히 혁명적인 의식의 굿이라 명명하였다. 그는 그 굿을 통하여 당시 사회의 밑바닥 민중이었으며 천대받은 천민 여자였고 보쌈을 해서 업어 가도 관계치 않을 무당이자 과부에게 인류 역사상 종교지도자의 법통을 넘기고자 한 것이다.

강일순은 그를 따르는 추종자들이 숨을 죽이고 지켜보고 있는 가운데 방바닥에 길게 누운 채 하루 전에 혼인을 한 그의 부인 고판례에게 자신의 배에 올라타 칼을 휘두르며 "천지대권을 내게 내놓으라" 협박하게 했다. 강일순은 고판례에게 두 손을 모아 싹싹 빌며 "예, 모두 드리겠습니다" 맹세하였다. 그는 그 굿을 천지굿이라 하였고, 천지개벽 즉 선천(先天)과 후천(後天)이 뒤집어지는 큰굿이라 하였으며 삼계[색계(色界), 욕계(欲界), 무색계(無色界)] 대권이 이곳에서 저곳으로 넘어가는 엄청난 대전환의 굿이라 하였다.

그는 이어 추종자들에게 마당에 멍석을 깔게 하고 온갖 유학, 불교, 기독교, 도교의 책과 술서들 그리고 기타 모든 채권 계산서들을 찢어발겨 놓게 한 다음 고판례로 하여금 이것들을 밟고 칼춤을 추라고 말하였다. 여성을 억눌러 온 온갖 형태의 왜곡된 선천사상과 선천의 풍습 및 제도를 담은 이 책들을 밟고 뛰면서 춤을 추는 사이 그는 둘러멘 장구를 두드리고 노래를 부르며 "이것이 천지굿이라 나는 천하 일등 재인(才人)이요, 너는 천하 일등 무당(巫堂)이니 앞으로는 네가 천지개벽의 주인이 될 것이다"라며 음개벽 즉 '여성 주체의 후천개벽'을 엄숙히 선언했고 고판례는 그날 모든 여성의 우두머리라는 뜻의 '수부(首婦)'라는 새로운 칭호를 얻게 된다.

조선 후기에 동학이 태동하면서 그 불공평한 인간의 관계를 새롭게 정립한 사상이 나타났다. 사람이 한울이라는 것, 그것을 더 발전시킨 사람이 증산 강일순이었다. 동학농민혁명이 실패로 돌아간 뒤 세상을 떠돌다가 깨달음을 얻기 위해 전주의 모악산 자락 대원사에 들어간 강일순은 죽음을 무릅쓰고 기도한 끝에 깨달음을 얻었다.

강일순은 먼저 자기의 고향인 덕천면 신월리에서 첫 번째의 큰 의식인 천지공사를 행하고 금산면 구릿골 김형렬의 집 귀퉁이 방으로 자리를 옮긴다. 그는 그 방에다 만국의 모든 병든 중생을 치유하겠다던 수운 최제우가 말한 광제창생의 뜻으로 광제국이라는 팻말을 붙이고, 1901년에서부터 1909년까지 9년간에 걸쳐 천지공사를 행한다.

'천대받는 민중이 한울님'이라고 설파한 증산이 죽기 전에 광제국 앞마당에서 천지굿판을 벌였다. 선천 시대는 양의 시대였으나 후천 시대는 음의 시대라며 그날 자기의 법통을 고판례라는 여자에게 넘겼다.

남자도 아닌 여자에게, 그것도 그 시절에는 누가 보쌈을 해가도 개의치 않을 과부이자 무당이었던 여자에게 자신의 법통을 넘긴 것만으로도 가히 혁명적인 사건이었다. 그 뒤 증산은 그 여자를 위해 다음과 같이 말했다.

"이 여인이 굶으면 온 천하 사람이 굶을 것이며,
이 여인이 먹으면 천하 사람이 다 먹을 것이다.
이 여인이 눈물을 흘리면 천하 사람이 눈물을 흘릴 것이요,
한숨을 쉬면 천하 사람이 한숨을 쉴 것이다.
이 여인이 기뻐하면 천하 사람이 기뻐할 것이요,
이 여인이 행복하면 천하 사람이 행복할 수 있을 것이며,
이 여인의 눈이 빛나면 천하 사람이 행복할 수 있을 것이다.
이 여인이 잠을 이루지 못하고 그리워하면,

모든 사람이 잠을 이루지 못하고 그리워할 것이며,

이 여인의 따뜻한 말 한마디는 온 세상을 따뜻하게 할 것이
다."

증산이 고판례를 예찬한 것은 이 세상의 모든 여자를 예찬하
는 말이기도 했고, 다가올 남녀평등 시대를 열어 보인 일종의
예언이었다. 그가 말한 것이 어디 여성에게만 국한된 말이었겠
는가? 세상의 모든 약자, 세상의 모든 사람을 향해서 증산 강일
순은 말했을 것이다.

『조선의 풍수』를 지은 일본인 촌산지순(村山智順)이 차경석
을 만나 주고받은 문답기(問答記)에서 촌산이 물었다. 옥황상제
(玉皇上帝)와 강증산과의 관계는 어떠한 관계입니까? 이 물음
에 차경석은 "교조가 곧 옥황상제입니다"라고 말했다. 다시 촌
산이 "증산 선생이 인간으로 태어나심이 곧 옥황상제가 화현(化
現)하신 것입니까?" 차경석은 그 물음에 "그렇습니다. 교조께서
생존시에 내가 옥황상제라는 말씀을 하셨습니다." 촌산은 다시
물었다.

"교도(敎徒)가 독실하게 교를 믿으면 상제(上帝)와 동양(同
樣)으로 됩니까 안 됩니까?" 이때 차경석은 "태을주(太乙呪)를
송독(誦讀)하여 개안(開眼)이 되면 옥황상제를 만나게 됩니다.
그렇게 되면 육체는 이 세상에 있어도 신(神)은 옥경(玉京)에 가
서 문답(問答)하는 법이 있습니다"라고 대답했다. 그 말은 '인
간 자신이 세계의 주인인 옥황상제라고 스스로 깨닫기만 한다
면 하늘에서 이미 끝나가고 있는 천지공사가 사람의 눈에 보이
는 형태로 나타날 것이다'라는 말이었다. 그때 후천개벽의 주체
는 밑바닥 민중이고 그 개벽의 주체가 역시 옥황상제 미륵, 한

김제 오리알터 강증산을 모신 영대

울님, 부처님을 비롯하여 농투성이, 걸궁굿, 초라니패, 남사당,
여사당, 삼대치 등 천대받는 민중들이라는 것이 증산 사상의 핵
심이었다.

천대받는 민중이 한울님

"부귀한 자는 빈천함을 알지 못하며 강한 자는 병약함을 알
지 못하고 유식한 자는 어리석음을 알지 못하나니 그러므로 나
는 그들을 멀리하고 오로지 빈천하고 병약하고 어리석은 자들
을 가까이하겠노라. 그들이 곧 내 사람이기 때문이다"라고 말한
강일순은 1909년 죽음을 앞두고 한 달 동안을 쌀 한 톨 입에 넣
지 않고 가끔 한두 모금 소주를 마셔 목을 적시며 온갖 병을 다
앓은 채 쓰러져 갔다.
그는 "현실 속에서 후천개벽의 날은 아직도 멀어서 다가오지

않았으니 중생은 고통이 심하다. 내 스스로 민중의 밥이 되어 민중의 모든 고름, 모든 창병, 모든 성병, 모든 옴, 풍, 부스럼, 연주창, 두통, 복통, 학질, 천식 등 온갖 고통을 다 한 몸에 스스로 짊어지고 가노라"고 말하였다. 1909년 6월 24일 강일순은 구릿골에서 파란 많았던 한 생애를 마감했다.

'사람이 하늘이다' '모든 사람이 다 한울님'이라고 가르친 동학의 핵심 사상 그리고 '섬김을 받으러 온 것이 아니라 섬기러 왔고 또 많은 이들의 몸값으로 자기 목숨을 바치러 왔다.' 「마태복음」 20장 28절에 실린 글들이 오롯이 살아 있는데도 세상의 이치는 그렇지가 않다. 그래서 그런지 여기저기서 다툼이 그치지 않는 것이다.

증산 강일순이 고판례를 예찬한 것과 같이 세상의 모든 사람들이 살아 있는 모든 것을 예찬하는 시대가 도래할 때에야 세상이 평화로워지는 시대가 아닐까? 강일순은 이 땅의 민중들을 위해 다음과 같은 희망을 얘기했다.

"후천(後天)에는 천하가 한집안이 되어 위엄을 과시하거나 형벌을 쓰지 아니하고 조화로써 중생을 다스려 화합할 것이다." 강일순이 『대순전경』에서 그렇게 말하면서 후천 세계의 근원이 남조선임을 밝혔다. 그러한 강일순의 남조선(南朝鮮) 사상을 김지하 시인은 다음과 같이 풀어서 말했다.

"서양 문명과 동양의 깊고 넓은 우주관, 변혁적 세계관 등을 창조적으로 종합하면서 우리가 살고 있는 이 땅, 즉 우리나라에서 전 우주사적, 전 지구사적, 전 세계사적인 중요한 전환을 가져올 새로운 개벽의 길이 열리게 될 것이고 (…) 이것 믿고 저것 믿고 하는 그런 사람들을 다 빼고 남은 사람들 괄시받고 소외되고 뿌리 뽑히고 수탈당하고 남은 절대다수의 민중 속으로부터

정읍 입암 보천교 본부

남조선 사상이 나타날 것이다."

그와 동시에 강일순은 "세계의 문명신들이 문명의 이기, 즉 과학과 기술과 온갖 형태의 편리한 물질문명을 거느리고 남조선을 향해서 배 저어 올 것"이라고 하였다. 다시 말하면 남조선 사상은 남조선에서 후천개벽이 이루어진다는 뜻이었다.

훗날 강증산의 제자로 보천교를 창시해서 6백만에서 7백만 명의 신도를 거느렸던 차경석이 살았던 정읍시 입암면 대흥리가 세계의 배꼽이라는 말도 그 말에서 비롯된 것이다. 동학을 창시한 최제우는 한울이 사람 속에 개화만발(開化萬發)하는 것을 영원한 봄의 성취라 하면서 '만년 나무에 천 떨기 꽃이 활짝 피어나는 만세춘(萬歲春)'이라고 했는데, 그때는 과연 언제일까?

민족사에 길이 남을 독립운동가 백범 김구 선생도 동학도

수운 최제우가 창시한 동학에서 가장 중요한 것은 무엇일까?

동학(東學)의 열세 자 주문이다.

'시천주조화정영세불망만사지(侍天主造化定永世不忘萬事知).'

'시천주'라는 것은 '내 안에 한울님을 모셨다'는 것이고, 조화정(造化定)에서 조화란 '우주를 창조하고 변화시키는 기운 또는 활동'을 뜻하며, '정(定)'이라 함은 그 활동의 덕에 합하여 마음을 정하는 것이다.

만사지(萬事知)의 만사는 즉 '일체를 안다'는 뜻이고, 영세는 사람의 평생이며, 불망(不忘)은 언제나 생각을 두어 잊지 않는다는 말이다. 풀어서 말한다면 "하느님을 모시면 조화가 체득되고, 하느님을 길이 잊지 않으면 만사가 깨달아진다"는 말이다.

그렇다면 동학농민혁명 당시 동학의 열세 자 주문을 외우고 가슴에다 궁궁을을(弓弓乙乙)이라고 쓴 부적만 붙이면 총알도 피해 간다고 믿고서 주문으로 외웠던 궁궁을을이란 어떤 의미를 지니고 있는가?

'궁을부(弓乙符)'에 궁궁을을이란 "가슴속에 품은 죽지 않는 약, 그 모습이 궁을이다"라는 말이다. 인간이 살아가는 그 삶의 도중에 그런 약을 맛볼 수 있을까? 아닐 것이다. 그런 약은 없지만 마음속에 그런 약이 존재하여 모든 약한 자들과 억눌린 사람들에게 천상의 기쁨을 맛보게 하려는 마음이 약의 존재를 노래했던 것은 아닐까?

동학의 인내천사상의 심오한 뜻은 맨 처음 주문에 나오는 모실 '시(侍)' 한 자 속에 전부 포함되어 있다. 수운 최제우 선생은 '사람이 안다는 것은 천도의 천덕을 알아 그 앎을 받는다(知者知其 道而受其知)'라고 보았다.

"사람만이 천주를 모셨으니, 천지만물이 시천주(侍天主) 아님이 없나니, 그러므로 사람이 다른 물건을 먹음은 곧 이천식천 (以天食天)이니라. 제군은 한 생물이라도 무고히 해하지 말라. 이는 천주를 상함이니, 대자대비하여 조화의 길에 순응하라." 『천도교창건사』 제2편에 실린 글이다.

시천주라는 말은 말 그대로 풀이하면 '하느님을 모신다'는 뜻이고 모두가 다 하느님이고, '부처'이기 때문에 모셔야 한다는 말이다. 마찬가지로 서학(천주교·기독교)에서도 "인자는 섬김을 받으러 온 것이 아니라 섬기러 왔으며"(마가복음 10:45)라고 실려 있지 않은가.

해월은 경인(敬人)·경천(敬天)·경물(敬物)을 '삼경(三敬)'이라고 하였으며, 이 세 가지가 갖추어져야 하늘을 모시고 생활할 수 있다고 보았다. 그런 의미에서 모든 사람이 다른 사람을 하느님처럼 섬긴다면 이 세상에 다툼이나 전쟁이 일어날 일이 없을 것이다.

"경천의 원리를 모르는 사람은 진리를 사랑할 줄 모르는 사람이니 왜 그러냐 하면, 하늘은 진리의 충(衷, 속마음)을 잡는 것이기 때문이다. 그러나 경천은 결단코 허공을 향하여 상제를 공경한다는 것이 아니요, 내 마음을 공경함이 곧 경천의 도를 바르게 아는 길이니 '오심불경이 즉천지불경' 함은 이를 일컫는 것이다."

『천도교창건사』에 실린 글로 해월이 간략하면서도 평이하게 설파한 말인데, 특히 해월은 죽은 사람보다 살아 있는 사람을 사랑하고 공경할 것을 강조했다.

"사람 공경함을 버리고 하늘을 공경하는 것은 꽃을 따버리고 과실이 생기기를 바람과 같은 것이다. (…) 사람이 창공을 보고 하느님이 계신다고 믿나니 어리석음이 이에서 큼이 없고, 우상을 보고 귀신이라고 섬기니 미욱함이 이에서 더함이 없다. (…)

사람을 공경하지 아니하고, 귀신을 공경하여 무슨 실효가 있겠느냐. 우속(愚俗)에 귀신을 공경할 줄은 알되, 산 사람은 천대하나니, 이것은 죽은 부모의 혼은 공경하되 산 부모는 천대함과 같으니라."『천도교창건사』에 실린 글로 그 시대뿐만 아니라 오늘날에도 만연한 내세에 대한 열망과 허황한 욕심 때문에 현세를 살지 못하는 사람들에게 깊은 울림을 주는 말이다.

사람뿐만 아니라 이 세상의 만물 모든 것이 다 하느님이라는 말뜻에 숨은 깊은 의미를 깨달았기 때문에 조선 후기에 수많은 사람들이 동학으로 입교했다.

그중 한 사람이 독립운동가인 백범(白凡) 김구(金九) 선생이다. 선생이 동학에 입도하게 된 동기는 다음과 같다.

"내가 길에서 선비를 만나 공손히 절을 한즉, 그도 공손히 맞절을 하기로 나는 황공하여 내 성명과 문벌을 말하고 내가 비록 성관(成冠)을 하였더라도 양반댁 서방님인 주인의 맞절을 받을 수 없거늘, 하물며 편발 아이에게 이런 대우가 과도한 것을 말하였다. 그랬더니 선비는 감동한 빛을 보이면서, 그는 동학도인이라 선생의 훈계를 지켜 빈부귀천에 차별이 없고, 누구나 평등으로 대접하는 것이니 미안해할 것 없다고 말하고, 내가 찾아온 뜻을 물었다. (…) 하느님을 모시고 하늘의 도를 행하는 것이 가장 요긴한 일일뿐더러 상놈 된 한이 골수에 사무친 나로서는 동학의 평등주의가 더할 수 없이 고마웠고 (…)." 백범 김구 선생의『백범일지』에 실린 글이다.

그 당시는 양반과 상민의 차별이 아주 극심한 시절이었다. 그런 시절에 반상의 차별 없이 대하는 동학을 신실하게 믿는 선비를 만난 김구는 더욱더 열렬한 동학의 신도가 되었다.

"동학에 입도한 나는 열심히 공부를 하는 동시에 포덕에 힘

썼다. 아버지께서도 입도하셨다. 이때의 형편으로 말하면 양반은 동학에 오는 사람이 적고, 나와 같은 상놈들이 많이 모여들었다. 내가 입도한 지 불과 수개월에 연비(포덕 하여 얻은 신자)가 수백 명에 달하였다. 이렇게 되어 내 이름이 널리 소문이 나서 도를 물으려고 찾아오는 사람도 있고, 내게 대한 무근지설을 전파하는 사람도 있었다."

김구에게 동학은 새로운 세상을 여는 출구였고, 그는 동학을 통해 이 땅에 대한 사랑을 실천했으며, 동학이야말로 이 땅을 개조시키기 위한 첫 시험대이자 발판이라고 여겼다.

『천도교경전』에는 다음과 같은 글이 실려 있다.

"부귀한 자만 도를 닦겠는가. 유식한 자만 도를 닦겠는가. 비록 빈천한 사람이라도 정성만 있으면 도를 닦을 수 있느니라."

그렇다면 그 당시 양반과 상민은 어떠한 차이가 있었는가? 샤를 달레가 지은 『조선교회사 서론』을 보자.

"평민은 의복, 가옥 제도에 제한을 받음은 물론이요, 양반에 대해서는 빈부우현(貧富愚賢)의 구별 없이 존경을 받지 못하며, 교자(轎子)도 승용치 못하며, 말을 타고 양반의 주택 부근을 지나가지 못하며, 양방 앞에서는 담배를 피우지 못하며, 안경을 쓰지 못하며, 여사(旅舍)에서도 양반에게 말을 걸지 못하며, 좌석을 피하고 사양하며, 몸을 펴고 쉬는 것도 꺼리며, 길에서 말탄 양반을 만나면 평민 기마는 말에서 내려야 한다."

그 당시 양반과 노비들의 관계가 어떠했는가를 너무나도 잘 알고 있던 김구는 동학에 더 심취했다. 김구는 그 뒤 대한제국 말 명성황후 시해 사건에 가담한 일본인 장교를 황해도 안악군 치하포나루에서 죽이고 인천형무소에서 옥살이를 하다가 탈옥한 뒤 승려로 위장한 채 마곡사에서 숨어 살았다. 지금도 대광보전 앞에는 김구가 심은 향나무가 있는데, 그 옆에 "김구는 위

김구가 머물던 공주 마곡사 백련암

명(僞名)이요, 법명은 원종(圓宗)이다"라고 쓰인 푯말이 꽂혀 있다.

김구는 이 절에서 3년 동안 사미(沙彌)로 일했는데, 그때의 상황이 『백범일지』에는 다음과 같이 기록되어 있다.

"어디로 가는 길이냐를 묻기로 나는 개성에서 성장하여 장사를 업으로 삼다가 실패하여 홧김에 강산 구경을 떠나 삼남으로 돌아다닌 지가 1년이 되어 가노라고 대답하였다. 그러면 마곡사가 40리밖에 아니 되니 같이 가서 구경하자고 하였다. 마곡사라면 내가 어려서 『동국명현록(東國明賢錄)』을 읽을 때 서화담 경덕이 마곡사 팥죽 가마에 중이 빠져 죽는 것을 대궐 안에 동지 하례를 하면서 보았다는 말에서 들은 일이 있었다. 나는 이 서방과 같이 마곡사를 향하여 계룡산을 떠났다. (…) 마곡사 앞 고개에 올라선 때는 벌써 황혼이었다. 산에 가득 단풍이 누릇불긋하여 (…) 감회를 갖게 하였다. 마곡사는 저녁 안개에 잠겨 있어서 풍진에 더러워진 우리의 눈을 피하는 듯하였다. 뎅, 뎅 인경이 울려온다. 저녁 예불을 알리는 소리다. 일체 번뇌를 버리라 하는 것같이 들렸다. 이 서방이 다시 다진다.

"김형, 어찌하시려오?" 김구는 말을 받아 "중이 되려는 자와 중을 만드는 자와 마주 대한 자리에서 작정합시다" 이렇게 대답하였다. 우리는 일어나서 안개를 헤치며 마곡사를 향해 나아갔다.

김구는 이곳에서 하은스님의 상좌가 되어 입산하였다. 그는 그다음 날 득도식을 마친 후 원종이라는 법명을 받고 머리를 깎았다. 그 뒤 부목(負木)을 맡은 그는 나무도 하고 종노릇까지 하였으며, 수도승이 된 다음에는 운수승(雲水僧)으로 떠돌다가 독립운동에 뛰어든 것이다.

근현대사의 출발점이 된 동학사상

어지러운 나라 조선의 경주에서 태어난 수운 최제우가 1860년 4월 5일에 창시한 동학은, 1864년 3월 10일 대구에서 수운이 참형을 받으면서 해월 최시형에게 이어졌다. 그 뒤 온갖 우여곡절을 겪으면서 살아남아 1894년에 우리나라 근현대사의 출발점인 동학농민혁명으로 이어졌다.

전봉준, 손화중, 김개남이 거느린 동학군이 관군과 일본군들의 연합부대와 전투를 벌이던 1894년 경상도 전역에서 동학도들이 일어났다. 대구, 상주, 안동, 영양, 의성, 예천, 선산, 문경, 김천, 그리고 강원도와 충청도에서 크고 작은 싸움이 벌어졌다. 이후 동학의 지도자들이 역사의 전면에서 물러나고, 동학을 재건하던 해월 최시형이 1898년 원주에서 체포되면서 손병희로 이어졌다.

김지하 시인은 『동학이야기』에서 동학을 다음과 같이 풀어서 말했다.

"동학에서는 우주와 인간과 세계가 따로 있는 것이 아니라 하나의 생명체를 이루고 있다고 생각하므로, 우주관과 인생관과 세계관이 따로 있는 것이 아니다. 즉 지기(至氣)는 우주의 본성인 동시에 인간의 본성이기도 하고, 또 세계의 본성이기도 하다."

조선 후기에 조선에서 파생한 동학과 동학농민혁명을 두고 전라도와 충청도에서 일어난 역사의 큰 사건으로 보는 경향이 있다. 그로 인해서 동학이 태동한 경주와 경상도 일대가, 동학농민혁명에서 큰 주목을 받지 못했다. 하지만 씨앗이나 뿌리가 없이 어느 풀이, 나무가 꽃을 피우고 열매를 맺겠는가. 수운 최제우의 동학사상이 그처럼 많은 역사를 풀어냈고, 동학농민혁명이 이후 증산 강일순의 화엄적 후천개벽사상으로 이어졌다. 그리고 일제 때 보천교를 창시한 차경석이나 원불교를 창시한 박중빈으로 이어져 우리나라 민족민중사상으로 이어진 것이다.

"지조란 것은 순일(純一)한 정신을 지키기 위한 불타는 신념이요, 눈물겨운 정성이며, 냉철한 확집(確執)이요, 고귀한 투쟁이기까지 하다."

우리 민족 구성원들의 핵심 사상으로 이어져 온 지조론(志操論)을 이렇게 단언한 조지훈 시인은 동학을 다음과 같이 평가했다.

"수운 최제우 선생이 유·불·도 삼교를 섭취하고 천주교 수입에 자극을 받아 한국 사상으로 환원 집대성한 사상이 '동학'이며, 동학의 원형은 단군신화에 있다. 수운의 시천주, 동학개벽사상은 '신라적 성격'이다."

몇 년 전에 일제로부터 강제 합방을 당한 지 106년째 되던 경술국치 무렵, 모 방송국과 동학을 주제로 촬영했다. 친일파의 행적과 동학농민혁명을 주도했던 사람들의 현주소를 파악하는 방송이었다. 고창과 부안 일대를 돌아 정읍시 산외면 동곡리 지금실에 있는 김개남 장군의 묘에서 방송을 마무리할 때, 오중호 기자가 나를 향해 물었다.

"왜 친일파 자손들은 지금도 떵떵거리며 잘살고 있고, 동학군의 후손들은 어렵게 살고 있습니까?"

나는 이렇게 대답했다.

"친일파 대부분은 세도가였거나 잘사는 집안의 후손이었습니다. 그들은 권력과 부의 세습으로 인해 제대로 된 교육을 받았고, 그래서 일제강점기에도 일제에 협력하며 잘살았습니다. 그러나 동학군의 후손은 삼족이 멸하는 관례에 의해 성까지 바꿔가며 살아야 했습니다. 일례로, 김개남 장군은 도강 김씨 족보에서도 지워졌을 뿐만 아니라 그 후손들 역시 성을 박씨로 바꾼 채 살아남아 1955년에야 성(姓)을 되찾을 수 있었으며, 손화중 장군의 아들 역시 성을 이씨로 바꿔 겨우 살아남았습니다. 그러니 그들이 제대로 된 교육을 받을 리 없었습니다. 그러다 보니 당연히 배움의 끈이 길지 못했고, 제대로 된 직장 역시 갖지 못한 채 하층민의 삶을 살고 있습니다.

예로부터 '선(善)한 자는 흥(興)하고, 악(惡)한 자는 망(亡)한다'라는 말이 전해오고 있습니다. 위정자들이 민중들에게 즐겨 쓰는 말이지요. 하지만 '선한 자는 망하고, 악한 자는 흥한다' 이것이 현실입니다.

'나는 혁명의 아들이다'라고 말했던 하이네가 이런 시를 썼지요. '어째서 올바른 자가 십자가를 짊어지고 피를 흘리며 골고다의 언덕을 넘어가고, 나쁜 놈들이 승리자로서 날쌘 말을 타고 횡행하는가?' 혁명은 고독하고 쓸쓸한 것입니다."

그렇게 해서 인터뷰가 끝났다. 그러자 기자가 나를 향해 다시 말했다.

"너무 센데요? 하지만 될 수 있으면 그대로 방송하겠습니다."

그러면서 예전이라면 불가능지만, 지금은 가능하다는 말도 덧붙였다. 다행히 방송을 보니 무삭제 그대로 방송이 나왔다. 정의를 부르짖다가 역적이라는 오명 아래 죽어 간 사람들 역사를 두고 '정의와 불의의 싸움'이라고도 한다. 그러나 정의로운 사회를 만들기 위해 불의와 부패, 부조리와 싸웠던 이들 역시 권력을 잡게 되면 부패한 독재자가 된 나머지 불의를 신봉하는 경우가 많았다. 그러나 그중에는 목숨을 바쳐 끝까지 정의를 부르짖었던 이들도 있었다.

고려 때의 묘청이 그러했고, 만적 그리고 신돈이 모두가 평등한 세상을 꿈꾸었다. 조선 초기에 정도전, 조광조가 그러했다. 조선 중기 올리버 크롬웰보다 60년 앞선 1589년에 세계 최초로 공화주의를 주창한 정여립은 "천하는 공공한 물건이지 어디 일정한 주인이 있는가?" 하면서 나라의 주인이 군주가 아니고 민중이라고 주창했다. 허균은 호민론(豪民論, 천하에 두려워할 만한 자는 오직 백성뿐이라는 설)을, 그리고 다산 정약용은 탕무혁명론(중국의 탕왕과 무왕이 왕조를 교체한 것)을 강조했다.

하지만 그 대부분은 역적이라는 오명 아래 죽거나 유배길에 올랐다. 나아가 그들의 불꽃같은 사상과 신산했던 삶을 기록한 글 역시 모두 불태워져 사라지고 말았다. 불의와 부정, 부조리가 없는 세상을 꿈꾸었던 그들은 변혁이라는 도화선에 불을 붙인 채 불꽃같은 삶을 살다가 인간으로서는 도저히 상상조차 할 수 없는 비극적인 최후를 맞고 말았다. 그 결과, 그들은 역사와 사람들에게 잊힌 존재가 되어 먼 역사의 뒤안길로 사라졌다. 그렇다면 그들은 정말 실패한 것일까. 역사라는 이름 속에서 영원히 지워진 존재가 된 것일까. 그렇지 않다. 그들이야말로 질곡 많았던 우리 역사의 진정한 승자이기 때문이고, 그들의 사상이 결국 동학으로 이어진 것이다.

옛사람들이 자연을 섬기고 모든 사물을 섬겼다면, 수운이나 해월 그리고 1894 갑오년 이 땅의 민중들이 그토록 목숨 걸고 전 생애를 바쳐 섬겼던 것은 무엇이었을까? 자기들 자신이었을까? 나라였을까? 아니면 우리가 알 수 없는 그 무엇! 모를 일이다.

그렇다면 오늘을 살고 있는 현대인들이 섬기는 것은 무엇일까? 돈일까? 명예일까? 건강일까? 권력일까? 잘은 몰라도 아닐 것이라고 믿고 싶다. 지금 우리들은 길을 잃고 있고, 길을 잃은 우리들에게 머지않아 또 다른 길이 나타날 것이다. 중요한 것은 부처나 예수 그리고 소크라테스나 공자, 최제우의 동학사상이 그러했던 것처럼 이 세상에 우리는 섬김을 받으러 온 것이 아니라 섬기러 왔고 그 섬김은 모심이다. 사람이 사람을 아니 온갖 사물을 한울님처럼 섬긴다면 어떻게 다툼이 일어나며 전쟁이 일어나겠는가? 김지하 시인이 「두타산」이라는 시에서 갈파했던 것과 같이 '사람만이 사람을 그리워한다'는 그 말은 누구도 부인할 수 없는 사실이다.

그 사람만 생각하면 목소리 듣고 싶고, 달려가고 싶고, 그리움에 가슴이 미어지는 그런 사람들이, 아니 그런 사물들이 많은 사회, 그런 세상이 우리가 꿈꾸는 대동 세상이 아닐까?

"인간에게 가장 좋은 것은 건강, 두 번째 좋은 것은 매력적인 아름다움, 세 번째는 남을 속이지 않고 모은 재산, 네 번째는 친구들 사이에서 젊음을 유지하는 것."

그리스 사람들이 와인을 마시면서 인생의 기쁨을 예찬하며 불렀던 노래라고 한다.

건강하게 살며 아름다움을 견지하고, 진실하고 성실하게 살면서 모두가 행복한 사회, 그것이 바로 수운과 해월 그리고 동학농민군들이 오매불망 꿈꾸었던 사회가 아닐까?

사람을 섬기고, 자연을 섬기고, 세상의 모든 것을 섬기는 그 섬김과 모심을 통해서만 세상은 밝고 건강하게 존재할 것이라 나는 믿어 의심치 않는다.

해월 최시형은 『개벽운수』에서 세상의 이치와 사람이 가야 할 길을 다음과 같이 설명했다.

"성한 것이 오래면 쇠하고 쇠한 것이 오래면 성하고, 밝은 것이 오래면 어둡고 어두운 것이 오래면 밝나니 성쇠명암(盛衰明暗)은 천도의 운이요, 흥한 뒤에는 망하고 망한 뒤에는 흥하고, 길한 뒤에는 흉하고 흉한 뒤에는 길하나니 흥망길흉(興亡吉凶)은 인도의 운이니라. (…)

봄이 가고 봄이 옴에 꽃이 피고 꽃이 지는 것은 변하는 운이요, 추위가 오고 더위가 감에 만물이 나고 이루는 것은 동하는 운이요. 황하수가 천 년에 한 번 맑음에 성인이 나는 것은 천도와 인도의 무궁한 운이니라."

경상도 신라의 고도 경주에서 태동하여 조선이라는 나라에 들불처럼 번져 간 동학사상을 찾아서 수운 최제우와 해월 최시형의 크고도 높은 한 생애를 찬찬히 들여다보았다. 오래고 오랜 세월 수많은 동학 답사길에 깨달은 화두는 '깨달음'이었고 또한 '섬김'과 '모심'이었다.

"인간들 사이에는 평화를, 바다에는 바람 없는 잔잔함을, 바람들의 안식을, 또 근심 속에 잠을."

수운과 해월이 꿈꾸었던 세상! 그리고 플라톤의 『향연』에 실린 아가톤이 파이돈에게 한 말과 같은 세상이 오기는 올 것인가?

참고 목록

『동학란기록』, 국사편찬위원회, 1959.

『동학사상자료집』 1·2·3, 아세아문화사, 1979.

『승정원일기』, 고종 편.

『시천교종역사』, 시천교본부, 1915.

『일성록』, 고종 편.

『조선왕조실록』, 철종, 고종, 순종 편.

『천도교사』, 천도교, 1920.

김문기, 『동학가사 1』, 경북대학교 퇴계연구소, 2009.

김문기, 『동학가사 2』, 경북대학교 퇴계연구소, 2009.

김문기, 『동학가사 3』, 경북대학교 퇴계연구소, 2009.

김문기, 『동학가사 4』, 경북대학교 퇴계연구소, 2009.

김문기, 『동학가사 5』, 경북대학교 퇴계연구소, 2009.

김삼웅, 『수운 최제우 평전』, 두레, 2020.

김상기, 『동학과 동학란』, 대성출판사, 1947.

김윤식, 『속음청사』 상·하, 국사편찬위원회, 1960.

김의환, 『전봉준 전기』, 정음사, 1974.

김인국, 『해월선생문집』 한국사료총서 9, 1907.

김지하, 『남녘땅 뱃노래』, 두레, 1985.

신복룡, 『전봉준의 생애와 사상』, 양영각, 1982.

신일철 외, 『동학사상과 동학혁명』, 청아출판사, 1984.

신정일, 『동학의 산—그 산들을 가다』, 산악문화, 1995.

신정일, 『신정일의 신 택리지: 경상』 쌤앤파커스, 2020.

신정일, 『신정일의 신 택리지: 서울』 쌤앤파커스, 2020.

신정일, 『신정일의 신 택리지: 전라』 쌤앤파커스, 2020.

신정일, 『신정일의 신 택리지: 충청』 쌤앤파커스, 2020.

심지훈, 『상주동학이야기』, 한국일보대구본부, 2015.

심지훈, 『우리 동학』, 경상북도, 2015.

오문환, 『해월 최시형의 정치사상』, 모시는사람들, 2003.

오지영, 『동학사』, 영창서관, 1940.

우윤, 『전봉준과 갑오농민전쟁』, 창작과비평사, 1993.

윤석산, 『시인 윤석산의 동학답사기』, 신서원, 2000.

이덕일, 『한국사 그들이 숨긴 진실』, 역사의아침, 2009.

이돈화, 『천도교창건사』, 천도교중앙종리원, 1933.

이사벨라 버드 비숍, 『한국과 그 이웃나라들』, 이인화 역, 살림, 1994.

이상호, 『대순전경』, 말과글, 1997.

이이화, 『발굴 동학농민전쟁 인물열전』, 한겨레신문사, 1994.

장도빈, 『갑오동학란과 전봉준』, 덕흥서림, 1926.

최동희, 『동학의 사상과 운동』, 성균관대학교출판부, 1980.

최제우, 『용담유사』, 김기선 주해, 동학연구원 편, 1991.

최제우, 『동경대전』, 박맹수 역, 지식을만드는지식, 2012.

최현식, 『갑오동학혁명사』, 향토문화, 1983.

한국동학학회, 『동학의 현대적 이해』, 경상북도;한국동학학회, 2001.

표영삼, 『동학의 발자취』, 천도교종학대학원, 2003.

한영우, 『다시 찾는 우리 역사』, 경세원, 2004.

한우근, 『동학과 농민봉기』, 일조각, 1983.

홍범초, 『범증산교사』, 한누리, 1988.

황현, 『오하기문』, 김종익 역, 역사비평사, 1994.

황현, 『매천야록』, 임형택 외 옮김, 문학과지성사, 2005.

동학의 땅 경북을 걷다-동학사상의 원형을 찾아서
2020년 12월 31일 1판 1쇄 펴냄
2021년 6월 30일 1판 2쇄 펴냄

지은이　신정일
펴낸이　김성규
책임편집　김은경 미순 조혜주
디자인　김동선
펴낸곳　걷는사람
주소　서울 마포구 월드컵로16길 51 서교자이빌 304호
전화　02 323 2602
팩스　02 323 2603
등록　2016년 11월 18일 제25100-2016-000083호

ISBN　979-11-91262-12-4　03150

* 이 책은 문화체육관광부와 경상북도 환동해지역본부의 지원으로 발간되었습니다.
* 이 책의 국립중앙도서관 출판시도서목록(CIP)은 서지정보유통지원시스템
홈페이지(http://www.seoji.nl.go.kr)와 국가자료공동목록시스템(http://www.nl.go.kr/
kolisnet)에서 이용할 수 있습니다. (CIP제어번호:2020055424)